# Experimentelle Psychologie

**Siegbert Reiß**
**Viktor Sarris**

# Experimentelle Psychologie

## Von der Theorie zur Praxis

**PEARSON**

Higher Education
München • Harlow • Amsterdam • Madrid • Boston
San Francisco • Don Mills • Mexico City • Sydney
a part of Pearson plc worldwide

Bibliografische Information der Deutschen Nationalbibliothek

Die Deutsche Nationalbibliothek verzeichnet diese Publikation in der Deutschen Nationalbibliografie;
detaillierte bibliografische Daten sind im Internet über *http://dnb.d-nb.de* abrufbar.

10   9   8   7   6   5   4   3   2   1


14   13   12

ISBN 978-3-86894-147-0

© 2012 by Pearson Deutschland GmbH
Martin-Kollar-Straße 10-12, D-81829 München/Germany
Alle Rechte vorbehalten
www.pearson.de
A part of Pearson plc worldwide
Lektorat: Alice Kachnij, akachnij@pearson.de
Korrektorat: Wolfgang Löffler, Freising
Einbandgestaltung: Thomas Arlt, tarlt@adesso21.net
Herstellung: Claudia Bäurle, cbaeurle@pearson.de
Satz: Nadine Krumm, mediaService, Siegen (www.media-service.tv)
Druck und Verarbeitung: GraphyCems, Villatuerta

Printed in Spain

# Inhaltsverzeichnis

# Vorwort

Die Begründung der Erkenntnisgewinnung durch die Methode des Experiments ist ein besonderes Anliegen in der Theorie und Praxis auch der Wissenschaften vom Verhalten und Erleben. In der Tat gilt das Experiment als die *via regia* (Königsweg) des wissenschaftlichen Arbeitens auch in der Psychologie. Ungeachtet mancher Kritik, hat die Ausbildung in den experimentellen Methoden ihren festen Platz auch in den neugeschaffenen Bachelor- und Masterstudiengängen der Psychologie behalten. Unser der experimentellen Methodenlehre in der Psychologie gewidmetes Buch bietet einen Überblick über die Grundlagen, welche für die Planung, Durchführung, Auswertung und Berichtlegung von experimentalpsychologischen Untersuchungen unverzichtbar sind. Nach einer wissenschaftstheoretischen Einführung (*Teil I*) werden die einzelnen *Stadien* des psychologischen Experiments ausführlich erläutert (*Teil II*), wobei besonderer Wert auf die Darstellung der Systematik der in der Psychologie meistbenutzten *Versuchspläne* gelegt wird (*Kapitel 5*).

Der vorliegende Text stellt eine grundlegende Neubearbeitung des 2005 erschienenen Lehrbuches „*Kurzer Leitfaden der Experimentalpsychologie*" der Autoren dar. Die Erfahrungen mit diesem Lehrbuch im Unterricht haben gezeigt, dass der vorhandene Text an einigen Stellen einerseits gekürzt werden konnte, andererseits aber von den Studierenden mehr praktische Anleitung, beispielsweise in der statistischen Analyse und der Berichtlegung, gewünscht war. Wir haben uns bemüht, diesen Anforderungen mit dem vorliegenden Lehrbuch *Experimentelle Psychologie – Von der Theorie zur Praxis* Rechnung zu tragen.

Um die Inhalte möglichst anschaulich zu machen und deren optimale Aneignung zu erleichtern, haben wir auch in dieser Neubearbeitung viele experimentalpsychologische Beispiele aus sehr verschiedenen Teilbereichen der Psychologie dargestellt. Weiterhin sind besonders wichtige Aspekte optisch in Kästen hervorgehoben und inhaltliche Vertiefungen als *Exkurse* gekennzeichnet. In jedem Kapitel finden sich darüber hinaus Verweise auf Illustrationen **(Illu)**, Originaluntersuchungen **(Orig)** und Demonstrationen **(Demo)**, die auf der *Companion-Website (CWS)* des Pearson-Verlages verfügbar sind; diese sollen eine aktive Auseinandersetzung mit den Inhalten befördern. Im Sinne einer Lernzielkontrolle wird dem Leser außerdem am Ende eines jeden Buchkapitels die Möglichkeit gegeben, Verständnisfragen zum Kapitel zu beantworten. Die nachfolgenden *Hinweise für die Studierenden* enthalten einige Studientipps für die Bearbeitung dieses Lehrbuches.

## Adressatenkreis

Dieses Lehrbuch ist für die Grundlagenausbildung in der Psychologie gedacht (Bachelor-Studiengang in Psychologie); es wird aber auch Studierenden anderer Disziplinen hilfreich sein, wenn sie sich mit experimenteller sozial- und humanwissenschaftlicher Forschung beschäftigen.

## Danksagung

Unser Dank gilt zunächst all jenen, die uns mit ihren Rückmeldungen zum Lehrbuch *Kurzer Leitfaden der Experimentalpsychologie* geholfen haben, das vorliegende Lehrbuch zu verbessern.

Allen unseren Frankfurter Kollegen danken wir für ihre aus der Unterrichtsverwendung des Lehrbuches resultierenden Anregungen zur Überarbeitung und Gestaltung der Neufassung.

Für die Durchsicht, Kommentierung und Diskussion einer früheren Fassung dieses Texts sind wir Prof. Dr. Jürgen Bredenkamp, Bonn, zu besonderem Dank verpflichtet. Nicht zuletzt danken wir auch unseren studentischen Hilfskräften und den Studierenden der Psychologie an der J.W. Goethe-Universität für ihre sorgfältige Durchsicht und die hilfreichen Kommentare zu früheren Fassungen der einzelnen Buchkapitel.

Den Verlagen W. Pabst, Lengerich, und UTB-E. Reinhardt, München, ist für den Abdruck von einzelnen Teilen aus den früheren – vergriffenen – Methodenwerken des Zweitautors zu danken.

**S.R. & V.S.**
Frankfurt/Main, im Januar 2012

# Hinweise für die Studierenden

Üblicherweise leuchtet es Studienanfängern in der Psychologie nicht ohne weiteres ein, dass man nicht nur in den so genannten exakten Naturwissenschaften, wie z.B. der Physik oder der Chemie, „experimentieren" kann, sondern dass auch in den Verhaltens- und Sozialwissenschaften und damit der Psychologie ein mehr oder weniger strenges „Experimentieren" möglich und erforderlich ist. Das vorliegende Lehrbuch soll den Leser mit den wissenschaftstheoretischen Grundlagen des psychologischen Experiments vertraut machen (*Teil I*) und ihn schrittweise in die Anwendung der experimentalpsychologischen Methodik einführen (*Teil II*). Dies geschieht anhand eines Schemas, welches die typischen Stadien einer experimentalpsychologischen Untersuchung von der Problemstellung bis zu den abschließenden Schlussfolgerungen abarbeitet. Studierende der Psychologie soll dieses Stadienschema insbesondere im Zuge des empirisch-experimentellen Praktikums bei der Planung, Durchführung, Analyse und Berichtlegung einer eigenen experimentellen Untersuchung unterstützen.

Aus diesem Grund ist die Darstellung auch mit vielen Beispielen belegt, die sehr verschiedenen Teilbereichen der Experimentalpsychologie entnommen sind. Um eine möglichst einfache und einprägsame Aneignung der im vorliegenden Buch behandelten Basiskonzepte zu gewährleisten, finden sich des Weiteren in jedem Kapitel Verweise auf Illustrationen **(Illu)** sowie Originaluntersuchungen **(Orig)**, die auf der *Companion-Website (CWS)* des Pearson-Verlages unter *http://www.pearson-studium.de/4147* bereitgestellt sind und die jeweils behandelten Inhalte vertiefen sollen. Ergänzt werden diese durch Demonstrationen **(Demo)**, welche als Übungsbeispiel für die selbstständige Datenerhebung gedacht sind und damit die Verbindung zwischen Theorie und Praxis des experimentellen Arbeitens in der Psychologie herstellen. Im Sinne einer Lernzielkontrolle hat der Leser außerdem am Ende eine jeden Buchkapitels die Möglichkeit, Verständnisfragen zum Kapitel zu beantworten. Auf der Companion-Website (CWS) befinden sich zudem weitere Fragen zu den Inhalten der einzelnen Kapitel.

*Versuchspläne* – Da Studienanfänger bereits häufig in den ersten Studienwochen mit experimentellen Untersuchungen in der Psychologie konfrontiert werden, ist die Kenntnis der Systematik der Versuchspläne erforderlich. Aufbauend auf dem experimentell-korrelativen Grundmodell der psychologischen Forschung werden im Lehrbuch die wichtigsten Typen der Versuchspläne („Designtypen") systematisch dargestellt (s. *Kapitel 5*). Eine vollständige Systematik der Versuchspläne findet sich im Buchanhang. Sie enthält neben der deutschen auch die englische Bezeichnung der Versuchspläne.

## Referenzwerke und weiterführende Fachliteratur

Der vorliegende Text greift auf die folgenden früheren Lehrbücher der Autoren zurück:

- Sarris, V. & Reiß, S. (2005). *Kurzer Leitfaden der Experimentalpsychologie*. München: Pearson.
- Sarris, V. (1999). *Einführung in die experimentelle Psychologie*. Lengerich: Pabst.
- Sarris, V. (1995). *Experimentalpsychologisches Praktikum: Grundversuche und Arbeitsprojekte* (3 Bde.) (2. Aufl.). Lengerich: Pabst.

Als weitere Referenzwerke für die Thematik dieses Buches werden ergänzend folgende Werke empfohlen:

- Pashler, H., Yantis, S., Medin, D., Galliste, R & Wixted, J. (Eds.) (2002). *Stevens´ handbook of experimental psychology* (Four Volume Set) (3rd ed.). New York: Wiley.
- Kantowitz, B. Roediger, H. & Elmes, D. (2009). *Experimental psychology*. Belmont: Wadsworth
- MacLin, M. K. & Solso, R. L. (2007). *Experimental psychology: a case approach* (8th ed.). Boston: Allyn & Bacon.

Insbesondere im *Kapitel 8* wird im Zuge der statistischen Datenanalyse auf das Buch „Forschungsmethoden und Statistik in der Psychologie" von Sedlmeier und Renkewitz (2008) als Referenzwerk verwiesen. Der Leser wird dort zur Vertiefung der angesprochenen Inhalte direkt auf die entsprechenden Kapitel dieses Referenzbuches hingewiesen:

- Sedlmeier, P. & Renkewitz, F. (2008). *Forschungsmethoden und Statistik in der Psychologie*. München: Pearson Studium.

Selbstverständlich lassen sich die Inhalte aber auch in anderen Statistiklehrbüchern nachschlagen, wie zum Beispiel in den folgenden:

- Eid, M., Gollwitzer, M. & Schmitt, M. (2010). *Statistik und Forschungsmethoden*. Weinheim: Beltz Psychologie Verlags Union.
- Bortz, J. & Schuster, C. (2010). *Statistik für Human- und Sozialwissenschaftler* (7. Aufl.). Berlin: Springer.

Einige Einführungswerke in die Psychologie verweisen auf wichtige Webseiten, die sich – unter anderem – auch auf die Psychologie des 21. Jahrhunderts beziehen (z.B. Gerrig & Zimbardo, 2008; s. auch Atkinson, Atkinson, et al., 2001; Prinz & Müsseler, 2002). Ohnehin eröffnet das Internet den Studierenden eine nahezu unerschöpfliche Quelle für Informationen zur experimentellen Psychologie. So kann beispielsweise bei Recherchen der Besuch der Webseite des Leibniz-Zentrum für Psychologische Information und Dokumentation (ZPID) – *http://www.zpid.de* – von Interesse sein.

# Aufgaben und Perspektiven der Experimentalpsychologie

**1**

**ÜBERBLICK**

## Lernziele

Die inhaltliche Bandbreite der Psychologie spiegelt eine enorme Vielfalt wider. Als empirische Wissenschaft ist die Psychologie seit ihren Anfängen eng mit dem methodischen Erkenntniszugang über das Experiment verbunden. Damit stellt die Experimentalpsychologie keine psychologische Teildisziplin dar, sondern bezeichnet die Form des Erkenntniszugangs, die sich in allen psychologischen Teildisziplinen wiederfindet. Möglichkeiten und Grenzen dieser wichtigsten Methode der empirischen „Ursachen"-Analyse müssen kritisch reflektiert und klare ethische Grundsätze für die Verfolgung von psychologischen Forschungsinteressen beachtet werden.

Das Kapitel

- gibt einen kurzen Überblick über die historische Entwicklung der Experimentalpsychologie (*Abschnitt 1.1*);
- erörtert die Bedeutung der apparativen und statistischen Methoden der Experimentalpsychologie (*Abschnitt 1.2*);
- beschreibt die Vielfalt der experimentellen Psychologie (*Abschnitt 1.3*) und
- stellt die ethischen Prinzipien des psychologischen Experimentierens dar (*Abschnitt 1.4*).

## 1.1 Historische Entwicklung der Experimentalpsychologie

Experimentelle Psychologie bezeichnet jene Ausrichtung der wissenschaftlichen Psychologie, welche zur Erforschung der psychischen Phänomene und Prozesse das Experiment als methodischen Zugang verwendet.

Ein Blick auf die Geschichte der Psychologie zeigt, dass die Entstehung des Fachs Psychologie als empirische Wissenschaft etwa in der Mitte des 19. Jahrhunderts eng mit der experimentellen Methode verbunden ist (Boring, 1950; s. ferner Bringmann et al., 1997). Als Gründungsväter gelten der Physiker und Psychophysiker G. T. Fechner (1801 – 1887) und der Physiologe und Philosoph W. M. Wundt (1832 – 1920, s. *Abbildung 6.1, S. 104*). Der Beginn der modernen Psychologie wird heute gemeinhin mit der Schaffung des ersten Instituts für experimentelle Psychologie durch Wundt 1879 in Leipzig angesehen. Folgerichtig trug die 1904 gegründete Vorläufergesellschaft *Deutsche Gesellschaft für Psychologie* auch den Namen *Gesellschaft für experimentelle Psychologie*.

Die zu Beginn des zwanzigsten Jahrhunderts bestehende Situation konkurrierender theoretischer Erklärungsansätze – wie z.B. die Assoziationstheorie, die Gestalttheorie, der Behaviorismus und die Psychoanalyse – wurde jedoch als unbefriedigend empfunden und veranlasste einen der damals bedeutendsten deutschen Psychologen, Karl Bühler, dazu, von einer Krise der Psychologie zu sprechen (1927). Er sah durch die Unvereinbarkeit der Theorien und wissenschaftlichen Sprache die Entwicklung einer einheitlichen wissenschaftlichen Psychologie gefährdet. Als Lösung empfahl er unter anderem einen Methodenpluralismus in der Psychologie. Mit der Umbenennung der Gesellschaft im Jahr 1929 sollte demnach auch den übrigen Methoden der Psychologie Raum gegeben werden. Der mit dieser Zuwendung zur geisteswissenschaftlichen und damit eher philosophischen Betrachtung einhergehende Niedergang der experimentalpsychologischen Forschung in Deutschland konnte erst spät in der zweiten Hälfte des zwanzigsten Jahrhunderts beseitigt werden (Lüer, 1991).

Das Ziel, eine einheitliche Theorie in der Psychologie zu schaffen, stand jedoch nach Mandler (2011) nicht im Fokus der experimentell arbeitenden Psychologen. Stattdessen sieht er im methodischen Erkenntniszugang die einigende Klammer einer psychologischen Wissenschaft: „In other words, what unites us is how we do our research, not the way we organize our knowledge." (Mandler, 2011, S. 3)

## Experimentell-korrelatives Grundmodell

Die Psychologie kennt den experimentellen und den korrelativen Untersuchungsansatz – zwei sachlogisch verschiedene Methodenansätze, die sich allerdings miteinander verknüpfen lassen. In *Abbildung 1.1* ist ein Strukturschema dargestellt, welches die Verbindung zwischen der experimentellen und der korrelativen Untersuchungsmethodologie im Rahmen der Einzelgebiete der Psychologie veranschaulicht.

Im oberen Teil des Schemas sind die grundlagenwissenschaftlich orientierten Teildisziplinen der Psychologie („Allgemeine Psychologie", „Biopsychologie", „Differenzielle Psychologie", „Sozialpsychologie" und „Entwicklungspsychologie"), im unteren Teil die anwendungsorientierten Gebiete der Psychologie aufgeführt („Pädagogische Psychologie", „Klinische Psychologie", „Diagnostische Psychologie" sowie „Sonstige angewandte Psychologie", z.B. Forensische Psychologie, Markt- und Industriepsychologie). Dementsprechend spielen experimentelle und korrelative Forschungsstrategien in sämtlichen Teilbereichen der Psychologie eine Rolle (also nicht nur in der Allgemeinen Psychologie, wie manchmal irrtümlich angenommen). Der experimentelle und der korrelative Forschungsansatz ergänzen einander sehr oft, wie dies in dem Abbildungsschema durch die Überschneidung der beiden Elipsen veranschaulicht ist. Während noch bis in die neueste Zeit die experimentelle und die korrelative Forschungsmethodologie weitgehend unverbunden verwendet wurden, setzt sich die Forderung der modernen Methodologie nach einer wechselseitigen Verklammerung beider Untersuchungsansätze immer mehr durch.

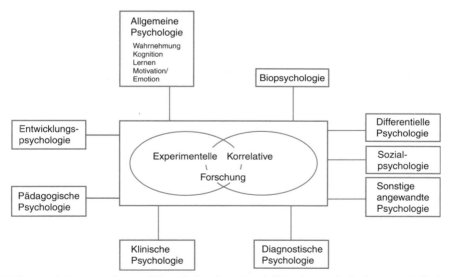

**Abbildung 1.1: Das experimentell-korrelative Grundmodell. In der Psychologie muss vielfach die experimentelle Untersuchungsmethodologie durch den korrelativen Forschungsansatz ergänzt werden.** (Modifiziert nach Sarris, 1995, 1999)

## 1.2   Apparative und statistische Methoden der Experimentalpsychologie

### Apparative Methoden in der Experimentalpsychologie

Die apparativen Methoden in der Experimentalpsychologie haben sich mit der Entwicklung in der Informationstechnologie und der Biosignalerfassung in den letzten Jahren stark verändert. Im Labor wurde der Computer zu einem unentbehrlichen Werkzeug, welches zur Steuerung der experimentellen Abläufe, zur Erfassung der Messwerte der abhängigen Variablen sowie zur statistischen Datenanalyse eingesetzt wird. Um computergestützt experimentelle Stimuli zu präsentieren und Probandenreaktionen (z.B. Reaktionszeiten) zu erfassen, werden Programmierkenntnisse nicht mehr unbedingt benötigt, da vielfältige Softwarepakete zur Gestaltung und Durchführung psychologischer Experimente verfügbar sind (Stahl, 2006). Neuerdings bedienen sich experimentelle Untersuchungen jedoch auch des Mediums *Internet* und führen die experimentalpsychologische Forschung damit aus dem Forschungslabor in eine breitere Öffentlichkeit (Birnbaum, 2000; Reips 2002). Diese Veränderungen im experimentellen Setting – deren Möglichkeiten sowie Vor- und Nachteile – sind daher ebenfalls für die gegenwärtige Ausbildung von Interesse. Gleichermaßen interessant sind ferner die neuesten Entwicklungen, welche sich unter dem Stichwort *E-Learning* finden (Rey, 2009).

Psychophysiologische Forschungsumgebungen zeichnen sich besonders durch die Verwendung spezieller Messinstrumente wie EMG, EKG, EEG, fMRI usw. (s. *Tabelle 1.3*) aus, wobei ein enger Zusammenhang zwischen psychischen und physischen Funktionen angenommen wird. Insbesondere die verschiedenen Zweige der Biopsychologie, aber auch vermehrt andere Teildisziplinen bedienen sich dieses Forschungssetting (Psychologische Rundschau, 2003, 2010). Dies gründet in der Tatsache, dass sich viele psychologische Konstrukte einer direkten Erfassung entziehen, jedoch mittels physiologischer Versuchsmethoden wenigstens indirekt messbar gemacht werden.

Die gesamte psychologische Forschung verfügt über ein breites Spektrum verschiedener Untersuchungstechniken, wobei diese sich zum Beispiel im Grad ihrer Objektivität und Ökonomie unterscheiden. Beispielsweise gestalten sich die Erhebung und Analyse von einfachen (behavioralen) Beobachtungsdaten vielfach zwar als ökonomisch, sind jedoch in ihrer Objektivität eingeschränkt, da die Analyse solcher Daten einen großen Interpretationsraum zulässt (z.B. Gerrig & Zimbardo, 2008). Für den Studierenden ist es jedoch unumgänglich, diese elementaren methodischen Grundlagen nicht nur theoretisch zu verstehen, sondern auch an deren praktischer Umsetzung teilzuhaben.

### Experimentalpsychologie und Statistikunterricht

Die Psychologie versucht mit Hilfe von Theorien, das Erleben und Verhalten von Menschen zu beschreiben, zu erklären und vorherzusagen. Die Überprüfung der Theorien an der Realität erfolgt durch die Werkzeuge, welche die psychologische Methodenlehre zur Verfügung stellt. Zur Bewertung der Gültigkeit von Theorien ist es dabei notwendig, die in empirischen Untersuchungen gewonnenen Daten auch gegen Zufallseffekte abzusichern. Diese Aufgabe fällt einem weiteren Werkzeug der Methodenlehre, nämlich der Statistik zu (vgl. *Kapitel 8*). Es versteht sich, dass sich Studierende der Psychologie umfangreiche methodische Kenntnisse von Anfang an aneignen müssen, um psychologische Forschungsergebnisse verstehen oder später selbst psychologische Forschung betreiben zu können. Der in der statistischen Ausbildung häufig fehlende unmittelbare Bezug zur Datengewinnung wird im experimentalpsychologischen Praktikum – am konkreten Beispiel – hergestellt. Dabei bietet sich die Möglichkeit, Experimente zu verschiedenen Problemkreisen durchzuführen und die erhobenen Daten statistisch auszuwerten. Damit werden die bislang nebeneinanderstehenden inhaltlichen und methodischen Lehrgebiete der Psychologie zusammengeführt. Es empfiehlt sich darüber hinaus, dies mit einer Einführung in die Benutzung von Statistikprogrammen zu verbinden (Bühl, 2009).

## 1.3 Die Vielfalt der experimentellen Psychologie

Das breite Spektrum der Methoden und Inhalte der Psychologie hat in den letzten Jahren eine zusätzliche Vielfalt und Komplexität erhalten, das nicht zuletzt durch die rasante Entwicklung der Arbeitsfelder der Kognitionswissenschaften bedingt ist (s. unten Exkurs „Interdisziplinäre Forschung – kognitive Neurowissenschaften").

| Tabelle 1.1 |
| --- |

**Fachrichtungen des Bachelorstudiums (Ausschnitt).**

| | |
| --- | --- |
| Allgemeine Psychologie I und Allgemeine Psychologie II | Die Allgemeine Psychologie befasst sich mit den grundlegenden Aspekten der Psychologie, wobei sie sich auf die allgemeinen Bedingungen konzentriert, unter denen psychische Phänomene auftreten (Wahrnehmung, Kognition, Emotion usw.). |
| Physiologische Psychologie / Biopsychologie | Die Physiologie bzw. Biopsychologie ist ein Zweig der Psychologie sowie der Neurowissenschaften, der sich mit der Physiologie bzw. Biologie des Verhaltens und Erlebens beschäftigt; dabei werden sowohl universelle als auch differenzialpsychologische Fragestellungen berücksichtigt. |
| Entwicklungspsychologie | Die Entwicklungspsychologie befasst sich mit der Beschreibung, Erklärung und Optimierung psychischer Prozesse im Verlaufe des gesamten Lebens; Entwicklungsverläufe im Erwachsenenalter und höheren Alter werden dabei auch hinsichtlich der individuellen Unterschiede analysiert. |
| Differenzielle Psychologie | Die Differenzielle Psychologie fragt nach den personspezifischen, interindividuellen Unterschieden; sie wird auch als „Persönlichkeitspsychologie" bezeichnet. |
| Sozialpsychologie | Die Sozialpsychologie beschreibt und erklärt die Interaktionen zwischen Individuen bzw. Gruppen von Individuen; sie verfolgt dabei sowohl inter- als auch intradisziplinäre Aspekte der sozialen Kommunikation. |

Die Psychologie ist in wissenschaftstheoretischer und methodologischer Hinsicht multidisziplinär orientiert; sie liegt im Überschneidungsbereich vieler Einzeldisziplinen. In Bezug auf die Ausbildung in Psychologie schlägt sich das auch in dem Aufbau des Studiums in unterschiedliche Fachausrichtungen nieder (s. *Tabelle 1.1*; vgl. dazu auch die „Hinweise für die Studierenden"). Folgerichtig sollten im Rahmen der experimentalpsychologischen Ausbildung unterschiedliche Forschungsmilieus wie auch unterschiedliche Untersuchungstechniken und -apparaturen vorgestellt werden. Obwohl die Fragestellungen der Psychologie ein weit gefasstes Spektrum umfassen, bleibt zu bedenken, dass die einzelnen Fachrichtungen denselben methodologischen Grundgedanken verfolgen, nämlich den der systematischen Erfassung des Verhaltens und Erlebens. Die Grundlagenausbildung der psychologischen Methodenlehre sollte deshalb die Vermittlung der wissenschaftstheoretischen Grundlagen mit den Prinzipien der Versuchsplanung und der Datenauswertung verknüpfen.

## Verklammerung der allgemeinen und differenziellen Forschungslogik

Die Allgemeine Psychologie fragt nach den generellen Bedingungen, unter denen Verhaltens- und Erlebnisdaten gesetzmäßig resultieren; dabei werden die interindividuellen Unterschiede üblicherweise vernachlässigt. Demgegenüber fragt die Differenzielle Psychologie nach den interindividuellen Differenzen („Persönlichkeitsunterschieden").

Der Unterschied zwischen allgemeiner und differenzieller Betrachtungsweise in einer Wissenschaft ist von großer Bedeutung, wie dies aus den in der *Tabelle 1.2* zusammengestellten Merkmalen hervorgeht. Eine allgemeine Betrachtungsweise ist somit durch die Suche nach Gesetzmäßigkeit, Reduktion und Abstraktion gekennzeichnet. Eine differenzielle Betrachtungsweise strebt demgegenüber die Analyse von Abweichungen von der allgemeinen Gesetzmäßigkeit sowie deren Spezifizierung und individuelle Explikation an. Auf die wechselseitigen Beziehungen zwischen Allgemeiner und Differenzieller Psychologie hat bereits der deutsche Psychologe William Stern (1871-1938) aufmerksam gemacht (Stern, 1921).

**Tabelle 1.2**

**Hauptmerkmale für die Unterschiede zwischen der allgemeinen („Allgemeinen Psychologie") und differenziellen („Differenziellen Psychologie") Betrachtungsweise.** (Modifiziert nach Sarris, 1999)

| Allgemeine Betrachtungsweise | Differenzielle Betrachtungsweise |
| --- | --- |
| Aufstellen von allgemeingültigen (statistischen) Gesetzmäßigkeiten | Erfassung der individuellen Abweichungen von allgemeinen Gesetzmäßigkeiten |
| Reduktion der Vielzahl von Einzelphänomenen auf möglichst wenige, aber elementare Phänomenklassen | Berücksichtigung einer möglichst großen Anzahl von Einzelphänomenen in ihren individuellen Ausprägungsformen |
| Abstraktion: Erstellung eines Durchschnittsbildes | Erfassung von personspezifischen Ausprägungsformen zur Individualität |

Die in *Kapitel 5* dargestellte Design-Klassifikation basiert auf der Überlegung einer besonderen „Verklammerung" von Allgemeiner und Differenzieller Psychologie (s. *Abschnitt 5.1*). Damit wird eine Verbindung zwischen „experimenteller" und „korrelativer" Betrachtungsweise hergestellt. Der Vorteil dieser Verknüpfung experimenteller und korrelativer Methoden liegt auf der Hand. Dabei schließt theoretisch gut gesichertes Experimentieren dessen mögliche Anwendungsrelevanz keineswegs aus.

## Grundlagenforschung und angewandte psychologische Forschung

Die schon von Kurt Lewin (1890-1947) vertretene Auffassung gilt noch heute: Die beste psychologische Anwendung bzw. Praxis ist immer eine solche, die grundlagenwissenschaftlich gut fundiert ist.

Dieses Credo (K. Lewin) gilt ungeachtet der häufig anzutreffenden Kritik aus der psychologischen Praxis (Sarris & Parducci, 1984) – nämlich:

- Psychologische Experimente entbehren jeder Lebensnähe (fehlende Generalisierungsmöglichkeiten im Sinne externer Validität (s. Exkurs „Interdisziplinäre Forschung – kognitive Neurowissenschaften").

- Die Ergebnisse der Experimentalpsychologie haben keinen Anwendungsbezug für praktische Probleme.

Der erste dieser beiden Kritikpunkte wird allein schon durch zahlreiche Befunde der Grundlagenforschung zumindest abgeschwächt. Aber auch bezüglich des zweiten Kritikpunktes sehen dies viele Experimentalpsychologen heute anders als früher. In der Tat gibt es eine Fülle von Beispielen, die zeigen, dass sich Grundlagenforschung einerseits und praxisrelevante Forschung andererseits ergänzen können.

---

## Exkurs: Interdisziplinäre Forschung – kognitive Neurowissenschaften

Die Annahme physiologischer Grundlagen für psychologische Phänomene hat die Psychologie seit ihren Anfängen begleitet, man denke hier nur an die „Viersäftelehre" im antiken Griechenland oder an die Phrenologie im 18. und 19. Jahrhundert. Nach Mandler (2007) war jedoch die Erforschung der physiologisch-neurologischen Korrelate psychischer Phänomene nie intensiver als zurzeit.

Die kognitiven Neurowissenschaften (*cognitive neurosciences*) gehen grundsätzlich von der Zusammenarbeit der Forscherinnen und Forscher aus verschiedenen Ursprungsdisziplinen aus (Neurobiologie, Kognitionspsychologie, Neuropsychiatrie bzw. Neurologie, Linguistik, u.a.). Die von diesen, früher meist isolierten, Disziplinen bevorzugten Erkenntnisinteressen, Untersuchungsparadigmen und Methoden – welche typischerweise der forschungsstrategischen Grundannahme eines Monismus folgen – sind der empirischen Suche nach übergreifenden Gesetzmäßigkeiten des Verhaltens und Erlebens verpflichtet. Das damit Gemeinte wird von den drei Autoren eines nordamerikanischen Textbuchs („Cognitive Neuroscience: The Biology of the Mind") auf den Punkt gebracht – nämlich:

*„The interchange of concepts among the three of us, whose interests and approaches have disparate scientific flavours, has turned out to be a significant factor in laying the foundation for this text. Each of us has come to the field with different training and add a different perspective to the study of the mind. Our individual perspectives have been woven into the fabric of this book and, we hope, offer a rich view of the study of how the brain enables the mind. The most senior of the trio (MSG) was trained as a biologist at Caltech but went on to study patients with specific surgical interventions and neurological patients with focal disease. The second author (RBI) works on the cognitive characterization of mental skills and cut his teeth on cognitive psychology. The third (GRM), started out in chemistry but then trained as a neuroscientist specializing in the brain imaging technique of event-related potentials."* (Gazzaniga, Ivry & Mangun, 1998, S. VIII)

Fortsetzung

Die im obigen Originalzitat angeführten so genannten bildgebenden Verfahren (*brain images techniques*) erlauben die Sichtbarmachung – dreidimensionale Bilderzeugung – der Hirnstromaktivitäten, welche mit den jeweiligen mentalen Vorgängen einhergehen bzw. korrelieren (s. *Tabelle 1.3* und *Abbildung 1.2*).

**Tabelle 1.3**

**Bildgebende Verfahren: aktuelle Techniken neuronaler Bildgebung, aufgeteilt nach „strukturellen" (anatomischen) und „funktionellen" (physiologischen/neurochemischen) Untersuchungsmethoden.** (Modifiziert nach Andreasen, 2002)

| Strukturelle (anatomische) Techniken | Funktionale (physiologische/neurochemische) Techniken |
| --- | --- |
| Computer-Tomographie (CT) | Single-Photon-Emissions-Tomographie (SPECT) |
| Magnetresonanz-Tomographie (MRT) | Positronen-Emissions-Tomographie (PET) |
| | Funktionelle Magnetresonanz-Tomographie (fMRT) |
| | Magnetresonanz-Spektroskopie (MRS) |

**Gehirnstrukturen und -funktionen**
(zum Beispiel Gehirnreifung und -abbau, plastische Veränderungen als Reaktion auf Erlebnisse, Gehirnchemie, Veränderung als Reaktion auf Medikamente, Veränderungen als Reaktion auf Psychotherapie)

**Mentale Funktionen**
(zum Beispiel Gedächtnis, Emotion, Sprache, Aufmerksamkeit, Arousal, Bewusstsein)

**Die einzigartige Person in ihrer spezifischen sozialen Welt**
(d.h. individuelles Verhalten und Reagieren in einer spezifischen persönlichen und sozialen Umwelt).

**Eine spezifische psychische Erkrankung**
(zum Beispiel Schizophrenie, affektive Störungen, Demenzen, Angststörungen)

**Abbildung 1.2: Schematische Darstellung der grundlegenden Zusammenhänge von mentalen („kognitiven") und hirnphysiologischen (neurobiologischen) Prozessen.** (Modifiziert nach Andreasen, 2002)

Fortsetzung

Einer der international renommierten Kognitionspsychologen, Michael I. Posner (USA), der zu den Pionieren dieser interdisziplinären Forschungsrichtung zählt, hat die Vermutung geäußert, dass in den kommenden Jahren weitere gewaltige Fortschritte in der (neuro-) kognitiven Forschung zu verzeichnen sein werden, und dies gleichermaßen für gesunde und psychisch kranke Menschen. Bei diesen in Aussicht gestellten Entdeckungsleistungen ist die zum Teil noch spekulative Hoffnung dieses Forschers besonders zu beachten (Posner, 1998, p. 119; zit. in Gazzaniga et al., 1998). Die hier herausgestellte interdisziplinäre Forschungsentwicklung wird jedoch heutzutage in allen führenden Einführungswerken ausführlich behandelt (z.B. Gerrig & Zimbardo, 2008); allerdings stecken viele ihrer theoretischen und experimentellen Erkenntnisse zurzeit noch in den Kinderschuhen.

*Andreasen, N. (2002). Brave new brain: Geist, Gehirn, Genom. Heidelberg: Springer.*

*Gazzaniga, M. S., Ivry, R. B. & Mangun, G. R. (1998). Cognitive neuroscience: The biology of the mind. New York: Norton.*

*Mandler, G. (2007). A history of modern experimental psychology: From James and Wundt to cognitive science. Cambridge, MA: MIT Press.*

*Gerrig, R.J. & Zimbardo, P.G. (2008). Psychologie. München: Pearson.*

## Generelle Perspektiven der Experimentalpsychologie

Das wissenschaftliche Studium des menschlichen und tierischen Verhaltens und Erlebens hat in den vergangenen Jahren eine stürmische Entwicklung erfahren. Jegliche kritische Betrachtung von Vergangenheit und Gegenwart der psychologischen Erkenntnisgewinnung sollte den Blick der gegenwärtig Studierenden dafür schärfen, wie die unmittelbare und auch die weitere Zukunft der Psychologie als Wissenschaft beschaffen sein könnte, bzw. sollte. Unter der Rahmenbedingung, dass in absehbarer Zeit weltweit überhaupt die politischen, wirtschaftlichen und alle anderen Voraussetzungen für ein friedliches Überleben gegeben sein werden, zeichnen sich für das Fach Psychologie in Forschung und Praxis verschiedene denkbare Entwicklungen ab. Einige der möglichen Perspektiven für die Psychologie sind in *Tabelle 1.4* enthalten.

Wie eingangs erläutert, stellt das Experiment eine einigende Klammer der vielen psychologischen Teildisziplinen dar. Es darf daher angenommen werden, dass die Zukunft der wissenschaftlichen Psychologie insbesondere davon beeinflusst werden wird, inwieweit es weiterhin gelingt, psychologische Fragestellungen kreativ in Experimente zu überführen und die resultierenden Befunde in sinnvolle theoretische Zusammenhänge einzuarbeiten. Bei Erfolg kann die Psychologie, wie es der damalige Präsident der *American Psychological Association* Martin Seligman 1998 prognostizierte, „zu einer treibenden Kraft für das Verständnis und die Forschung der höchsten Qualitäten öffentlichen und privaten Lebens" (Schönpflug, 2000, S. 458) werden.

Tabelle 1.4

**Ausblick auf die nahe Zukunft der Psychologie als Wissenschaft.**
(Modifiziert nach Bunge & Ardila, 1990)

| Entwicklungstendenz | Beispiel | Kommentar |
|---|---|---|
| Anwachsen der experimentellen Forschung | Biopsychologie, Wahrnehmungspsychologie und Psychophysik; Entwicklungspsychologie | Die streng wissenschaftlich orientierten Bereiche werden durch aussichtsreicheres Experimentieren erschlossen. |
| Methodologisches Expertentum | Neuartige und verfeinerte Forschungsmethoden, besonders in der Biopsychologie und der Psychophysik | Interdisziplinäre Verbindungen zwischen Neurobiologie und Psychologie bewirken eine zunehmende gegenseitige Befruchtung und Differenzierung der Forschungsmittel. |
| Aufsplitterung | Spezialisierung und übermäßige Aufspaltung von Laboruntersuchungen | Es gibt nur schwache Verbindungsglieder zwischen den einzelnen Zweigen der Psychologie, bei denen einige sich von den übrigen isolieren. |
| Stagnation in der Theorienbildung | Die meisten der heute im Umlauf befindlichen psychologischen Theorien erweisen sich als „falsch". | Die Psychologie als eine Protowissenschaft leidet heute unter einer Vielzahl von sprachlichen Metaphern und einem Mangel an gut begründeten Theorien (d.h. hypothesengeleiteter Systematik) |
| Abtrennung der Praxis von der Forschung | Besonders die angewandte Psychologie, etwa die Psychodiagnostik und die klinische Psychologie, arbeiten noch weitgehend spekulativ. | Vieles in der angewandten Psychologie ist empiristisch oder noch schlechter, d.h. vorwissenschaftlich. |

## 1.4 Ethische Prinzipien des psychologischen Experimentierens

Die besonderen Grenzen und Möglichkeiten des Experiments in der Psychologie lassen sich – im Sinne von Heinrich Düker (1898-1986), einem der führenden experimentellen Psychologen Deutschlands in der zweiten Hälfte des 20. Jahrhunderts – wie folgt charakterisieren:

*„Die Anwendbarkeit des Experiments hört auf, wenn die Ungefährlichkeit seiner Durchführung nicht gesichert werden kann, oder wenn sittliche Forderungen es verbieten. Es hat auch dort eine Grenze, wo es nicht möglich ist, die wesentlichen Bedingungen eines psychischen Geschehens experimentell hervorzurufen. Die Grenzen des psychologischen Experiments sind aber nicht so eng, wie vielfach angenommen wird. Auf keinen Fall sollte aus der Tatsache, dass auf manchen Gebieten der Psychologie unvollkommen, auf anderen noch gar nicht experimentiert worden ist, geschlossen werden, diese Gebiete seien dem Experiment verschlossen. Die experimentellen Möglichkeiten in der Psychologie sind noch längst nicht ausgeschöpft."* (Düker, 1970, S. 32)

Die psychologische Arbeit in ihrer Praxis unterliegt ethischen Richtlinien, welche im Prinzip auch für die Grundlagenforschung bei Tier und Mensch gelten. Den jeweils aktuellen Forschungsinteressen sind daher schon aus ethischen Gründen klare Grenzen gesetzt. Die *Deutsche Gesellschaft für Psychologie (DGPs)* und der *Bund Deutscher Psychologen (BDP)* haben angesichts der ausführlichen Diskussion 1998 ethische Richtlinien für ihren Berufsstand verabschiedet, in denen in besonderem Maße die Verpflichtung des Forschers gegenüber seinen Probanden unterstrichen wird. Da psychologische Forschung auf die Teilnahme von Menschen als Versuchsteilnehmern angewiesen ist, müssen sich Psychologen der Besonderheit der Rollenbeziehung zwischen Versuchsleiter und Versuchsteilnehmer und der daraus resultierenden Verantwortung bewusst sein. Sie müssen sicherstellen, dass durch die Forschung die Würde und Integrität der am psychologischen Versuch teilnehmenden Personen nicht beeinträchtigt werden und alle geeigneten Maßnahmen treffen, welche Sicherheit und Wohl gewährleisten.

Die ausführlichen Richtlinien (DGPs) können jederzeit unter folgender Internet-Adresse eingesehen werden: *http://www.dgps.de/dgps/kommissionen/ethik*. Analog hierzu finden sich die Richtlinien der *American Psychological Association* unter *http://www.apa.org/ethics*. Als unabdingbar ist zu fordern, dass jedem Psychologen – dem Forscher, dem Praktiker sowie dem Studierenden – diese grundlegenden Prinzipien bekannt sind. Der erste Schritt eines Studenten, der eine eigene Forschungsarbeit plant, sollte daher darin bestehen, dass er sich von einem erfahrenen Wissenschaftler betreuen und beraten lässt. Mit ihm gemeinsam sollte er die ethischen Bedenken besprechen und gegebenenfalls mögliche wissenschaftliche Alternativen im Hinblick auf die Methodologie und die Forschungstechnik seines Projektes erarbeiten.

Die in *Tabelle 1.5* dargelegten Richtlinien für die Durchführung empirischer, insbesondere experimenteller psychologischer Forschung mit Menschen als Versuchsteilnehmern entsprechen den internationalen Standards und müssen von jedem Versuchsleiter eingehalten werden.

Tabelle 1.5

## Ethische Richtlinien für Experimente in der Psychologie.

| | |
|---|---|
| **1** | Die Versuchsteilnehmer sind vor negativen Folgen des Experiments zu schützen! Belastungen sind so weit als möglich zu minimieren. |
| **2** | Vor Durchführung sind die möglichen Einwände und ethischen Bedenken gegen eine Untersuchung zu prüfen und gegebenenfalls ist eine Ethikkommission[a] um Stellungnahme zu bitten. |
| **3** | Die Versuchsteilnehmer sind über alle Gesichtspunkte der Untersuchung zu informieren, welche die Bereitschaft der Probanden zur Teilnahme beeinflussen könnten. |
| **4** | Fordern methodologische Grundsätze einer Studie ein Verheimlichen oder gar eine Täuschung über die wahren Ziele der Untersuchung, muss sich der Forscher umso mehr seiner persönlichen Verantwortung für das Wohl und die Würde seiner Versuchsteilnehmer bewusst sein und zum frühestmöglichen Zeitpunkt für Aufklärung sorgen. |
| **5** | Einem Probanden muss immer die Freiheit eingeräumt werden, seine Teilnahmebereitschaft zurückzuziehen oder zu jedem Zeitpunkt der Untersuchung abzubrechen. |
| **6** | Nach Abschluss der Datenerhebung sind die Probanden in vollem Umfang über die tatsächlichen Ziele der Untersuchung aufzuklären. |
| **7** | Die in einer Untersuchung gewonnen Informationen über Versuchsteilnehmer sind absolut vertraulich zu behandeln. |

An vielen Fachbereichen bzw. Psychologischen Instituten bestehen lokale Ethikkommissionen.

## Zusammenfassung

Die Experimentalpsychologie ist keine psychologische Teildisziplin, sondern bezeichnet jene Ausrichtung der wissenschaftlichen Psychologie, welche zur Erforschung der psychischen Phänomene und Prozesse das Experiment als methodischen Zugang verwendet. Das Spektrum der Methoden und Inhalte der Psychologie ist – nicht zuletzt aufgrund interdisziplinärer Forschung – vielfältig und komplex, was sich insbesondere im Arbeitsfeld der kognitiven Neurowissenschaften erfahren lässt. Im Experiment als methodischem Erkenntniszugang kann die einigende Klammer dieser vielfältigen und komplexen psychologischen Wissenschaft gesehen werden. Studierende sollten im Rahmen der experimentalpsychologischen Ausbildung solche unterschiedlichen Forschungsmilieus und deren Untersuchungstechniken kennenlernen. Werden die methodischen, inhaltlichen und auch ethischen Vorschriften für das psychologische Experimentieren beachtet, eröffnen sich viele Möglichkeiten interdisziplinären Arbeitens, und das sowohl in der grundlagenorientierten- als auch in der praxisrelevanten Forschung.

## Wichtige Fachbegriffe

American Psychological Association

Assoziationstheorie

Apparativen Methoden

Behaviorismus

Deutsche Gesellschaft für Psychologie

Ethische Prinzipien

Experiment

Experimentell-korrelatives Grundmodell

Gestalttheorie

Interdisziplinäre Forschung

Kognitive Neurowissenschaften

Methodenpluralismus

Psychoanalyse

## Lernzielkontrolle

**1** Welches Ereignis markiert den Beginn der Psychologie als eigenständige akademische Disziplin?

**2** Welche zwei methodischen Forschungsansätze lassen sich in der Psychologie unterscheiden?

**3** Was unterscheidet die allgemeinpsychologischen von den differenziell-psychologischen Forschungsfragestellungen?

**4** Warum sind die kognitiven Neurowissenschaften prototypisch für interdisziplinäre Forschung?

**5** Wo lassen sich die ethischen Richtlinien für den Berufsstand der Psychologen finden?

**6** Welche wesentlichen ethischen Richtlinien gelten für die Durchführung experimenteller Untersuchungen?

# TEIL I

## Wissenschaftstheorie und psychologisches Experimentieren

# Erkenntnisgewinnung und Experimentalpsychologie

2

ÜBERBLICK

## Lernziele

Im Gegensatz zum psychologischen Laien, der sein „Wissen" vorwiegend mittels Intuition und Spekulation aus der Alltagserfahrung bezieht, bedient sich der wissenschaftlich orientierte Psychologe eines differenzierten Methodeninstrumentariums, dessen genereller Ausgangspunkt die systematische Beobachtung und deren wissenschaftstheoretische Fundierung ist.

Das Kapitel

- veranschaulicht die methodenbasierte Erkenntnisgewinnung des wissenschaftlich arbeitenden Psychologen (*Abschnitt 2.1*);
- behandelt die Prinzipien der Erkenntnisgewinnung (*Abschnitt 2.2*);
- definiert die experimentelle Methode (*Abschnitt 2.3*);
- führt in die wissenschaftstheoretischen Grundlagen der Theorienbildung in der Psychologie ein (*Abschnitt 2.4*) und
- erläutert die Möglichkeiten und Grenzen des Experimentierens in der Psychologie und schließt mit einer kritischen Betrachtung der experimentellen Psychologie (*Abschnitt 2.5*).

## 2.1   Alltagspsychologisches und naives Denken

Die Psychologie als Wissenschaft versucht Fragen zu beantworten, welche die Menschen schon von jeher – mindestens seit Aristoteles' (342 v.Chr.) Schrift *Über die Seele* – beschäftigen. Im Gegensatz zum wissenschaftlich orientierten Psychologen bezieht der psychologische Laie sein „Wissen" vorwiegend aus der Alltagserfahrung. Dabei verallgemeinert er häufig eigene sowie fremde Einzelerfahrungen und verlässt sich aufs Hörensagen, auf Mythen, Sprichwörter, Literatur und populärwissenschaftliche Darstellungen. In dieser „Alltagspsychologie" ist es weniger von Bedeutung, ob die hierbei in das Denken meist unausgesprochen eingehenden Annahmen, Urteile und Handlungen wissenschaftlich haltbar sind. Wesentlich ist, dass derartige Annahmen und „persönliche Theorien" es dem Einzelnen erlauben, das Sozialverhalten seiner Mitmenschen zu verstehen, sich darauf einzustellen und somit konfliktfreier zu leben.

### Pseudowissen versus methodenbasierte Erkenntnisse

Ohne den Rückgriff auf seine Methoden wäre auch der Psychologe lediglich auf seine „Intuition" angewiesen; d.h., er müsste sich auf das bloße „Gefühl" verlassen. Das würde bedeuten, dass er prinzipiell denselben Gefahren des Halb- und Scheinwissens ausgesetzt wäre wie der psychologische Laie („Alltagspsychologie"). Zwar ist Intuition in jeder Wissenschaftsdisziplin unentbehrlich, aber sie ist nur ein notwendiges, nicht jedoch auch hinreichendes Mittel der Erkenntnisgewinnung. Wissenschaftliches Denken eines Psychologen ist somit untrennbar mit dessen Methodeninstrumentarium verknüpft. Nur deshalb kann auch die Psychologie für jeden einzelnen Fall gesondert das positive Sachwissen von Schein- und Halbwissen zufriedenstellend trennen.

## 2.2 Prinzipien der Erkenntnisgewinnung

Im Folgenden werden zunächst einige Prinzipien der Erkenntnisgewinnung dargestellt; anschließend wird der allgemeine wissenschaftsmethodische Denkansatz erläutert. Es lassen sich vier verschiedene Prinzipien der Erkenntnisgewinnung voneinander unterscheiden:

- Prinzip der Autorität
- Prinzip der Intuition
- Prinzip der Vernunft
- Prinzip der Erfahrung

### Die Prinzipien der Autorität und der Intuition

Aufgrund des *Prinzips der Autorität* übernimmt man im Alltag wie auch in der Wissenschaft Erkenntnisse von Autoritäten (Experten usw.), ohne diese überhaupt zu prüfen. Eine Erkenntnisgewinnung nach diesem Prinzip ist zwar recht einfach und ökonomisch; sie birgt jedoch große Risiken in sich, wenn Erkenntnis allein nach diesem Prinzip erworben wird. Nach dem *Prinzip der Intuition* richtet sich insbesondere die künstlerische Arbeit; doch auch in der Wissenschaft spielt intuitives Denken eine wichtige Rolle. Das in diesem Zusammenhang gemeinte kreative Denken ist gleichfalls Gegenstand experimentalpsychologischer Untersuchungen (Runco & Albert, 2010).

### Die Prinzipien der Vernunft und der Erfahrung

Das *Prinzip der Vernunft* herrscht naturgemäß in der Mathematik und der Logik vor. Nach diesem Prinzip wird Erkenntnis nach formalen, d.h. abstrakten Regeln erworben. Erfahrung und Beobachtung sind dabei als Erkenntniswege nahezu irrelevant. Das *Prinzip der Erfahrung* ist die Grundlage aller empirischen Wissenschaften – ja, der rationalen Erkenntnis schlechthin. Es ist die Beobachtung realer Gegebenheiten, über die Erkenntnis erworben wird. Bei der Auseinandersetzung mit dem jeweiligen Forschungsgegenstand in sämtlichen Erfahrungswissenschaften sind alle vier Prinzipien des Erkenntnisgewinns von Bedeutung, wenn auch der eine oder andere Erkenntnisstil in verschiedenen Bereichen besonders ausgeprägt ist. Für die Erkenntnisgewinnung in der Psychologie sind das *Prinzip der Erfahrung* und das der *Vernunft* (Logik) unverzichtbare Voraussetzungen; die beiden Prinzipien bedingen einander wechselseitig. Zu beachten bleibt, dass die Prinzipien (abstrakte) Idealtypen darstellen, welche in der Realität eher als Mischformen existieren.

## Deduktives und induktives Denken

Bei der wissenschaftlichen Untersuchung des Denkens geht es dem Psychologen weniger darum festzulegen, wie nach bestimmten Regeln gedacht werden soll, sondern festzustellen, wie im Alltag tatsächlich gedacht wird. Mit den formalen Regeln für das vernünftige Denken beschäftigt sich demgegenüber die Logik. Dabei wird – vereinfacht ausgedrückt – entweder vom Allgemeinen auf Spezielles (deduktive Logik) oder vom Einzelnen auf das Allgemeine (induktive Logik) geschlossen (*Abbildung 2.1*). Dazu sei angemerkt, dass der Schluss vom Einzelnen auf das Allgemeine grundsätzlich auf große logische Schwierigkeiten stößt (Problem der induktiven Logik). Im Übrigen interessieren den empirisch Forschenden jedoch mehr die Fragen der induktiven Bestätigung von Hypothesen (Problem der induktiven Wahrscheinlichkeit). Die Logik spielt demnach auch in der Psychologie eine notwendige Rolle; denn logische Schlüsse werden selbstverständlich auch in der Psychologie aufgrund von Beobachtungen gezogen.

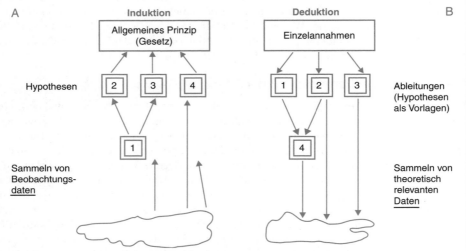

**Abbildung 2.1: Induktiver (A) vs. deduktiver (B) logischer Weg von Schlussfolgerungen entweder – von den Daten herkommend – für den Erhalt allgemeiner Prinzipien („Gesetze"; links) oder aber – von theoretischen Einzelannahmen ausgehend – für die Ableitung einzelner empirisch zu prüfender Hypothesen („Vorhersagen"; rechts).** Die empirischen Wissenschaften machen typischerweise von beiden logischen Wegen Gebrauch. (Die Zahlen und deren Verbindungen stellen illustrative, willkürlich gewählte Hypothesen mit bestimmten Verbindungsmöglichkeiten dar.) (Modifiziert nach Lewin, 1979; aus Sarris, 1999)

## 2.3    Die experimentelle Methode

Ziel einer jeden empirischen Wissenschaft ist es, Erkenntnisse über die „Natur", das heißt über das eigentliche Wesen und das Warum („Ursachen") von Zusammenhängen zu gewinnen. In diesem Bemühen bedient sich die Psychologie einer Reihe unterschiedlicher allgemeiner Untersuchungsansätze („Methoden"), deren genereller Ausgangspunkt aber stets die Beobachtung ist. Erst aufgrund der experimentellen Beobachtung kann man echtes Wissen von Scheinwissen trennen.

### Systematische Beobachtung

Das psychologische Experiment ist die wichtigste Methode der empirischen „Ursachen"-Analyse (*Kausalanalyse*). Die Basis allen Experimentierens ist die systematische Beobachtung, d.h., nur mit Hilfe der Beobachtung erhält psychologisches Experimentieren seine inhaltliche, „Phänomen"-bezogene Grundbedeutung. Andererseits gilt, dass genaues Beobachten und sorgfältiges Beschreiben von Ereignissen und Phänomenen nur notwendige, aber nicht hinreichende Voraussetzungen für wissenschaftlich systematisches Erkennen – nämlich Erklären, Verstehen und Vorhersagen – darstellen. Beispielsweise reichen gute Beobachtungsgabe und Menschenkenntnis nicht aus, um wissenschaftlich bedeutsame Zusammenhänge aufzudecken. Dies gilt übrigens auch unabhängig davon, dass umgekehrt die Fähigkeit zur wissenschaftlichen Analyse von Sinnzusammenhängen nicht schon eine gute Menschenbeurteilungsgabe einschließt.

Unter wissenschaftlicher Beobachtung wird das beschreibende Registrieren und Klassifizieren von Ereignissen nach qualitativen und quantitativen Gesichtspunkten verstanden. Unter wissenschaftlicher Interpretation versteht man eine „Hypothesen"-geleitete Erfassung der bedeutsamen Merkmale des jeweiligen Ereignisses bzw. Phänomens sowie eine (interpretative) Analyse der Bedingungen, die gerade zu diesem Ereignis bzw. Phänomen geführt haben. Durch die wissenschaftliche Bewertung erfolgt schließlich eine qualitative Integration der verschiedenen Beobachtungsmerkmale in einen komplexen theoretischen und meist auf die Anwendung bezogenen Bedeutungszusammenhang. In jedem Fall ist eine wissenschaftliche Verwertbarkeit aller Arten von Beobachtungsdaten an eine klare, unmissverständliche Beschreibung des Beobachteten gebunden. Erst durch eine angemessene, zuverlässige Beschreibung sind eine Verständigung und die weitere wissenschaftliche Verarbeitung der Daten möglich. „Beschreibung" besteht in dem Bemühen, bei einem beobachteten Sachverhalt bestimmte Dimensionen bzw. Variablen zu isolieren, diese zu spezifizieren und zu messen sowie deren Zusammenhang mit anderen Dimensionen zu bestimmen (vgl. dazu ausführlich Sarris, 1999).

Die „Beobachtungen" – also die Daten – stellen die notwendige, allerdings nicht hinreichende Voraussetzung für das Vorliegen eines Experiments dar. Um von einem „Experiment" sprechen zu können, bedarf es zusätzlich der willkürlichen (absichtlich hervorgerufenen) Variation von Versuchsbedingungen (unabhängige Variable), deren Effekte (abhängige Variable) sich in den „Beobachtungen" niederschlagen (siehe *Abschnitt 3.1*).

## Selbst- und Fremdbeobachtung

Die Beobachtungsdaten können in der Psychologie sehr verschiedener Herkunft sein. Im Unterschied zu den Beobachtungsgegenständen anderer empirischer Wissenschaften ist der Beobachtungsgegenstand in der Psychologie meistens selbst in der Lage zu beobachten: Der Beobachter kann sowohl Subjekt als auch Objekt der Beobachtung sein. Fallen Subjekt und Objekt der Beobachtung in einer Person zusammen, spricht man von Selbstbeobachtung, im anderen Fall von Fremdbeobachtung. Inhalt einer Beobachtung kann sowohl „äußeres" Verhalten als auch „inneres" Verhalten sein. Unter äußerem Verhalten wird das mit unseren Sinnesorganen wahrnehmbare körperliche Verhalten gemeint – wie etwa das Heben eines Armes, das Betätigen einer Taste, aber auch das Erröten und der eigene Herzschlag. Unter innerem Verhalten sind die so genannten psychischen Vorgänge zu verstehen, welche wir als „in uns" befindlich erleben, wie zum Beispiel Liebeskummer, Trauer, Freude, Schmerz usw. Beide Arten von Beobachtungsdaten – die des äußeren und die des inneren Verhaltens – können aufgrund von Selbst- und Fremdbeobachtung gewonnen werden. Folglich lassen sich im Hinblick auf die Rolle des Beobachters sowie hinsichtlich des Inhalts der Beobachtung verschiedene Kategorien von Beobachtungsdaten unterscheiden (s. Demo 2.1).

## 2.4   Theorie und Modell

Jede Wissenschaft ist bestrebt, ihre Grundannahmen, Hypothesen und beobachtungsbasierten Tatsachen in einen überschaubaren systematischen Zusammenhang zu bringen. Zu diesem Zweck formuliert sie „Theorien" und „Modelle" (vgl. einführend Bunge & Ardila, 1987; Sarris, 1999). Unter einer Theorie versteht man ein System von Definitionen, Annahmen und Schlussfolgerungen. Ein Beispiel für eine Theorie in der Psychologie stellt die Gestalttheorie nach Koffka, Köhler und Wertheimer dar. Diese konstatiert, dass sich Wahrnehmungen weder aus einzelnen Empfindungen noch aus deren Summe zusammensetzen, sondern dass bei der Wahrnehmung Gruppierungen und übergeordnete Einheiten zustande kommen („Das Ganze ist anders als die Summe seiner Teile"). In dieser Theorie werden zunächst die zentralen Begriffe, wie Gestalt, Gestaltqualitäten usw., definiert. Danach werden Grundannahmen formuliert; in diesem Beispiel die sieben Gestaltgesetze der Wahrnehmung (Spillmann, 2012). Aus diesen werden Schlussfolgerungen abgeleitet, welche sich auf beobachtbare Gegebenheiten beziehen, wie z.B. das Phänomen, dass eine Abfolge von Tönen als Melodie wahrgenommen wird. Theorien können unterschiedlich komplex sein. Es gibt Theorien, die sich auf eng umschriebene Problembereiche beziehen, aber auch auf solche, die Disziplin übergreifend Anwendung finden. In der Psychologie sind beispielsweise der Behaviorismus und der Kognitivismus als zwei allgemeine Denkrichtungen bekannt, in deren Kontext verschiedene Theoriensysteme entwickelt werden.

Ziel jeder Forschung ist es nicht, Theorien als solche zu „beweisen", da Theorien grundsätzlich durch empirische Befunde bestenfalls gestützt werden können. Schon aus formallogischen Gründen ist nicht auszuschließen, dass eine bestätigte Theorie durch eine überlegenere, bisher aber noch nicht entwickelte Theorie (z.B. durch eine sogenannte

Supertheorie) zu ersetzen ist. Ein solches Verständnis wissenschaftlicher Forschung kennzeichnet auch die Experimentalpsychologie. Sie orientiert sich dabei vornehmlich an den Grundgedanken des neueren, so genannten kritischen Rationalismus, wie dieser prägnant bereits von Karl Popper (1902-1994) und vielen seiner Schüler bzw. Nachfolger vertreten wird (s. Exkurs „Erkenntniskritischer Rationalismus: das Falsifikationsprinzip"). Ohne auf diese für Studienanfänger sicherlich schwierige Materie näher eingehen zu können, sei für eine vertiefende Auseinandersetzung mit den wissenschaftstheoretischen Grundlagen der Psychologie, insbesondere zur Theorien- und Hypothesenbildung bzw. -bewertung auf die einschlägige Fachliteratur hingewiesen (Westermann, 2000).

---

## Exkurs: Erkenntniskritischer Rationalismus: Das Falsifikationsprinzip

Wissenschaftstheorie und Erkenntnisphilosophie (Epistemologie) versuchen die Wurzeln des menschlichen Erkennens und Wissens zu ergründen. Bis heute gibt es dazu kontroverse Auffassungen. Im Zentrum der Philosophie von Sir Karl Popper, der sich heute vor allem die empirischen (insbesondere die naturwissenschaftlichen) Forschungsdisziplinen anschließen, steht der kritische Rationalismus, welcher zumindest zwei Grundannahmen enthält:

- Es gibt eine vom Erkenntnis suchenden Menschen unabhängige („objektive") externe Welt.
- Diese externe Welt lässt sich wenigstens teilweise empirisch erfassen.

Allerdings sind alle Beobachtungen immer schon „theoriengeladen", da nämlich in die Beobachtungsvorgänge immer auch theoretische Vorannahmen des Untersuchenden mit eingehen. Auch lassen sich Theorien nie beweisen, sondern bestenfalls nur „bekräftigen", insofern nämlich zunehmende unterstützende Einzeltatsachen bekannt werden. Die dabei zu untersuchenden Hypothesen sind nach Karl Popper im Sinne einer empirischen Prüfung und Widerlegbarkeit („Falsifizierbarkeit") zu erforschen (Alt, 2001). – Im Gegensatz zu Poppers Ansatz steht besonders der radikale Konstruktivismus, demzufolge alle Erkenntnis aus der subjektiven „Konstruktion" des Menschen resultiert. Diese zum Teil auch in der Psychologie vertretene Auffassung wird von Popper und seinen Anhängern als relativistisch abgelehnt (Popper, 1974, 1984, 2001).

*Alt, J. A. (2001). Karl R. Popper. (3. Aufl.) Frankfurt/M.: Campus.*

*Popper, K. R. (1974). Replies to my critics. In P. A. Schilpp (Ed.), The philosophy of Karl Popper. Vol. 2 (pp. 959-1197). La Salle: Open Court Press.*

*Popper, K. R. (1984). Logik der Forschung. (8. Aufl.) Tübingen: Mohr*

*Popper, K. R. (2001). Die Welt des Parmenides: Der Ursprung des europäischen Denkens. München: Piper.*

Der Forschungsprozess kann dem kritischen Rationalismus zufolge nur darauf ausgerichtet sein, eine größere Anzahl von verschiedenen Erklärungsmöglichkeiten für einen vorgefundenen Zusammenhang bereitzustellen. Dabei soll auf empirischem Weg die Angemessenheit alternativer Erklärungsmöglichkeiten ermittelt und die Anzahl rivalisierender Erklärungsansätze schrittweise verringert werden. Als Wissenschaftstheoretiker wird man daher eine Theorie – streng genommen – nie als wahr, sondern bestenfalls nur als mehr oder weniger gut bestätigt bezeichnen können, da man im Prinzip stets damit rechnen muss, dass es für jeden empirisch relevanten Sachverhalt auch noch andere mögliche Erklärungen gibt. Sofern verschiedene Theorien ein und denselben Sachverhalt angemessen erklären, wird in der Regel diejenige Theorie bevorzugt, welche die wenigsten Vorannahmen voraussetzt. Dieses Prinzip der Einfachheit – in der angloamerikanischen Fachliteratur unter der Bezeichnung *„law of parsimony"* oder auch *„Occam's Razor"* bzw. *„Morgan's Canon"* bekannt – ist in sämtlichen empirischen Wissenschaften ein bewährtes forschungsökonomisches Grundprinzip (s. *Kapitel 4*, Exkurs „Morgan's Canon", S. 66).

## Modellbildung

Außer Theorien haben auch Modelle die Funktion, empirisch relevantes Wissen in eine überschaubare Ordnung zu bringen. Ein Modell dient unter Zuhilfenahme vereinfachender Analogien der Generierung und Prüfung von experimentellen Hypothesen. Modelle sind – wenigstens in der Psychologie – häufig nach einem besonders einfachen Analogieprinzip aufgebaut. Ein Beispiel für das zuletzt Gemeinte ist das Persönlichkeitsmodell von Sigmund Freud. Dieses topologische („räumliche") Modell bringt durch eine Raumanalogie zum Ausdruck, dass nach Freud der Hauptbestandteil der Persönlichkeit das unbewusste *Es* (Instanz der Triebe) ist; einen nur geringen Raum nimmt das *Ich* (Instanz der Vernunft) ein; diese beiden Bereiche verbindet das *Über-Ich* (Instanz des Gewissens).

## Arten von Modellen

Es werden verschiedene Arten von Modellen unterschieden – zum Beispiel:

- *Physikalische oder biologische Modelle*, bei denen natürliche Objekte Symbolwert haben;
- *Mathematische Modelle*, bei denen ein mathematisches Kalkül das Modell bildet;
- *Computermodelle* und informationstheoretische Modelle, bei denen das Modell als Computerprogramm bzw. als eine Art Flussdiagramm realisiert wird.

In neuerer Zeit kommt den kognitionswissenschaftlichen Modellansätzen sowie den Computermodellen zunehmende Bedeutung zu, und hier insbesondere in den Bereichen der Denkpsychologie (Entscheidungs- und Problemlösungsprozesse) sowie der Gedächtnis- und der Wahrnehmungspsychologie. Nicht selten sind Modelle Bestandteile von Theorien. Die allgemeinen theoretischen Prinzipien sind dann durch ein Modell repräsentiert, mit dessen Hilfe sich theoretische Sätze leichter in Beobachtungssätze überführen lassen, die ihrerseits experimentell überprüfbar sind (*Abb. 2.2*; vgl. dazu ausführlicher *Kapitel 3.1*).

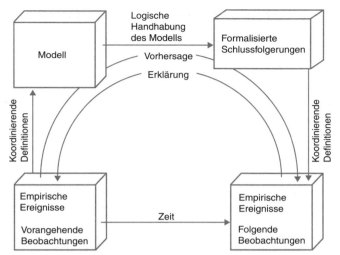

**Abbildung 2.2: Allgemeines Strukturschema einer Theorie.** Gemäß einer in der empirischen Einzelwissenschaft häufig vertretenen Auffassung wird ein „Modell" – im Sinne einer Analogie zum „abzubildenden" Phänomen – als ein Bestandteil einer „Theorie" begriffen, mit dessen (meist anschaulicher) Hilfe zumindest einige ihrer Aspekte bzw. Teile in eine möglichst enge Verbindung zu der empirischen Datenwelt gebracht werden. – (Als eine Art „Flussdiagramm" veranschaulicht das Strukturschema ferner den stark idealisierten zeitlichen Ablauf einer allgemeinen Modell- und Theorienbildung im Zusammenhang mit den komplementären wissenschaftstheoretischen Konzepten der „Vorhersage" [prospektiv] und der „Erklärung" [retrospektiv] von Beobachtungsdaten). – (Modifiziert nach Matheson, Bruce & Beauchamp, 1978; aus Sarris, 1999)

## Nutzwert von Modellen

Besonders wichtig sind die folgenden Funktionen von Modellen:

- **Explikationswert:** Mittels eines Modells kann der eigentliche Kern des jeweils gemeinten Sachverhalts klarer verstanden („expliziert") und somit leichter vermittelt werden. Dies begünstigt eine präzise Formulierung und experimentelle Testung der im Modell implizierten Einzelbeziehungen.

- **Heuristischer Findewert:** Nicht selten findet man im Rahmen der Modellierung theoretisch neue Beziehungen, und das aufgrund der kreativen („heuristischen") Herausarbeitung der einzelnen Konsequenzen eines Modells.

- **Steuerungsfunktion:** Die Modellmethode hat im methodologisch besten Fall auch eine Steuerungsfunktion; sie gilt sozusagen als eine Richtschnur in der Forschung, mit deren Hilfe der Forschungsprozess konzeptuell gestaltet wird.

Bei der Darstellung der einzelnen Stadien (Stufen) des Forschungsprozesses in der Psychologie werden die zum Teil schwierigen Zusammenhänge zwischen Theorie und Modell unter einem didaktisch einfachen Blickwinkel behandelt. Wie dort gezeigt wird, lassen sich Forschungsprozesse und Erkenntnisgewinnung keineswegs routinemäßig – etwa unter schematischer Verwendung der Modellmethode – organisieren (*Kapitel 4* bis *9*).

## 2.5 Möglichkeiten und Grenzen des Experimentierens in der Psychologie

Für die Beurteilung der Bedeutung des Experiments ist die Überlegung von Bedeutung, dass dessen wissenschaftlicher Wert stets im Hinblick auf die psychologische Theorienbildung zu beurteilen ist (*Abbildung 2.3*). Denn grundsätzlich hat das Experiment – über seinen methodologischen Zweck bei der einzelnen Ursache-Wirkungs-Analyse hinaus – dort seine besondere Bedeutung, wo es zum Zwecke der Entwicklung psychologischer Theorien Verwendung findet. Demnach hängen „Experiment" und „Theorie" sehr eng zusammen. Dies bedeutet weiterhin, dass die Möglichkeiten des Experiments als Methode der Erkenntnisgewinnung in der Psychologie nicht unabhängig von den Theorien zu sehen sind, aus denen der Psychologe seine experimentell zu überprüfenden Hypothesen ableitet; denn die im Experiment gewonnene wissenschaftliche Erfahrung wird durch Theorien und Hypothesen typischerweise in eine bestimmte Richtung gelenkt (*Abschnitt 4.1*).

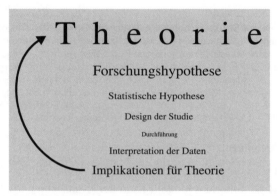

**Abbildung 2.3: Illustration der Bedeutung einer guten „Theorienbildung" in Verbindung mit dem Experiment: ein sogenanntes Trichtermodell für die einzelnen methodologischen Schritte in der Forschung.** (Nach Sedlmeier, 2002)

Dabei sind die Möglichkeiten der experimentellen Methode eng an den Einfallsreichtum des Experimentators geknüpft, d.h., sie sind abhängig von seinem Geschick, Annahmen und Hypothesen so zu formulieren, dass das Experiment eine Antwort auf die in der Regel komplexe psychologische Fragestellung geben kann. Zudem hängt der Erfolg eines Experiments stets von der Fähigkeit des Untersuchers ab, solche Techniken und Versuchsanordnungen zu finden, die ein psychologisches Problem erforschbar machen.

### Was vermag hierbei eine gute Theorienbildung zu leisten?

Aufgabe einer guten Theorie ist es, bereits erhobene oder noch zu erhebende Daten gedanklich stringent und möglichst einfach zu ordnen, d.h. so zu strukturieren, dass dadurch Erklärungen und Vorhersagen möglich werden. Es ist wichtig, sich immer wieder des Umstands bewusst zu werden, dass in der Psychologie vielfach unzureichende – d.h. unzulässige – Erklärungen vorgenommen werden („Pseudoerklärungen"). In *Tabelle 2.1* sind vier Typen von Pseudoerklärungen mit jeweils einem Beispiel einander dargestellt (Bunge, 1985).

| Tabelle 2.1 |
| --- |

**Typen von Pseudoerklärungen in der Psychologie.**
(Modifiziert nach Bunge, 1985).

| 1 | *Tautologische Erklärung:* Geistiges Geschehen wird mit Begriffen von geistigen Fähigkeiten erklärt.<br>Beispiel: Wir behalten etwas im Gedächtnis, weil wir mit Erinnerungsfähigkeit begabt sind (E. Spranger). |
| --- | --- |
| 2 | *Teleologische Erklärung:* Es werden Ziele oder Absichten einem Geschehen unterstellt.<br>Beispiel: Ziel des Träumens ist, unseren Schlaf zu sichern oder unsere Wünsche zu erfüllen (S. Freud). |
| 3 | *Mentalistische Erklärung:* Verhaltensweisen oder geistigen Begebenheiten wird anderes geistiges Geschehen von ganz anderer Art zugeschrieben.<br>Beispiel: Perzeptive Wahrnehmung ist der Entwurf von Hypothesen (R. Gregory). |
| 4 | *Metaphorische Erklärung:* Vorgänge werden durch Analogievergleich mit physikalischen oder sozialen Vorgängen gedeutet oder mit tierischem Verhalten oder Computerprozessen verglichen.<br>Beispiel: Gedächtnis ist encodierte Information (G.A. Miller). |

## Kritik an der experimentellen Psychologie

Eine bereits in den Anfängen der wissenschaftlichen Psychologie geäußerte Kritik (s. *Abschnitt 1.1*) bemängelt, dass sich die Experimentalpsychologie noch zu häufig mit isolierten Phänomenen beschäftigt und idiosynkratische theoretische Erklärungsansätze für Befunde spezifischer Experimente generiert, statt sich auf die Suche nach generellen theoretischen Prinzipien der psychologischen Phänomene zu begeben (Mandler, 2011).

Insbesondere die stärker auf das Individuum fokussierte Psychologie wendet sich gegen die Beschränkung des Untersuchungsgegenstandes aufgrund der Variablenreduktion und Bedingungskontrolle in psychologischen Experimenten. Dem psychologischen Experiment sind Grenzen gesetzt, da die theoretisch konzeptualisierten psychologischen Phänomene (Konstrukte) zu ihrer empirischen Erforschung der Operationalisierung bedürfen. Hieraus ergibt sich eine erkenntnistheoretische Grenze wissenschaftlicher Forschung mit empirischen Methoden. Diese methodologische Beschränkung gilt aber im Prinzip für jede Wissenschaft, die „empirische" Erkenntnismethoden verwendet.

Viele in der Psychologie erforschte Themen zeichnen sich durch phänomenale Erlebnisqualitäten aus, deren Beziehung zur physiologischen Grundlage keineswegs geklärt ist. Ebenso ist ein experimenteller Zugang aus rein naturwissenschaftlicher Sicht derzeit nicht zu sehen. Diese unter dem Stichwort „Geist und Gehirn" geführte Diskussion wird insbesondere am Beispiel des *Bewusstseins* offensichtlich. Für eine vertiefende Darstellung sei auf Windmann und Durstewitz (2000) sowie Barrett (2009) verwiesen.

Über die allgemeinen erkenntnistheoretischen und forschungsmethodologischen Beschränkungen hinaus müssen aber in den Humanwissenschaften zusätzliche Einschränkungen bedacht werden, denn in der Psychologie werden Experimente an und mit dem Menschen durchgeführt. Die Diskussion ethischer Aspekte bezieht sich meist auf die Interaktion zwischen dem Versuchsleiter und den Versuchsteilnehmern im Forschungsprozess (s. auch *Abschnitt 1.4*). Beispielhaft lässt sich die Problematik an den Experimenten von Stanley Milgram zu „Gehorsam und Autorität" (1963) und dem so genannten „Stanford Prison Experiment" von Philip Zimbardo (2008) nachverfolgen (Gerrig & Zimbardo, 2008). In der Folge dieser und weiterer Experimente wurden von der *American Psychological Association* (APA) 1972 die heute international anerkannten „Ethical Principles in the Conduct of Research with Human Participants" verabschiedet (s. *Abschnitt 1.4*).

## Zusammenfassung

Im Gegensatz zum psychologischen Laien, der sein „Wissen" vorwiegend mittels Intuition und Spekulation aus der Alltagserfahrung ableitet, bedient sich der wissenschaftlich orientierte Psychologe eines differenzierten Methodeninstrumentariums, dessen genereller Ausgangspunkt die Beobachtung ist. Das psychologische Experiment als Methode erweitert die systematische Beobachtung durch die qualitative und quantitative Analyse der Ursachen für das jeweils zu Beobachtende und stellt damit die wichtigste Methode der empirischen „Ursachen"-Analyse (Kausalanalyse) dar. Das Experiment bedarf der willkürlichen (absichtlich hervorgerufenen) Variation von Versuchsbedingungen (unabhängige Variable), deren Effekte (abhängige Variable) sich in den „Beobachtungen" niederschlagen. Jede Wissenschaft formuliert „Theorien" und „Modelle" um ihre Grundannahmen, Hypothesen und beobachtungsbasierten Tatsachen in einen systematischen Zusammenhang zu bringen. Die Experimentalpsychologie orientiert sich dabei an den Grundgedanken des kritischen Rationalismus, wie dieser von Karl Popper vertreten worden ist. Das Experiment hat überall dort eine besondere Bedeutung, wo es zum Zwecke der Entwicklung psychologischer Theorien verwendet wird. Damit sind die Möglichkeiten des Experiments als Methode der Erkenntnisgewinnung in der Psychologie nicht unabhängig von den Theorien zu sehen, aus denen der Psychologe seine experimentell zu überprüfenden Hypothesen ableitet; denn die im Experiment gewonnene wissenschaftliche Erfahrung wird durch Theorien und Hypothesen typischerweise in eine bestimmte Richtung gelenkt. Kritik an der experimentellen Methodik ergibt sich nicht zuletzt daraus, dass die Psychologie im Spannungsfeld einer geisteswissenschaftlichen wie auch einer sozial- und naturwissenschaftlichen Tradition steht.

## Wichtige Fachbegriffe

| | |
|---|---|
| Abhängige Variable | Interdisziplinäre Forschung |
| Behaviorismus | Kognitivismus |
| Beobachtung | Konstruktivismus |
| Deduktive Logik | Messen |
| Ethische Prinzipien | Modell |
| Experiment | Occam's razor |
| Falsifikationsprinzip | Rationalismus |
| Hypothese | Theorie |
| Induktive Logik | Unabhängige Variable |

## Lernzielkontrolle

**1** Was versteht man unter dem Prinzip der Erfahrung?

**2** Was zeichnet eine Theorie aus?

**3** Welche Annahme verbindet sich mit dem radikalen Konstruktivismus?

**4** Welche zwei wesentlichen Grundannahmen enthält der auf Karl Popper zurückgehende „kritische Rationalismus"?

**5** Welche Typen von Pseudoerklärungen lassen sich in der Psychologie unterscheiden?

**6** Welche sozialpsychologischen Experimente amerikanischer Psychologen haben die Diskussion um ethische Richtlinien für psychologisches Experimentieren angestoßen?

# Konzepte des Experiments in der Psychologie

**3**

ÜBERBLICK

## Lernziele

In den beiden vorangehenden Kapiteln sind bereits grundsätzliche Gesichtspunkte enthalten, die das psychologische Experiment – die *via regia* (Königsweg) der Kausalforschung in der Psychologie – charakterisieren. In diesem Kapitel werden die wichtigsten methodologischen Konzepte des psychologischen Experimentierens vorgestellt.

Das Kapitel

- stellt eine Definition des psychologisches „Experiments" voran und behandelt dessen Hauptmerkmale, nämlich die experimentelle Manipulation und Kontrolle von Variablen (*Abschnitt 3.1*);
- illustriert die konzeptuelle Bedeutung der unabhängigen Variablen (UV) und abhängigen Variablen (AV) am Beispiel eines Experimentes zur Schlaf- und Traumforschung (*Abschnitt 3.2*);
- beschreibt die wichtigsten Beziehungen zwischen Experiment, Versuchsplanung und Statistik in der Psychologie (*Abschnitt 3.3*) und
- benennt die klassischen Validitätskriterien für das psychologische Experimentieren (*Abschnitt 3.4*).

Die folgende Definition des „Experiments" wird diesem Kapitel vorangestellt und danach an verschiedenen Beispielen im Einzelnen erläutert:

### Definition des Experiments

„Unter einem Experiment versteht man einen systematischen Beobachtungsvorgang, aufgrund dessen der Untersucher das jeweils interessierende Phänomen planmäßig erzeugt sowie variiert („Manipulation") und dabei gleichzeitig systematische oder/und unsystematische Störfaktoren durch hierfür geeignete Techniken ausschaltet bzw. kontrolliert („Kontrolle")." (Sarris, 1999)

## 3.1 Experimentelle Manipulation und Kontrolle von Variablen

Das nachfolgende Beispiel von Athenaios (um 200 n. Chr.) verdeutlich das Prinzip des Experimentierens auf eindrucksvolle Weise (Jones, 1964; zit. nach Sarris, 1992, S. 59f.):

*„Der Magistrat im alten Ägypten hatte eine Gruppe von Verbrechern dazu verurteilt, giftigen Schlangen wehrlos ausgesetzt zu werden. Als die Verbrecher zu ihrer Hinrichtungsstelle geführt wurden, reichte ihnen eine mitleidige Frau etwas Zitrone zur Erfrischung. Obwohl sämtliche Gefangenen von den Schlangen gebissen wurden, starb niemand an dem normalerweise tödlichen Schlangenbiss. Der hierüber verwunderte Magistrat entwickelte nun die Hypothese, dass das Essen der Zitrusfrucht als „Kausalfaktor" für das Überleben der Gefangenen verantwortlich zu machen sei. Um diese Annahme zu überprüfen, teilte der Magistrat bei der nächsten Urteilsvollstreckung eine andere Gruppe von Verurteilten in zwei Untergruppen (per Zufall?) auf, wobei die erste Gruppe („experimentelle" Gruppe) die Zitrusfrucht aß, hingegen die andere („Kontroll"-)Gruppe nicht. Keiner der Verbrecher aus der experimentellen Gruppe starb an den Schlangenbissen, dagegen starben alle Verbrecher, die zur Kontrollgruppe gehörten."*

Diese Anekdote verdeutlicht das Grundprinzip eines Experiments: Es werden gesetzmäßige Abhängigkeitsbeziehungen im Sinne von „Wenn-Dann- Beziehungen" erfasst. Derartige Beziehungen zwischen bestimmten Bedingungen einerseits und aus diesen resultierenden („verursachten") Ereignissen andererseits lassen sich in der Natur nur selten durch bloße Beobachtung einwandfrei feststellen. Denn grundsätzlich ist nicht auszuschließen, dass andere als die spontan beobachtbaren Bedingungen die eigentlichen Ursachen für das Auftreten bestimmter Ereignisse sind. Ob eine Veränderung auf eine („monokausal") oder mehrere („multikausal") bestimmte Bedingungen zurückzuführen ist, lässt sich dadurch feststellen, dass man als Untersucher künstlich in das zu beobachtende Geschehen eingreift und dabei die Wirkungen (Effekte) der eingeführten Bedingungen registriert.

Eine erste Voraussetzung dafür, ein kausales Abhängigkeitsverhältnis zwischen einer Bedingung und einem Folgeereignis annehmen zu können, ist also dann gegeben, wenn der Untersucher die Bedingungen, unter denen das Auftreten eines Ereignisses erwartet wird, selbst herstellt: Man erzeugt die Bedingung X und beobachtet, ob das Ereignis Y eintritt oder nicht. Folgt Y auf X, so kann man mit einem gewissen Plausibilitätsgrad davon ausgehen, dass X eine hinreichende Bedingung für Y ist. Dies gilt dann, wenn auch bei wiederholter Herstellung der Bedingung X das Ereignis Y immer wieder auftritt. Durch eine weitere Manipulation der Bedingung, nämlich durch Beseitigung oder Variation von X, lässt sich darüber hinaus prüfen, ob X auch eine notwendige Bedingung für Y ist.

Als Vorbedingung für die Konzeption eines guten Experiments ist die Formulierung einer Hypothese unerlässlich. In ihr werden präzise Angaben über die Art der vermuteten Abhängigkeitsbeziehung formuliert und insbesondere die variierten Bedingungen ($X$) und die zu erwartende Veränderung ($Y$) – im Sinne einer „operationalen" Definition – exakt festgelegt (s. *Kapitel 4*). Bei der im Experiment manipulierten Bedingung sowie bei dem zu beobachtenden Ereignis handelt es sich um Größen, die in qualitativer oder in quantitativer Hinsicht „veränderlich", d.h. variabel sind. In diesem Sinne spricht man von den Variablen des Experiments: Die Bedingungen, die in einem Experiment vom Experimentator (Versuchsleiter) direkt oder indirekt verändert („manipuliert") werden, konstituieren die unabhängigen Variablen (*UV*). Das Ereignis, das der Versuchsleiter als Folge der Manipulation der unabhängigen Variablen beobachtet, ist Teil der abhängigen Variablen (*AV*).

## Reiz-, Reaktions- und Organismusvariablen

In der Psychologie wird die Beziehung zwischen einer unabhängigen und einer abhängigen Variablen im Allgemeinen durch das *S-R*-Paradigma beschrieben. In diesem Sinne handelt es sich bei der „unabhängigen" Variablen (*UV*) um eine Reizvariable („Stimulus"-Variable), die dementsprechend mit S bezeichnet wird. Mit solchen Reizvariablen sind generell alle Bedingungen gemeint, die von außen auf die Person einwirken (Input) wie z.B. Raumtemperatur und Lärm, aber auch elterliche Erziehung und berufliche Belastung usw. Die „abhängige" Variable (*AV*) ist demgegenüber eine Reaktionsvariable (*Response*-Variable) und wird durch R symbolisiert. Als Reaktionsvariablen (*R*) werden alle Reaktionen („Antworten") bezeichnet, seien diese einfache (psycho-)motorische Reaktionen, mentale Leistungen oder aber komplexe Empfindungen.

Da sowohl die jeweiligen Reizbedingungen ($S$) als auch das Reaktionsverhalten ($R$) von zahlreichen weiteren Bedingungen mitbestimmt sind, lässt sich in der Psychologie eine reale gesetzmäßige Beziehung zwischen zwei oder mehr Variablen auf der Basis eines einfachen Stimulus-Response-Modells nie befriedigend darstellen. Bei diesen Zusatzbedingungen kann es sich z.B. um physiologische Eigenarten des Organismus (z.B. Sehschwäche in einem wahrnehmungspsychologischen Versuch, geistige Behinderung in einem Lernexperiment usw.), aber auch um besondere Motivations- und Persönlichkeitsmerkmale eines Individuums sowie um Bedingungen der sozialen Umwelt handeln. Man unterscheidet daher neben den Reiz- und Reaktionsvariablen noch die sog. „Organismus"-($O$-) bzw. „Personen"-($P$-)Variablen. Allgemein sind mit diesen Variablen solche Eigenschaften („Konstrukte") gemeint, die an die individuelle Person gebunden sind und idealerweise von äußeren Bedingungen nicht beeinflusst werden. Solche Eigenschaften sind z.B. „Intelligenz", „soziale Herkunft" sowie „Alter" und „Geschlecht" (vgl. *Abbildung 3.1*).

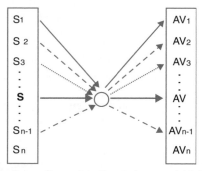

**Abbildung 3.1: Schematische Darstellung des allgemeinen multi-faktoriellen-multivariaten Stimulus-Organismus-Response-Modells in der Psychologie.** Die Symbole $S_1$, $S_2$, $S_3$, ..., $S_{n-1}$, $S_n$ entsprechen verschiedenen Faktoren (unabhängigen Variablen), wohingegen die Symbole $AV_1$, $AV_2$, ..., $AV_n$ verschiedene Reaktionsmerkmale (abhängige Variablen) meinen. In dem Schema entspricht das Symbol O dem Organismus (vgl. Text). Diese Darstellung idealisiert den tatsächlichen allgemeinen UV-/AV-Zusammenhang erheblich. (Modifiziert und ergänzt nach Royce, 1970)

Da die Organismusvariablen (O) nicht-manipulativ verändert werden können, darf man sie nicht als „experimentelle" Variablen im engeren methodologischen Sinne bezeichnen. Deshalb werden solche Untersuchungen, in denen die O-Variablen erfasst werden, nicht als „Experimente", sondern als „Korrelationsstudien" (Illu 3.1) angesehen. Allerdings darf die experimentalpsychologische Forschung diese Variablen nicht grundsätzlich aus ihrer Betrachtung als mögliche Einflussgrößen ausschalten, da sie das Reaktionsgeschehen oftmals in entscheidender Weise mitbestimmen. In der Tat läuft die experimentelle Psychologie bei Außerachtlassung der Wirkung von O-Variablen unter bestimmten Bedingungen Gefahr, lediglich Artefakte (Pseudoeffekte) zu produzieren (vgl. hierzu *Kapitel 5.2*).

## Störfaktoren: Variablenkonfundierung

Eine kausale Interpretation der eigentlich interessierenden Wirkung der unabhängigen Variablen (UV) auf die abhängigen Variablen (AV) wird zunichtegemacht, wenn sich deren Daten durch sogenannte Störvariablen in systematischer Weise verändern. Grundsätzlich kann es sich bei den Störvariablen sowohl um Organismusvariablen als auch um Reizvariablen handeln (siehe *Abschnitt 5.2*, Exkurs „Wechselwirkungseffekte"). Eine Variablenkonfundierung liegt demzufolge vor, wenn mit der Manipulation der UV gleichzeitig unabsichtlich weitere systematische (Stör-)Bedingungen geschaffen werden, so dass eine bedingungsanalytisch valide Interpretation des beobachteten Geschehens unmöglich wird. So könnte beispielsweise durch die Instruktion bedingt in einem psychologischen Experiment unbeabsichtigt eine Erwartungshaltung bei Versuchsteilnehmern geschaffen werden, die zu veränderten Reaktionen führen (vgl. *Abschnitt 5.3*) und damit eine Rückführung der Veränderungen in der abhängigen Variablen auf die eigentliche unabhängige Variable verhindern. Die in der abhängigen Variablen erhobenen Messwerte sind somit mindestens durch das Zusammenwirken von unabhängigen Variablen und unkontrollierter Erwartungshaltung begründet (konfundiert).

## 3.2 Versuchsbeispiel: Schlaf- und Traumexperiment

Die experimentelle Realisation einer UV und AV erfordert seitens des Untersuchers häufig große Kreativität; sie wird hier am Beispiel der Untersuchung von Jovanović (1978) erhellt (s. auch Orig 3.1).

Sigmund Freud (1900) glaubte bereits zu Beginn des letzten Jahrhunderts, als eine der wesentlichen Traumleistungen den Schutz des Schlafenden vor einem vorzeitigen Erwachen etwa infolge von äußeren Weckreizen erkannt zu haben. Traumexperten im Würzburger Schlafforschungslabor von Jovanović (1978) konnten in Experimenten Belege für diese Annahme finden. Wie hat nun Jovanović die Fragestellung im konkreten Fall in eine UV-/AV-Beziehung überführt, insbesondere wo doch eine Beobachtung der Träume eines Schlafenden unmöglich erscheint? Jovanović machte sich die Kenntnisse aus der psychophysiologischen Schlafforschung zunutze, wonach sich Traumphasen und traumlose Schlafphasen im EEG identifizieren lassen. Aufgrund dieser EEG-Indikatoren (*Abbildung 3.2*) konnten Traumphasen von traumfreien Schlafphasen unterschieden und somit als zwei wesentliche Stufen einer unabhängigen Variablen (Faktor A mit Wiederholungsmessungen auf beiden experimentellen Stufen) herangezogen werden, innerhalb derer Weckreize appliziert wurden. Als Weckreiz wurde schlafenden Probanden ein Klingelton von 85 dB viermal im Abstand von 70 bis 90 Minuten über den Schlafverlauf verteilt dargeboten (Faktor B mit Wiederholungsmessungen I bis IV), wobei die Forscher erwarteten, dass die Weckschwelle mit zunehmender Wiederholung höher sei. Als abhängige Variable (AV) wurde die Zeitdauer von Beginn der Weckreizpräsentation bis zum Erwachen des Schlafenden registriert. Wenn wir uns zunächst aus Vereinfachungsgründen lediglich die Ergebnisse zu dem Faktor A (Traumphase vs. traumfreie Schlafphase) ansehen, so zeigt sich in *Abbildung 3.3*, dass Schlafende während der Traumphasen weniger schnell durch die äußeren Reize aufgeweckt wurden als in den traumlosen Schlafphasen. Die vollständige Ergebnisdarstellung erfolgt in *Abschnitt 4.4* (vgl. auch Orig 3.2).

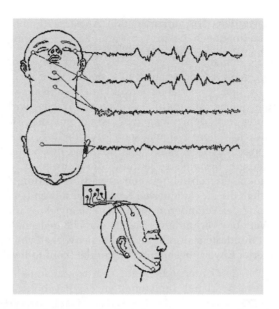

**Abbildung 3.2: Platzierung der Elektroden bei der Erfassung von physiologischen Messungen (z.B. EEG-Wellen) in der Schlafforschung gemäß einer standardisierten Anordnung.** Lokalisierung der Elektroden an genau definierten Stellen der Kopfhaut und des Gesichts für eine polygrafische Registrierung verschiedener physiologischer Indikatoren (EMG = Elektromyogramm; EEG = Elektroencephalogramm). (Dement, 1974; zit. nach Sarris, 1992)

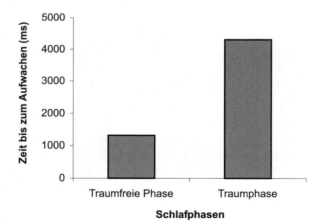

**Abbildung 3.3: Befunde der experimentellen Traumforschung von Jovanovič. Die Daten repräsentieren Weckschwellen schlafender Personen auf Weckreize.** Es wird deutlich, dass die Aufwachzeit (*AV*) in traumfreien Schlafphasen kürzer als die in Traumphasen ist. (Nach Jovanovič, 1978)

Welche Einflussgrößen könnten im vorangegangenen Beispiel in systematischer Weise auf das Bedingungsgefüge von Schlafphase und Weckzeit einwirken? – Wie verschiedene Untersuchungen zeigen, wird das individuelle Schlafverhalten auch von Persönlichkeitsmerkmalen beeinflusst. Dies gilt beispielsweise für die unterschiedlichen Bewältigungsstile, die bei der Auseinandersetzung mit psychisch belastenden Situationen angewendet werden, um aufkommende Ángstreaktionen zu verhindern bzw. stressige Situationsbedingungen positiv zu verändern. So weiß man beispielsweise, dass bei verschiedenen Personen das in bedrohlichen Situationen unterschiedlich ausgeprägte Bedürfnis zur „Informationssuche" (*monitoring*) gegenüber demjenigen zur „Ablenkung" (*blunting*) das Gefüge von Traumphasen und Tiefschlafphasen verändert (Voss, 2001). Man könnte vermuten, dass sich die von Jovanovič untersuchten Personengruppen zufälligerweise nur aus Personen zusammensetzten, bei denen einer der beiden Bewältigungsstile ausgeprägt ist (z.B. „Ablenkung") und bei Personen des anderen Bewältigungsstils der gefundene Effekt nicht belegt werden kann; andererseits könnte auch eine weitere Stimulusvariable, wie etwa die besondere Reizart (z.B. ein plötzlicher menschlicher Schrei von 100 dB), die Aufweckdauer beeinflussen.

## 3.3    Experiment, Versuchsplanung und Statistik

### Experimentelle Kontrolle der Datenfluktuation

Das zentrale Bemühen des Untersuchers gilt der experimentellen Kontrolle der sog. „Datenfluktuation" (Datenvarianz). Ihr kommt in der Psychologie eine entscheidende Bedeutung zu: Der Grundgedanke der experimentellen Versuchsplanung besteht nämlich darin, einen Versuch so zu „planen", dass durch diesen jeweils eine optimale experimentelle Datensammlung und statistische Datenauswertung ermöglicht wird.

Um sich die grundlegenden Zusammenhänge zwischen „Experiment", „Versuchsplanung" und „Statistik" im Rahmen der experimentellen Kontrolle der Datenvarianz klar vor Augen führen zu können, muss man zunächst die Besonderheiten der individuellen Verhaltensreaktionen beachten („Variabilität der individuellen Rohdaten" bzw. „interindividuelle Varianz"). Die Hauptergebnisse einer psychologischen Untersuchung werden jedoch in aller Regel als „Durchschnittswerte" (Y) ermittelt (so wie dies z.B. auch für die grafischen Ergebnisdarstellungen der meisten in diesem Text mitgeteilten experimentellen Befunde gilt). Das heißt, es ist noch eher die Ausnahme, dass in grafischen Veranschaulichungen der Hauptergebnisse einer Untersuchung auch deren inter- (und intra-) individuelle Datenfluktuation mit dargestellt wird. Dadurch, dass deskriptiv-statistische und grafische Ergebnisdarstellungen (s. *Kapitel 8*) meist lediglich den „Durchschnitt" (allgemeine „zentrale Tendenz") veranschaulichen – und damit ein sehr viel „regelmäßigeres" Bild liefern als dies (leider!) der Realität entspricht – fällt es besonders dem Anfänger in der statistischen Methodenlehre einigermaßen schwer, sich die Bedeutung der jeweiligen Datenfluktuation eines Experiments geeignet vorzustellen.

In Wirklichkeit haben also nicht sämtliche Probanden, die unter ein und derselben Bedingungskonstellation untersucht wurden, denselben Wert („Durchschnittswert" Y) auf der abhängigen Variablen (AV), sondern die individuellen Daten schwanken („fluktuieren") gewöhnlich um einen Durchschnittswert mehr oder weniger. Diese individuumsspezifische Datenfluktuation (Varianz) eines Experiments soll nun durch den Experimentator möglichst gering gehalten werden, um so den eigentlich zu untersuchenden experimentellen Effekt möglichst präzise nachweisen zu können. In dem einen Extremfall findet man daher nicht selten Phänomene, bei denen „Fehlerstreuungen" (inter- und intraindividuelle Zufallsfluktuationen) praktisch keine Rolle spielen, wohingegen im anderen Extremfall die Datenvariabilität („Rauschen") so hoch sein kann, dass ein echter, d.h. tatsächlich existenter experimenteller Effekt („Signal") nicht mehr statistisch nachweisbar ist: Infolge des geringen Signal-Rausch-Abstandes geht das Signal im Rauschen unter, wie man gelegentlich im Fachjargon sagt. Es ist gerade die Aufgabe der Versuchsplanung, den Signal-Rausch-Abstand eines experimentellen Effekts möglichst zu maximieren (siehe unten Exkurs „Das Max-Kon-Min-Prinzip").

Besonders einfache Beispiele für den zuerst genannten Extremfall (biologisch-sensorischer Prozess mit zu vernachlässigender Datenstreuung) liefern die meisten optischen Täuschungen. Dazu gehört das in *Abbildung 3.4* dargestellte Punktemuster, das in der Sinnesphysiologie bzw. sensorischen Psychologie als so genanntes Hermannsches Gitter bekannt ist. Obschon die Punkte in diesem Muster einander nicht berühren und die horizontalen sowie vertikalen weißen Streifen objektiv stets dieselbe Helligkeit aufweisen, erscheinen subjektiv die „Kreuzungsstellen" (kleine Felder zwischen den jeweils benachbarten Punkten) „verdunkelt" (grau). Dieser durch die retinale Reizverarbeitung verursachte Täuschungseffekt tritt praktisch bei jedem Normalsichtigen auf, weshalb die Datenvariabilität in einem solchen Fall praktisch gleich Null ist.

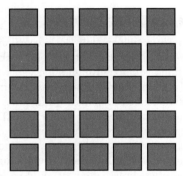

**Abbildung 3.4: Hermannsches Gitter: An den Kreuzungsstellen der „Straßen" sieht man graue Flecke.** Dieses Phänomen (Randkontrast), dass die „Straßen" zwischen den dunklen Flächen durch „Kontraste" heller als an den Ecken erscheinen, ist auf die besondere physiologische Rezeptorverschaltung auf der Retina zurückzuführen: In der Umgebung aktivierter Zapfen wird die Erregbarkeit anderer Zapfen gehemmt (sog. laterale Hemmung).

Beispiele für den anderen Extremfall (kognitiv-sozialer Prozess mit hoher Datenstreuung) findet man besonders in Untersuchungen zum Einstellungswandel (attitude change), aber auch in Arbeiten, die sich mit den Bedingungsfaktoren des kreativen Denkens beschäftigen. In solchen und anderen besonders komplexen Untersuchungsfällen ist die Datenvariabilität in aller Regel sehr hoch, was auf die Vielzahl der noch nicht bekannten, aber unsystematisch den Versuchsfehler („Zufallsfehler") erhöhenden Randbedingungen zurückzuführen ist. So finden sich etwa in der sozialpsychologischen „Konformitätsforschung" z.T. widersprechende trendanalytische Einzelbefunde zur Frage der Abhängigkeit der Meinungsänderung von der Diskrepanz zwischen der eigenen Ausgangseinstellung und derjenigen des Beeinflussers (Sarris, 1999).

Die Vielfalt der verschiedenen Datenstreuungsverhältnisse (Statistik) in Verbindung mit dem zu untersuchenden Phänomenbereich entspricht einer Vielfalt von einzelnen Versuchsanordnungen (*Designs*; s. *Kapitel 5*) in der psychologischen Forschungspraxis. Eine feste Zuordnung von einzelnen Versuchsplänen zu einzelnen Inhaltsbereichen gibt es allerdings nicht (s. dazu besonders *Abschnitt 5.5*). Beispielsweise gibt es durchaus „komplexe" Versuchspläne auch bei der Analyse von biologisch-sensorischen Prozessen. Man kann sich diesen Sachverhalt leicht mit Hilfe des obigen Beispiels klarmachen, wenn man bedenkt, dass schon die einfache Variation etwa des Punkteabstands oder aber der Punktehelligkeit beim Hermannschen Gitter zu einer inter- und intraindividuellen Wahrnehmungsvariabilität führt. Umgekehrt kann man gelegentlich auch Befunde mit einer verhältnismäßig geringen Datenvariabilität bei den kognitiv-sozialen Phänomenen antreffen.

## Primär-, Sekundär- und Fehlervarianz

Wenn wir von einer experimentellen Datenstreuung oder „Datenvarianz" in Folge einer experimentellen Manipulation sprechen, bedeutet dies vor allem, dass eine durchschnittliche Veränderung („Variation") der Messwerte der abhängigen Variablen eingetreten ist. Würden wir beispielsweise den Effekt des alltäglichen Umweltlärms an den durchschnittlichen Konzentrationsleistungen von unterschiedlich stark belasteten Untersuchungsgruppen feststellen, dann wäre die Variation der dabei beobachteten Reaktionen in der abhängigen Variablen die Primärvarianz: Die Primärvarianz ist diejenige Datenfluktuation, die allein auf die Variation der experimentellen Bedingung zurückzuführen ist. Allerdings müssen wir davon ausgehen, dass die Daten auch ohne den Einfluss der unabhängigen Variablen fluktuieren. Ursache hierfür sind Störbedingungen (Störvariablen), die entweder in systematischer Weise oder aber in unsystematischer Weise – wir sprechen dann vom Zufallsfehler – auf die abhängige Variable einwirken.

Die Gesamtvarianz oder Totalvarianz der Daten setzt sich demnach – schematisch dargestellt – aus den folgenden Varianzquellen zusammen:

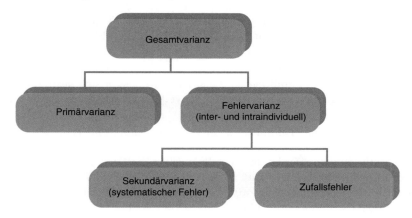

Um dabei die besonders interessierende Primärvarianz der Daten aufgrund der experimentellen Einzeldaten eines Versuchs bestimmen zu können, muss deren Anteil an der Gesamtvarianz auch statistisch möglichst genau erfasst werden. Auf das Untersuchungsbeispiel bezogen bedeutet dies, dass die Datenvarianz „zwischen" den beiden experimentellen Bedingungen (experimenteller Effekt) von der Varianz „innerhalb" dieser Bedingungen (inter- und intraindividuelle Varianz = „Fehlervarianz") zu unterscheiden ist. Da die experimentelle Manipulation innerhalb derselben Gruppe dieselbe ist, muss diese Datenvariation auf andere, nämlich auf Störvariablen, zurückgeführt werden. Bei der inferenzstatistischen Überprüfung eines sachrepräsentativ erhobenen experimentellen Datensatzes werden die beiden Varianzen „zwischen (*between*)", d.h. also die Primärvarianz, und „innerhalb (*within*)", also die Fehlervarianz, der Versuchsbedingungen zueinander in Beziehung gesetzt (s. *Abschnitt 8.3*). Im Falle der Verwendung eines einfachen Zufallsgruppenversuchsplans dient demnach die Zerlegung der Gesamtvarianz in eine sogenannte „Zwischen-" und eine „Binnen-Varianz" dem Ziel der statistischen Erfassung der Primärvarianz Nämlich: Je höher die Primärvarianz gegenüber der Sekundärvarianz (und dem Zufallsfehler) ist, desto leichter lässt sich ein experimenteller Effekt nachweisen – falls dieser realiter überhaupt existiert; dasselbe gilt auch umgekehrt.

## Max-Kon-Min-Prinzip der Versuchskontrolle

Der Experimentator ist grundsätzlich daran interessiert, die Primärvarianz („experimentelle Varianz") – im Vergleich zur Sekundärvarianz (Zufallsfehler-Varianz) – möglichst zu maximieren. Kerlinger (1973) formulierte für dieses Bestreben den Begriff der so genannten „Max-Kon-Min-Strategie, derzufolge es die Aufgabe des Untersuchers ist, die experimentelle Varianz (Primärvarianz) zu maximieren, die systematische Fehlervarianz (Sekundärvarianz) zu kontrollieren und die unsystematische Fehlervarianz (Zufallsvarianz) zu minimieren (s. Exkurs „Das Max-Kon-Min-Prinzip").

---

### Exkurs: Das Max-Kon-Min-Prinzip

Bei der praktischen Beachtung des Max-Kon-Min-Prinzips in der Versuchsplanung werden konkrete Maßnahmen wirksam, die im Einzelnen aus *Tabelle 3.1* hervorgehen, wobei dreierlei besonders zu beachten ist:

- Man kann diese Liste von Maßnahmen für das jeweils zu planende Experiment heranziehen, indem man diese Einzelkriterien gegenüber den Aspekten des jeweiligen einzelnen Untersuchungsfalls vergleichend prüft.

- In keinem einzelnen Experiment können sämtliche der in *Tabelle 3.1* aufgelisteten Kriterien gleichzeitig realisiert werden, da ein solches Idealexperiment empirisch nicht durchführbar ist. Beispielsweise lassen sich bestimmte Gütemerkmale kaum gleichzeitig optimieren, weil sie einander – zumindest partiell – ausschließen.

- In den verschiedenen Lehrbüchern zur Versuchsplanung gibt es inzwischen eine weitgehende Übereinstimmung bezüglich der wichtigsten Grundlagen und Kriterien für ein gutes Design. Im Einzelnen gehen die Darstellungen der Autoren jedoch mehr oder weniger stark auseinander. Hier ist jegliche rigide („apodiktische") Kriterienfestlegung ausdrücklich nicht beabsichtigt, sondern soll lediglich eine didaktisch orientierte Hilfestellung bei der Wahl eines guten Designs gegeben werden. (*Abschnitt 5.5*).

---

Fortsetzung

**Tabelle 3.1**

**Übersicht über die typischen Maßnahmen zur Gewährleistung der internen Validität gemäß dem Max-Kon-Min-Prinzip der Versuchsplanung.** (Kerlinger, 1979; zit. nach Sarris, 1992)

Maximiere die Primärvarianz („Signal")

- Wahl von Extremgruppen
- Wahl von so genannten optimalen Stufen
- Umwandlung eines Störfaktors in eine weitere experimentelle UV („Kontrollvariable")

Kontrolliere die Sekundärvarianz (systematische Fehler)

- Eliminierung eines Störfaktors
- Konstanthaltung eines Störfaktors für alle Versuchsgruppen und experimentellen Bedingungen
- Randomisierung der Probanden und der Bedingungen
- Umwandlung eines Störfaktors in eine weitere experimentelle UV („Kontrollvariable")
- Nachträgliche statistische Kontrolle: Kovarianzanalyse

Minimiere die Fehlervarianz („Rauschen")

- Wahl eines Wiederholungs- oder Block-Versuchsplans
- Anheben der Standardisierung der Untersuchungssituation
- Erhöhung der Zuverlässigkeit (und Gültigkeit) des Messinstruments

Zur Kontrolle der Effekte unterschiedlicher Arten von Störfaktoren sind verschiedene *experimentelle* und *statistische Kontrolltechniken* verfügbar. Unter den *experimentellen Kontrolltechniken* lassen sich mehrere Verfahren zusammenfassen, die der Untersucher bereits vor der eigentlichen Datenerhebung bei der Planung und Vorbereitung von Experimenten anzuwenden hat. Hierzu zählt zum einen der Einsatz apparativer Hilfen (Instrumente bzw. Apparate) zum anderen auch die Verwendung bestimmter Versuchsplanungsstrategien (vgl. *Kapitel 5* und *Kapitel 6*). Bei den *statistischen Kontrolltechniken* handelt es sich dagegen um solche Verfahren, die erst nach der Datenerhebung eingesetzt werden können. Mit Hilfe von statistischen Kontrollen wird also die Wirkung von Störvariablen nicht von vornherein verhindert, sondern es wird erst nachträglich eine bereits erfolgte Auswirkung von Störfaktoren bei der Datenauswertung erfasst und ausgeschaltet (vgl. *Abschnitt 8.5*).

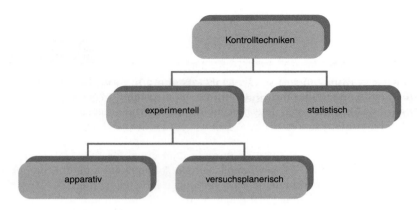

Welche Kontrolltechnik im jeweiligen konkreten Fall anzuwenden ist, richtet sich unter anderem danach, ob und inwieweit die jeweiligen Typen von Störvariablen bekannt oder unbekannt sind. Vor allem für die Anwendung apparativer Kontrollverfahren ist eine explizite Kenntnis der zu kontrollierenden Variablen in jedem Fall erforderlich, bei den versuchsplanerischen Kontrolltechniken variiert dagegen diese Voraussetzung in Abhängigkeit vom Design (vgl. *Kapitel 5*).

## 3.4 Validitätskriterien für das Experiment

Der eigentliche Wert, den ein Experiment für die Erklärung eines kausalen Zusammenhangs zwischen verursachenden Bedingungen und resultierenden Ereignissen hat, ist von einer Vielzahl zu beachtender Merkmale abhängig. Bevor ein Experimentator Schlussfolgerungen aus seinen Ergebnissen zieht, muss deren Gültigkeit („Validität") sorgfältig geprüft werden. Cook und Campbell (1976) nennen in ihrem klassischen Werk zur Versuchsplanung vier Arten von Kriterien, die als Maßstäbe zur Beurteilung der Güte eines Experiments verwendet werden. Diese Gütekriterien sind:

- Konstruktvalidität
- Inferenzstatistische Validität
- Interne Validität
- Externe Validität

### Konstruktvalidität

Ein Experiment verfügt dann über eine hohe Konstruktvalidität, wenn die unabhängige Variable in psychologisch inhaltlich eindeutiger Weise auf die abhängige Variable wirkt und somit keine Konfundierung mit psychologisch irrelevanten Variablen vorliegt. Für den psychologisch inhaltlichen Wert eines Experiments ist es daher von grundlegender Bedeutung, dass sowohl die unabhängige Variable als auch die abhängige Variable derart operationalisiert wurden, dass diese den jeweiligen psychologischen Konstrukten tatsächlich angemessen sind. Die Konstruktvalidität bezieht sich also auf die Frage, ob und inwieweit die im Experiment beobachteten Variablen sachrepräsentativ für das Konstrukt sind. Mit anderen Worten: die Konstruktvalidität eines Experiments ist allgemein umso höher, je mehr die unabhängigen und abhängigen Variablen das jeweilige theoretische Konzept tatsächlich repräsentieren (s. Exkurs „Arten von Experimenten").

# Exkurs: Arten von Experimenten

Wenn in der Fachliteratur von verschiedenen Arten von Experimenten gesprochen wird, geschieht dies in der Regel entweder mit Blick auf den Kenntnisstand der Forschung oder aber mit Blick auf die experimentelle Umgebung. Im ersten Fall wird das Erkundungs- dem Entscheidungsexperiment gegenübergestellt, im zweiten Fall unterscheidet man das Labor- vom Feldexperiment.

Von einem *Erkundungsexperiment* („Pilotstudie") spricht man, wenn durch das Experiment lediglich vorläufige Kenntnisse über einen bestimmten, noch wenig erforschten Problembereich gewonnen werden sollen, sodass dann – darauf aufbauend – gezielte experimentelle Fragestellungen möglich werden. Die Hypothese eines Erkundungsexperiments ist dementsprechend nur selten präzise formuliert. Einem Entscheidungsexperiment liegt demgegenüber eine aufgrund des bereits vorhandenen Wissens über den Untersuchungsgegenstand spezifizierte Hypothese zugrunde. So lässt sich aufgrund der Ergebnisse eines Entscheidungsexperiments eine relativ klare Entscheidung über die Gültigkeit der Hypothese oder die einer Alternativhypothese treffen.

Unter einem *Laborexperiment* werden üblicherweise solche Experimente verstanden, die in einem „Labor" durchgeführt werden, d.h. in einer Umgebung, die der Experimentator nach seinen eigenen Vorstellungen gestalten kann, wohingegen dies für ein Feldexperiment typischerweise gerade nicht zutrifft. In einem Laborexperiment ist es möglich, eine Vielzahl von Störvariablen zu kontrollieren, um auf diese Weise die Abhängigkeit des Verhaltens von bestimmten Bedingungen in optimaler Form zu untersuchen.

Ein *Feldexperiment* ist demgegenüber eine Untersuchung, die alle Charakteristika eines Experiments trägt, jedoch anstelle des Labors das „freie Feld" (die natürliche Umgebung) als Untersuchungsrahmen beibehält. Im Feldexperiment werden also die experimentellen Bedingungen in einer natürlichen Umgebung vom Experimentator manipuliert und die Störvariablen dabei, soweit es die Situation zulässt, kontrolliert. Der wesentliche Unterschied zwischen Labor- und Feldexperiment liegt also, in methodischer Hinsicht, im Ausmaß der möglichen Kontrolle von Störvariablen. Durch das hohe Maß an Kontrolle werden im Labor häufig Bedingungen geschaffen, die eine Generalisierung auf eine konkrete, im alltäglichen Leben anzutreffende Situation nicht gestatten. Feldexperimente sind demgegenüber häufiger situationsrepräsentativ und verfügen – im Falle gleich hoher *interner Validität* – dementsprechend über eine höhere *externe Validität* als das Laborexperiment.

## Inferenzstatistische Validität

Das Kriterium der inferenzstatistischen Validität bezieht sich auf die Gültigkeit der Schlussfolgerungen des in einer Probandenstichprobe erhobenen statistischen Befundes auf die zugehörige Gesamtheit aller Individuen (s. *Abschnitt 8.1*). Es geht folglich um die Übertragbarkeit eines Effekts der experimentellen Behandlung auf die Grundgesamtheit (Population).

## Interne Validität

Ein Experiment wird als intern valide bezeichnet, wenn die zur abhängigen Variablen erhobenen Messwerte eindeutig – also „artefaktfrei" – auf die als unabhängige Variable manipulierten Versuchsbedingungen zurückzuführen sind. Eine notwendige Voraussetzung einer kausalen Interpretation von Effekten der experimentellen Bedingung auf die abhängige Variable besteht darin, dass keine wissenschaftlich plausiblen alternativen Bedingungen für das Zustandekommen dieses Effekts angeführt werden können (Campbell & Stanley, 1966). Je besser also eine oder mehrere Störvariablen in einem Experiment kontrolliert werden, desto höher ist dessen interne Validität und umgekehrt (s. *Abschnitt 5.3*, Exkurs „Validitätsbedrohung").

## Externe Validität

Die externe Validität eines Experiments hängt – neben dem Erfordernis einer Stichprobenrepräsentativität sowie einer Konstruktvalidität – von der Beantwortung der Frage ab, ob und inwieweit man von der speziellen Versuchssituation, etwa einer „Laborsituation", auf andere Situationen schließen kann (allgemeine Situationsrepräsentativität). Während sich die „Konstruktvalidität" auf die Variablen bezieht, meint die „externe Validität" die Gültigkeit der gesamten Versuchsanordnung.

### Zusammenfassung

Das Grundprinzip eines Experiments besteht in der Erfassung gesetzmäßiger Abhängigkeitsbeziehungen im Sinne von „Wenn-Dann"-Beziehungen. Weil grundsätzlich nicht auszuschließen ist, dass andere als die spontan beobachtbaren Bedingungen die eigentlichen Ursachen für das Auftreten von bestimmten Ereignissen sind, muss der Untersucher in das zu beobachtende Geschehen systematisch eingreifen und dabei die Wirkungen der eingeführten Bedingungen erfassen. Er verändert direkt oder indirekt die *unabhängigen Variablen* und registriert als Folge der Manipulation die Messwerte oder *abhängigen Variablen*. Es ist kaum anzunehmen, dass eine gesetzmäßige Beziehung zwischen zwei oder mehr Variablen auf der Basis eines monokausalen Modells erklärbar ist. Zusatzbedingungen wie z.B. physiologische Eigenarten des Organismus (*Organismusvariablen*), aber auch besondere Motivations- und Persönlichkeitsmerkmale eines Individuums (*Personenvariablen*) sowie Bedingungen der physikalischen und sozialen Umwelt (*Reizvariablen*) wirken auf die Beziehung der Variablen ein. Eine kausale Interpretation der eigentlich interessierenden Wirkung der unabhängigen Variablen auf die abhängigen Variablen wird zunichte gemacht, wenn sich deren Datenstreuung durch so genannte Störvariablen in systematischer Weise verändert. Der Untersucher muss daher bemüht sein, eine experimentelle Kontrolle der Datenfluktuation herzustellen. Mittels der experimentellen Versuchsplanung werden eine optimale experimentelle Datensammlung und statistische Datenauswertung angestrebt.

Die gesamte Datenfluktuation (*Gesamtvarianz*) der abhängigen Variablen setzt sich aus der *Primärvarianz*, die allein auf die Variation der experimentellen Bedingung zurückzuführen ist, sowie der Fehlervarianz, welche systematische (*Sekundärvarianz*) oder unsystematische (*Zufallsfehler*) Ursachen hat, zusammen. Das Bestreben des Untersuchers besteht darin, die Primärvarianz zu *maximieren*, die systematische Fehlervarianz zu *kontrollieren* und die unsystematische Fehlervarianz zu *minimieren (Max-Kon-Min-Prinzip)*. Zur Kontrolle der Effekte unterschiedlicher Arten von Störfaktoren kann auf verschiedene experimentelle und statistische Kontrolltechniken unter Berücksichtigung verschiedener Validitätskriterien zurückgegriffen werden.

## Wichtige Fachbegriffe

Abhängige Variable

Externe Validität

Fehlervarianz

Feldexperiment

Inferenzstatistische Validität

Interne Validität

Konstruktvalidität

Laborexperiment

Max-Kon-Min-Prinzip

Organismusvariable

Primärvarianz

Sekundärvarianz

Störvariable

Validitätskriterien

Variablenkonfundierung

Zufallsfehler

Unabhängige Variable

## Lernzielkontrolle

**1** Welche wesentlichen Kriterien enthält die Definition eines Experimentes?

**2** Was versteht man in der Versuchsplanung unter Variablenkonfundierung?

**3** Was versteht man unter einer Organismusvariablen?

**4** Welche Arten der Varianz unterscheidet man üblicherweise im Experiment?

**5** Welche Kriterien werden nach Cook u. Campbell (1976) als Maß zur Beurteilung der Güte eines Experimentes verwendet?

**6** Worin unterscheiden sich Labor- und Feldexperiment?

# TEIL II

## Stadien des psychologischen Experiments

Die folgenden Kapitel in Teil II widmen sich vertiefend den einzelnen Stadien bzw. Stationen einer typischen experimentalpsychologischen Untersuchung. Zunächst wird die Rolle der Gewinnung von wissenschaftlich relevanten Hypothesen (*Kapitel 4*) und der hierauf basierenden Versuchsplanung (*Kapitel 5*) dargestellt. Danach werden die Hauptmerkmale des Versuchsaufbaus (*Kapitel 6*) sowie der Versuchsdurchführung (*Kapitel 7*) eines psychologischen Experiments behandelt. Im Anschluss daran wird ein Überblick über die wichtigsten Grundlagen der deskriptiven sowie inferentiellen Statistik (*Kapitel 8*) gegeben, bevor abschließend auf das Stadium der Schlussfolgerungen (*Kapitel 9*) eingegangen wird.

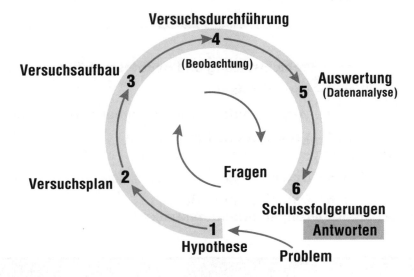

# Stadium 1 – Problemstellung und Hypothesenbildung

**4**

ÜBERBLICK

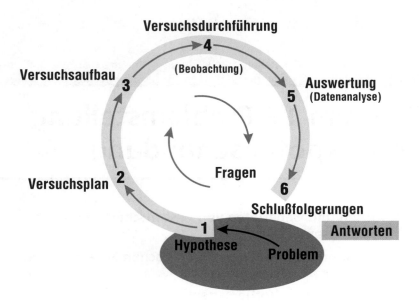

## Lernziele

Der Prozess der wissenschaftlichen Erkenntnisgewinnung in der Experimentalpsychologie wird durch das obige Spiralenmodell skizziert. In diesem Modell sind die einzelnen Stadien einer typischen experimentalpsychologischen Untersuchung als Stationen des auf Erkenntnisfortschritt ausgerichteten Wegs gekennzeichnet (vgl. Stadium 1 bis 6). Am Beginn eines den wissenschaftlichen Anforderungen entsprechenden Experiments in der Psychologie steht das Stadium der geeigneten *Hypothesenbildung* (Stadium 1).

Das Kapitel

- behandelt das Auffinden und das Formulieren von psychologisch relevanten Hypothesen (*Abschnitt 4.1*);
- illustriert die Operationalisierung theoretischer Sätze (*Abschnitt 4.2*);
- kennzeichnet wissenschaftliche Hypothesen als Vorhersagen (*Abschnitt 4.3*);
- erläutert die Hypothesenbildung anhand von überprüfbaren Beispielen (*Abschnitt 4.4*) und
- beschreibt die wichtigsten Gütemerkmale von Hypothesen (*Abschnitt 4.5*).

## 4.1 Suchen und Generieren von wissenschaftlichen Hypothesen

Den Anstoß zu einer experimentellen Untersuchung gibt naturgemäß eine zunächst eher allgemeine Fragestellung (*Problem*), auf die man sich durch systematische Beobachtung der Realität eine Antwort erhofft. Eine allgemein gehaltene Fragestellung wird in eine Hypothese umgeformt. Unter einer „Hypothese" versteht man eine in eine spezielle Aussageform gekleidete Fragestellung. In ihrer Aussageform beinhaltet sie bestenfalls einen vorläufigen Lösungsentwurf für das infrage stehende Problem und gibt somit auch eine vorläufige – mögliche – „Antwort" auf die Fragestellung. Die Hypothese ist dementsprechend eine präzisierte Vermutung. Über deren wahrscheinliche Gültigkeit oder Ungültigkeit kann der Experimentator aufgrund seiner Befunde entscheiden, indem er die in der Hypothese formulierten Aussagen mit den unter kontrollierten Bedingungen gesammelten Beobachtungsdaten konfrontiert. Für die Qualität der Hypothesen spricht, wenn diese den kritischen Prüfungen standhalten.

### Herkunft von Hypothesen

Forschungshypothesen können sich aus einem systematischen oder einem unsystematischen Denkansatz ergeben. Bei einem systematischen Denkansatz haben die Hypothesen ihren Ursprung in der Auseinandersetzung mit wissenschaftlichen Theorien bzw. Modellen oder auch früheren konkreten Forschungsergebnissen. Die Hypothesenbildung kann verschiedene Ziele haben, die einander keineswegs ausschließen; d.h. sie kann entweder auf die

- Replikation wichtiger bzw. gut bekannter Untersuchungsbefunde
- Klärung (Aufdeckung) von widersprüchlichen Forschungsresultaten oder
- Verallgemeinerung von bisher bekannten singulären Einzelfakten

bezogen sein.

Typischerweise gibt es bei einem eher unsystematischen Denkansatz keine Theorien oder Modelle, an denen sich der Forscher orientiert. Vielmehr resultiert die Hypothesenbildung aus wissenschaftlicher Neugier, Intuition sowie kreativem Zufall (s. Illu 4.1). Ein Beispiel für eine solche Vorgehensweise lieferte die Entdeckung der sog. REM-Schlafphasen: Der amerikanische Psychologe Nathaniel Kleitman untersuchte langsame, rollende Augenbewegungen (*Rapid Eye Movements*, REM), die eine schlafende Person zeigt, im Zusammenhang mit der Schlaftiefe. Sein Schüler Eugene Aserinsky, der diese Bewegungen beobachten sollte, bemerkte, dass die schlafende Person in bestimmten Phasen schnelle Augenbewegungen zeigte. Diese Entdeckung führte dazu, die Funktion der Schlafphasen mit schnellen Augenbewegungen (REM) näher zu untersuchen. Es zeigte sich, dass die nach der Art der Augenbewegungen unterschiedenen Schlafphasen sich auch in funktionaler Weise unterscheiden (Aserinsky & Kleitman, 1953).

Die unbestreitbare Tatsache, dass auch der unsystematische Denkansatz zu bedeutenden Ergebnissen geführt hat, brachte manche Wissenschaftstheoretiker (z.B. Feyerabend, 1970) oder auch Psychologen zu der Ansicht, ein methodisch systematischer Denkansatz sei für den echten wissenschaftlichen Fortschritt unerheblich, ja gegebenenfalls sogar hinderlich. Aber richtig ist wohl eher, dass kreatives Forschen immer sowohl des systematischen als auch des unsystematischen, an Einfallsreichtum gebundenen Denkansatzes bedarf. Das bedeutet für den konkreten Fall zum einen eine souveräne, systematische Beherrschung des einschlägigen Methodenapparats, zum anderen aber auch einen wachen Sinn für das Beobachten und Entdecken von Neuem (s. Orig 4.1).

## 4.2   Operationalisierung von theoretischen Sätzen

In Untersuchungen zum Zusammenhang von Lernen und Ängstlichkeit kann zum Beispiel das Konzept „Lernen" in sehr unterschiedlicher Weise definiert werden, sodass dementsprechend auch unterschiedliche Befunde zu erwarten sind. Nach einem Experiment von Taylor (1951) lernen hoch ängstliche Personen besser als Personen mit niedriger Angst (*Abbildung 4.1*); Spielberger (1966) kommt dagegen in einer anderen Untersuchung zu einem genau umgekehrten Ergebnis (*Abbildung 4.2*).

Welcher Befund ist nun richtig? – Eine Analyse der verwendeten Lern-*Definitionen* zeigt, dass „Lernen" in beiden Fällen auf eine jeweils ganz andere Weise operationalisiert, d.h. durch eine andere Herangehensweise einer Überprüfung zugänglich gemacht wurde. Im ersten Versuch handelte es sich um klassisches Konditionieren (Lidschlag-Konditionierung als Verhaltensmaß), im zweiten hingegen um schulisches Lernen (Schulleistung als Verhaltensmaß). Beide Untersuchungsbefunde haben nur im Kontext ihres jeweiligen theoretischen und empirischen Begründungszusammenhanges ihre Bedeutung. Ein allgemeiner Satz, wie etwa „Ängstlichkeit verbessert das Lernen", sagt also noch recht wenig aus. Er kann nur pauschal darauf hinweisen, was in dem Experiment untersucht wurde. Die Bedeutung dieser Aussage wird erst präzisiert, wenn ausgeführt wird, wie Lernen und Ängstlichkeit im jeweiligen Gesamtzusammenhang operationalisiert wurden. Diese hier – stark vereinfacht – dargestellte Problematik gilt grundsätzlich, auch wenn die angeführte Gegenüberstellung in gewisser Weise als extremtypisch zu bezeichnen ist (s. Demo 4.1).

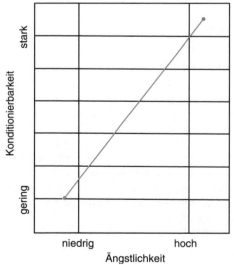

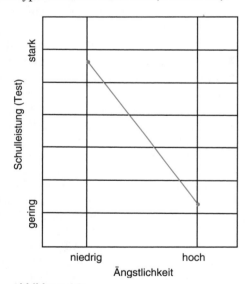

**Abbildung 4.1:**
**Abhängigkeit des „Lernens" (Konditionierbarkeit, AV) von der „Ängstlichkeit" von Probanden – ein positiver Zusammenhang.**
(Nach den Daten von Taylor, 1951)

**Abbildung 4.2:**
**Abhängigkeit des „Lernens" (Schulleistung, AV) von der „Ängstlichkeit" der untersuchten Probanden – ein negativer Zusammenhang.**
(Nach den Daten von Spielberger, 1966)

Zwischen der Formulierung der Hypothesen und der Manipulation konkreter unabhängiger Variablen sowie der Beobachtung und Messung von einzelnen abhängigen Variablen besteht demnach ein enger Zusammenhang. Indem die Hypothese gleichzeitig Angaben über die experimentelle Handlung („Operation") macht sowie konkrete Messanweisungen beinhaltet, bestimmen die Möglichkeiten und Grenzen der Manipulation und Messung von Variablen gleichzeitig die Möglichkeiten und Grenzen der Formulierung empirisch überprüfbarer Hypothesen. Von der Art und Weise der Operationalisierung der theoretischen Konzepte, d.h. also von der geeigneten Wahl der abhängigen ($AV$) und unabhängigen ($UV$) Variablen, hängt naturgemäß der Geltungsbereich des erhobenen experimentellen Befundes ab: Je repräsentativer diese für das theoretische Konstrukt selbst sind, desto größer ist der Geltungsbereich des Befundes, d.h. umso größer ist die Konstruktvalidität eines Experiments (Cook & Campbell, 1979). Eine Auflistung der *typischen Fehler* bei der Generierung von Hypothesen enthält *Tabelle 4.1*.

An dieser Stelle ist festzuhalten: Die Möglichkeiten der experimentellen Methode in der Psychologie sind besonders eng an den Einfallsreichtum des Experimentators geknüpft, Fragestellungen derart in Hypothesenform zu formulieren, dass das Experiment eine Antwort auf die häufig recht komplexe Fragestellung geben kann. Dies setzt voraus, dass der Experimentator sich gleichzeitig Techniken und Versuchsanordnungen einfallen lässt, die den psychologischen Sachverhalt in angemessener Weise erforschbar machen.

**Tabelle 4.1**

## Typische Fehler bei der Generierung wissenschaftlicher Hypothesen (Stadium 1).

| | |
|---|---|
| 1 | Es wird eine Hypothese formuliert, die zu allgemein gehalten ist, als dass sie in sinnvoller Weise untersucht werden könnte. |
| 2 | Es werden die Begriffe in der Hypothese nicht operational definiert, sodass deren experimentelle Realisation als abhängige und unabhängige Variablen nicht möglich ist. |
| 3 | Es wird versäumt, rechtzeitig an den Aufbau des Experiments, an dessen Durchführung sowie an die Auswertung der experimentellen Daten zu denken. |
| 4 | Es wird versäumt, die einschlägige Fachliteratur zu studieren; es wird zu sehr auf die Sekundärliteratur geachtet. |
| 5 | Es wird beim Studium der Fachliteratur zu sehr auf die empirischen Befunde und zu wenig auf die dabei benutzten Methoden geachtet. |
| 6 | Bei der Lektüre der Fachliteratur wird das wissenschaftliche Thema nicht genügend eingegrenzt (der Leser „verliert sich" in der Literatur und wird dadurch entmutigt). |
| 7 | Bei der Durchsicht der Fachliteratur werden zu viele Exzerpte angefertigt und dabei nicht klar genug zwischen Wichtigem und Unwichtigem unterschieden. |

## Definition und Kontrolle von *UV* und *AV*

Eine gründliche Planung des Versuchs bestimmt in entscheidender Weise das Ausmaß der internen Validität des Experiments. Der Versuch ist folglich so zu planen, dass bei der späteren Auswertung die Befunde auf eine möglichst eindeutige *Wenn-Dann*-Beziehung zwischen unabhängigen und abhängigen Variablen zurückführbar sind, also die Wirkung von Störvariablen möglichst auszuschließen ist. Von Bedeutung in diesem Zusammenhang ist die Wahl der Abstufung der Hauptfaktoren (unabhängige Variablen, *UV*). Dies lässt sich an einem Versuchsbeispiel wie folgt verdeutlichen:

In einer Untersuchung über die Abhängigkeit der Pulsfrequenz (*AV*) von dem Schwierigkeitsgrad einer geistigen Tätigkeit (*UV*) tritt nicht unbedingt zwischen zwei verschiedenen Bedingungen geistiger Aktivität ein Pulsfrequenzunterschied auf. Der Unterschied ist erst dann zu erwarten, wenn sich die beiden Aktivitäten bezüglich ihres Schwierigkeitsgrades in deutlichem Maße voneinander unterscheiden. Ein Verfahren zur Erhöhung des Effekts der unabhängigen Variablen auf die Messwerte der abhängigen Variablen kann demnach darin bestehen, möglichst extreme Varianten der unabhängigen Variablen vorzusehen. Eine Voraussetzung für ein solches Vorgehen ist allerdings das Bestehen einer monotonen Beziehung zwischen unabhängigen und abhängigen Variablen. Das heißt, dass mit einer Erhöhung bzw. Verminderung der Werte der unabhängigen Variablen stets eine Erhöhung bzw. Verminderung der Messwerte der abhängigen Variablen einhergeht. Eine andere Frage betrifft die geeignete, d.h. theoretisch zurückhaltende Interpretation der zugrunde gelegten Versuchskonzepte (s. Exkurs „Morgan's Canon").

---

### Exkurs: Morgan's Canon

*Morgan's Canon (Occam's Razor)* – dieses Gütekriterium besagt, dass bei sonst gleichem Voraussagewert einfachere Grundlagen solchen vorzuziehen sind, die eine kompliziertere und damit oft auch wohl spekulativere Basis der Hypothesenbildung zur Voraussetzung haben. Dem Psychophysiologen Clifford T. Morgan (1906) verdanken wir dazu die folgende Überlegung, die speziell am tierpsychologischen Fall erörtert wurde:

„In no case is an animal's activity to be interpreted in terms of higher psychological processes, if it can be fairly interpreted in terms of processes which stand lower in the scale of psychological development." (Morgan, 1906, S. 59)

Mit dieser Überlegung ist die Forderung verbunden, dass das Verhalten und Erleben von Tieren zunächst mittels einfachster, sehr sparsamer Erklärungen zu deuten ist. Beispielsweise sollte man tierisches Verhalten dann nicht als „einsichtsvoll" zu erklären versuchen, wenn dieses auf (komplexere) Instinktketten zurückzuführen ist. Analog dazu sollte sich auch die Hypothesenbildung danach richten (Prinzip der Sparsamkeit).

Das mit *Occam's Razor* Bezeichnete meint im Grunde dasselbe wie *Morgan's Canon*, nur ist es ein sämtlichen Wissenschaften gemeinsames Prinzip der sparsamen Hypothesen- und Theorienbildung. In den sog. weichen Bereichen der Psychologie wird vergleichsweise wenig sparsam, hingegen in den sog. harten Bereichen wesentlich sparsamer bei den Hypothesenbildungen vorgegangen (Meehl, 1978).

*Morgan, C. T. (1906). An introduction to comparative psychology. (2nd ed.) London: Scott.*

*Meehl, P. E. (1978). Theoretical risks and tabular asterisks: Sir Karl, Sir Ronald, and the slow progress of soft psychology. Journal of Consulting and Clinical Psychology, 46, 806-834.*

## 4.3 Hypothesen als Vorhersagen

Insoweit Hypothesen gemäß den Ausführungen der beiden voranstehenden Abschnitte dieses Kapitels formuliert werden, stellen sie gewissermaßen Vorhersagen im Sinne von *Wenn-Dann*-Beziehungen dar. Empirisch sinnvolle Hypothesen müssen immer an der Erfahrungswirklichkeit testbar und prinzipiell falsifizierbar sein (siehe *Abschnitt 2.4*, Exkurs „Erkenntniskritischer Rationalismus: Das Falsifikationsprinzip", S. 35): Je genauer die Hypothesen getestet werden können, desto besser sind sie im eigentlich wissenschaftlichen Sinne. Nur insoweit Hypothesen so genau formuliert und damit gut empirisch testbar sind, haben sie auch den Charakter von Vorhersagen. Derlei Hypothesen sind Vorhersagen vom Typ der Wahrscheinlichkeitsvoraussagen. Man denke dabei an die drei nachfolgenden Bedingungen, die erfüllt sein müssen, wenn man von einer Beziehung der Art *„Wenn X, dann (wahrscheinlich) Y"* sprechen darf:

- $X$ geht $Y$ zeitlich voraus
- weitere Bedingungen außer $X$, auf die $Y$ eine Folge sein könnte, sind nicht wirksam (oder aber durch Randomisierung ausbalanciert)
- die Messung von ($X$ und) $Y$ ist (höchstens) mit einem Zufallsfehler, nicht aber mit einem systematischen Fehler behaftet (s. dazu Exkurs Abschnitt 3.3: „Max-Kon-Min-Prinzip", S. 52).

Dieselbe Beziehung lässt sich dann im Sinne einer als Vorhersage zu verstehenden Hypothese auch folgendermaßen formulieren: Wenn $X$ die Ausprägung von $Y$ bedingt bzw. dem zu beobachtenden $Y$ vorangeht und weitere Bedingungen (Störfaktoren) unwirksam sind, dann tritt (wahrscheinlich) $Y$ ein.

Bevor das Prinzip dieser allgemeinen Hypothesenbildung aus der Sicht des Experimentalpsychologen spezifiziert wird, sei noch auf ein psychophysiologisches „Experiment" hingewiesen, das der spätantike Arzt Galenus (130-201 n. Chr.) an einer seiner Patientinnen, die er auf ihre Schlaflosigkeit hin behandelte, durchführte ($N = 1$):

Galenus berichtet, dass diese Patientin während einer seiner ärztlichen Konsultationen die Nachricht erhielt, es werde heute der Tänzer Alpha im Theater auftreten. Daraufhin wurden bei ihr deutliche Zeichen der Veränderung in Ausdruck und Farbe des Gesichts sowie an ihrem Puls bemerkbar. Um die vermutete Ursache für diese Veränderungen zu untersuchen, ließ Galenus der Dame daraufhin in den nächsten Tagen von sich aus (fingierte) Nachrichten zukommen, derart dass einmal die Tänzer Eta oder Theta und dann wiederum der Tänzer Alpha auftreten würden. Was Galenus vorhergesagt hatte, trat ein: Während sich bei der Dame keinerlei Ausdrucksveränderungen in den beiden Fällen Eta und Theta zeigten, kam es im Falle von Alpha jedoch abermals zu starken Alterationen des Ausdrucks, worauf Galenus schloss: „So fand ich heraus, dass die Dame in den Tänzer (Alpha) verliebt war. Sorgfältige Beobachtungen an den folgenden Tagen bestätigten dies." (Zitiert nach Hofstätter, 1972).

Offensichtlich verhielt sich Galenus getreu dem kausaltheoretischen Muster der oben angeführten Hypothesenbildung und sagte dementsprechend vorher: Wenn der Tänzer Alpha im Theater auftritt und meine Patientin erfährt davon ($X$), dann zeigt sie (wahrscheinlich) Anzeichen der Unruhe ($Y$). Wenn dagegen andere Tänzer auftreten ($X_0$), dann zeigt sie diese Alterationen (wahrscheinlich) nicht ($Y_0$). Gemäß derselben Logik einer zweistufigen Bedingungsvariation war übrigens auch das schon an anderer Stelle zitierte Experiment im alten Ägypten geplant und durchgeführt worden, das der einführenden Illustration des Zweistichprobendesigns diente, nur dass dort zwei Probandengruppen getestet wurden (s. *Abschnitt 3.1*).

## 4.4 Beispiele für prüfbare Hypothesen

Obwohl es in der heutigen Experimentalpsychologie viele Versuche mit nur zweistufiger Bedingungsvariation gibt, wird dieser Designtyp zunehmend seltener und steht dann nur am Anfang einer Erkundungsphase auf einem neu zu bearbeitenden Gebiet. Das heißt, dass die allgemeinen Anforderungen an die Hypothesenbildung eines psychologischen Experiments heute im Vergleich zu früher wesentlich gewachsen sind. Dementsprechend würde etwa im Hinblick auf den unifaktoriellen Designfall die allgemeine Hypothese präziser wie folgt lauten: Wenn ein $X$ ($UV$) mit seinen Abstufungen $X_1$, $X_2$, $X_3$, > ..., $X_n$ dem zu beobachtenden variablen Ereignis $Y$ vorangeht und weitere Bedingungen (Störfaktoren) unwirksam sind, dann tritt wahrscheinlich $Y$ ($AV$) in entsprechend abgestufter Weise ein ($Y_1$, $Y_2$, $Y_3$, ..., $Y_n$).

Während für mehrfaktorielle Fälle die allgemeine Hypothesenformulierung analog lautet, interessiert an dieser Stelle besonders der Sachverhalt, dass eine genuin relevante Hypothese (*wenn ..., dann ...*) heutzutage typischerweise sehr präzise abgestuft formuliert sein muss, um ein wissenschaftlich anspruchsvolles Experiment zu begründen. Dafür werden im Folgenden einige Beispiele angeführt, die ihrerseits schrittweise den Aspekt des wissenschaftlichen Anspruchsveranschaulichen. Zu beachten ist dabei, dass die statistische Hypothesenprüfung eine andere, d.h. dem Laien ungewohnte Formulierungsbasis für die ansonsten gleiche Hypothese hat, indem sie immer von der Aufstellung und Testung der sog. Nullhypothese ($H_0$) ausgeht und diese der sog. Alternativhypothese ($H_1$) gegenüberstellt (s. *Abschnitt 8.3*).

### 4.4.1 Versuchsbeispiel (Fortsetzung): Schlaf- und Traumexperiment

Beispiel 1: Zweistufiges unifaktorielles Experiment

In dem obigen Versuchsbeispiel „Schlaf- und Traumexperiment" (vgl. *Abschnitt 3.2*) ist aus Vereinfachungsgründen zunächst nur der Faktor A (Traumphasen vs. traumfreie Schlafphasen) betrachtet worden. Wenden wir uns nun dem zweiten Faktor – der wiederholten Darbietung der 85 dB lauten Weckreize (Faktor B) – zu und betrachten diesen vorerst im Sinne eines zweistufigen unifaktoriellen Experimentes. In Abhängigkeit von der erstmaligen Darbietung ($X_0$) und der wiederholten Darbietung ($X_1$) der Weckreize wurde im Originalexperiment die Zeit bis zum Aufwachen ($AV$) untersucht (Jovanovič, 1978).

*Hypothese:* Wenn Weckreize wiederholt ($X_1$) dargeboten werden, dann zeigen sich (wahrscheinlich) längere Aufwachzeitwerte ($\bar{Y}_1$), als wenn die Weckreize erstmalig ($X_0$) dargeboten werden ($\bar{Y}_0$).

Der *wissenschaftlich inhaltlichen Hypothese*, $\bar{Y}_1 \geq \bar{Y}_0$ (Arbeitshypothese für die Mittelwertprüfung), steht die *statistische Nullhypothese* $\bar{Y}_1 = \bar{Y}_0$ gegenüber.

Unter Beachtung des oben Geforderten ist klar, dass ein solches Experiment nur eine sehr grobe Hypothesenbildung zur Voraussetzung hat. Der in *Abbildung 4.3* dargestellte Trend lässt verschiedene Alternativfunktionen der allgemeinen Art $Y = f(X)$ zu.

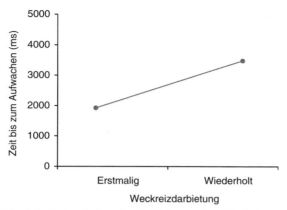

**Abbildung 4.3: Abhängigkeit der Aufwachzeit (AV) von der Wiederholung des Weckreizes.** (Nach Daten von Jovanović, 1978)

## Beispiel 2: Vierstufiges unifaktorielles Experiment (mit Trendfaktor)

Tatsächlich wurde in dem Originalexperiment die Abhängigkeit der Aufwachzeit (AV) von der insgesamt vierfach wiederholten Weckreizdarbietung, die damit einen Trendfaktor ($X_1$, $X_2$, $X_3$, $X_4$) bildet, geprüft.

*Hypothese:* Die Aufweckzeiten ($Y_1, Y_2, Y_3, Y_4$) werden mit zunehmend wiederholter Darbietung ($X_1$, $X_2$, $X_3$, $X_4$) immer länger.

Der *wissenschaftlich inhaltlichen Hypothese* $\bar{Y}_1 < \bar{Y}_2 < \bar{Y}_3 < \bar{Y}_4$ steht hier die *statistische Nullhypothese* $\bar{Y}_1 = \bar{Y}_2 = \bar{Y}_3 = \bar{Y}_4$ gegenüber.

Klarerweise begründet eine solche Hypothesenformulierung die Durchführung eines wesentlich präziseren Experiments, als dies vergleichsweise für das Beispiel 1 zutrifft: Es ist nun möglich, den Trendtyp der Ergebnisse für $Y_1$, $Y_2$, $Y_3$ und $Y_4$, zu prüfen (*Abbildung 4.4*).

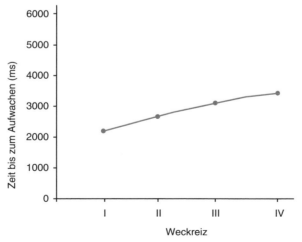

**Abbildung 4.4: Abhängigkeit der Aufwachzeit (AV) von der vierfachen Wiederholung des Weckreizes – ein positiver Trend.** (Nach Daten von Jovanović, 1978)

## Beispiel 3: Zweifaktorielles Experiment (mit einem Trendfaktor)

Betrachten wir das Experiment nun in seiner Vollständigkeit.

*Hypothese:* Wiederholte Weckreize (Trendfaktor A mit Wiederholungsmessung: $X_{A1}$, $X_{A2}$, $X_{A3}$, $X_{A4}$) wirken in Traumphasen ($X_{B1}$) wesentlich schwächer als während einer traumfreien Phase ($X_{B2}$) (Faktor B mit Wiederholungsmessungen auf beiden experimentellen Stufen).

Im Vergleich zu unseren Beispielen 1 und 2 weist die vorliegende Hypothese einen entscheidenden Vorteil auf: sie sagt alle drei experimentellen Effekte voraus, nämlich die beiden so genannten Haupteffekte – Traumphasen unterscheiden sich von traumfreien Schlafphasen (Faktor A) und die Aufweckzeiten werden mit zunehmend wiederholter Weckreizdarbietung immer länger (Faktor B) – sowie außerdem den oben angeführten Wechselwirkungseffekt von Faktor A mit Faktor B (*Abbildung 4.5*; s. dazu auch *Abschnitt 5.2*, Exkurs „Wechselwirkungseffekte", S. 86).

Die *wissenschaftlich inhaltliche Hypothese* $\bar{Y}_{A1} - \bar{Y}_{B1} < \bar{Y}_{A2} - \bar{Y}_{B2} < \bar{Y}_{A3} - \bar{Y}_{B3} < \bar{Y}_{A4} - \bar{Y}_{B4}$ drückt aus, dass mit der wiederholten Weckreizdarbietung der Unterschied zwischen Traumphasen und traumfreien Schlafphasen wächst. Ihr steht hier die *statistische Nullhypothese* $\bar{Y}_{A1} - \bar{Y}_{B1} = \bar{Y}_{A2} - \bar{Y}_{B2} = \bar{Y}_{A3} - \bar{Y}_{B3} = \bar{Y}_{A4} - \bar{Y}_{B4}$ gegenüber.

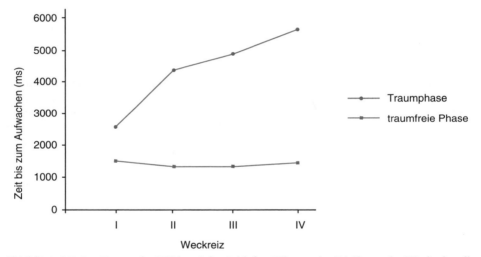

**Abbildung 4.5: Der Traum als „Wächter" des Schlafes: Wie aus der Erhöhung der Weckschwelle ersichtlich, ist man während der Traumphasen schwerer weckbar als während der traumfreien Schlafphasen.** (Nach Daten von Jovanovič, 1978)

## Beispiel 4: Modellgeleitetes zweifaktorielles Experiment (mit Trendfaktoren)

Ein vor mehreren Jahren entwickeltes mathematisches Modell zur Größengewichtstäuschung sagt die Größe der Täuschung ($AV$) in Abhängigkeit von der physikalischen Schwere ($X_A$) und dem physikalischen Volumen ($X_B$) vorher (Anderson, 1970). Für den modelltheoretisch wichtigeren der beiden Faktoren, das physikalische Volumen ($B$), lautet die Hypothese:

*Hypothese B:* Wenn das Volumen der ansonsten jeweils objektiv gleich schweren Gewichte klein ($B_1$), mittel ($B_2$) oder groß ($B_3$) ist, dann fällt das subjektive Gewichtsurteil vergleichsweise (wahrscheinlich) schwerer ($Y_1$), gleich ($Y_2$) oder leichter ($Y_3$) aus.

*Wissenschaftlich inhaltliche Hypothese*: $\overline{Y}_1 > \overline{Y}_2 > \overline{Y}_3$ (Arbeitshypothese für die Mittelwertprüfung)

*Statistische Hypothese:* $\overline{Y}_1 = \overline{Y}_2 = \overline{Y}_3$ (Nullhypothese)

Wie schon im Beispiel 3 weist die vorliegende Hypothese den Vorteil auf, dass sie alle drei experimentellen Effekte – nämlich die für die Faktoren A und B sowie deren Wechselwirkungseffekt $A \times B$ (*Abbildung 4.6*, Teilabbildung A) – voraussagt.

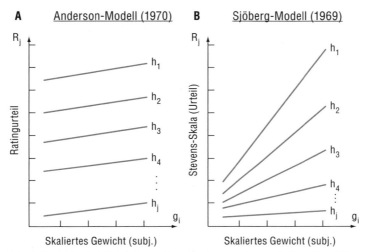

**Abbildung 4.6: Schematische Repräsentation zweier mathematischer Modelle, die jeweils unterschiedliche Vorhersagen von Wahrnehmungstäuschungstrends für die Größengewichtstäuschung machen, wobei $g_j$ das subjektive Gewicht und $h_j$ die subjektive Höhe für verschieden schwere und große physikalische Objekte bedeuten.** Links: Andersons (1970) Paralleltrend-Vorhersage; rechts: Sjöbergs (1969) Wechselwirkungstrend-Vorhersage. (Nach Sarris, 1995, 1999)

Von Bedeutung ist, dass eine mathematische (Modell-)Hypothese leichter falsifizierbar ist. Beispielsweise könnte ja ein ganz anderes mathematisches Modell ein und dieselben (Größengewichtstäuschungs-) Datensätze gegebenenfalls viel besser vorhersagen und psychologisch inhaltlich erklären. Tatsächlich ist dies im vorliegenden Fall auch wirklich so geschehen: Während der Amerikaner Anderson (1970) sein Modell der Größengewichtstäuschung untersuchte und die Arbeit darüber veröffentlichte, hatte zur gleichen Zeit der Schwede Sjöberg (1969) an demselben Thema gearbeitet, ein anderes mathematisches Vorhersagemodell formuliert, getestet und darüber ebenfalls publiziert (*Abbildung 4.6*, Teilabbildung B). Diese voneinander unabhängig entwickelten Modelle mit ihren jeweils ganz verschiedenen Hypothesen und Vorhersagen für ein und denselben Sachverhalt können unmöglich beide richtig sein: Entweder ist Modell A oder Modell B falsch – oder beide Modelle sind unzulänglich. Einige Jahre später haben andere Untersucher diesen Widerspruch entdeckt, kritische Nachuntersuchungen durchgeführt und sind dabei zu dem Ergebnis gekommen, dass beide Vorhersagemodelle einen experimentell begrenzten Wert haben, da sie bestenfalls nur für die jeweils verschieden gewählten, speziellen Untersuchungsvoraussetzungen gelten – und im Übrigen vermutlich unvollständig bzw. sogar falsch sind (Sarris & Heineken, 1976; vgl. Sarris, 1995, 1999). Das liegt hauptsächlich daran, dass Anderson und Sjöberg jeweils eine andere Operationalisierung ihrer *AV* vorgenommen hatten (Psychophysik: sog. Stevens-Skala versus Rating-Skala).

Das zuletzt behandelte Beispiel verdeutlicht zwei wesentliche, ja fundamentale Sachverhalte:

- Je präziser und informationsreicher Hypothesen formuliert sind, desto günstiger sind die Voraussetzungen für ihre Falsifikation (nur über das allgemein akzeptierte wissenschaftslogische Prinzip der Falsifikation schreitet nach Karl Popper eine empirische Wissenschaft voran (s. *Abschnitt 2.4*, Exkurs „Erkenntniskritischer Rationalismus: Das Falsifikationsprinzip").

- Schon während des Stadiums der Hypothesenbildung (1) ist es wichtig, die Erfordernisse des Stadiums des Versuchsplans (2), aber auch die des Versuchsaufbaus (3) rechtzeitig mit einzukalkulieren, z.B. die Wahl von mehreren Faktoren ins Auge zu fassen.

- Das Stadium (1) ist und bleibt von zentraler Bedeutung während des gesamten Experiments; ferner gilt: Von Anfang an sind die Implikationen des späteren Stadiums der Datenauswertung (5) sowie der abschließenden Dateninterpretation (6) mit zu beachten.

## 4.5 Gütemerkmale von Hypothesen

Abgesehen davon, dass eine jede gute Hypothesenbildung keinen einzigen der in *Tabelle 4.1* zusammengestellten typischen Fehler enthalten darf, sollte sie darüber hinaus noch einige grundsätzliche Gütemerkmale aufweisen. An diese Merkmale wird zu Recht immer wieder erinnert, weil sie einerseits für jede experimentelle Wissenschaft gelten, aber andererseits in der Psychologie als Wissenschaft vielfach nur ansatzweise befriedigen (vgl. hierzu Erdfelder & Bredenkamp, 1994).

Nachfolgend werden diejenigen Gütemerkmale von Hypothesen erläutert, die man in der einschlägigen Fachliteratur am häufigsten vorfindet. Es sind dies die vier Kriterien der (1) Testbarkeit und Falsifizierbarkeit, der (2) Präzisierbarkeit, der (3) Theorienrelevanz und (4) *Morgan's Canon* bzw. *Occam's Razor* (s. *Abschnitt 4.2*, Exkurs „Morgan's Canon", S. 66).

### Testbarkeit und Falsifizierbarkeit

Wie im vorigen Abschnitt gezeigt, gilt dieses Gütemerkmal als die eigentliche Voraussetzung für jegliche wissenschaftliche Relevanz einer Hypothese. Dieses Merkmal ist ein allgemein anerkanntes Basiskriterium, das heutzutage sowohl in den „harten" als auch in den „weichen" Bereichen der Psychologie akzeptiert wird.

### Präzisierbarkeit

Anhand der obigen Beispiele 1 bis 4 wurde das Gütemerkmal der Präzisierbarkeit von Hypothesenbildungen erläutert. Dabei müssen zwei verschiedene Aspekte voneinander getrennt werden. Der eine Aspekt betrifft die qualitativ-konzeptionelle Präzision von Hypothesen. Das hiermit Gemeinte wird durch das Beispiel 3 veranschaulicht: Aufgrund des zweifaktoriellen Designs (Hinzunahme einer konzeptionell wichtigen weiteren Variablen) ist eine sehr viel differenziertere, d.h. genauere („präzisere") Hypothesenbildung erfolgt, als wenn man nur die in Beispiel 2 dargestellte einfache Variante berücksichtigt (s. *Abschnitt 5.2*). Demgegenüber ist mit quantitativer Präzision das gemeint, was anhand von Beispiel 4 behandelt wurde. Dort ist der Vorhersagewert einer Modellhypothese im quantitativen Sinne besonders groß.

## Theorienrelevanz

Da die Theorienbildung praktisch der Gradmesser für die Bedeutung einer jeden Wissenschaft bzw. eines Wissenschaftsbereichs ist, gilt dementsprechend, dass aus Theorien oder Modellen abgeleitete Hypothesen von besonderem Wert sind. Denn auf diese Weise wird der Beziehungsreichtum einzelner Hypothesenbildungen im Vergleich zu solchen vergrößert, die nicht von Theorien oder Modellen abgeleitet bzw. ableitbar sind.

## Morgan's Canon

Dieses Gütemerkmal einer guten Hypothesenbildung bezieht sich auf das Prinzip des kreativ einfachen Denkens und Arbeitens in der Experimentalpsychologie (s. Exkurs „Morgan's Canon"; s. ferner Orig 4.2).

## Zusammenfassung

Erkenntnisprozesse beginnen mit Hypothesen, die gezielte Erfahrungen erst möglich machen. Erfahrungen können Anlässe sein, um neue, vorläufige Hypothesen zu generieren. Vor allem in den Wissenschaften werden sie so formuliert, dass sie leicht zu kritisieren, am besten sogar widerlegbar sind. Für die Qualität der Hypothesen spricht, wenn sie den substanziell kritischen Prüfungen Stand halten. Es gibt kein Fundament der Erkenntnis, kein Verfahren und keine Instanz, die uns mit Sicherheit zur Wahrheit führen. Die Wissenschaft arbeitet mit Hypothesen, um gezielte Erfahrungen zu ermöglichen. Hypothesen haben ihren Ursprung entweder in der Auseinandersetzung mit wissenschaftlichen Theorien bzw. Modellen und konkreten Forschungsergebnissen (systematischer Denkansatz) oder gründen in wissenschaftlicher Neugier, Intuition bzw. kreativem Zufall (unsystematischer Denkansatz). In der Hypothese werden gleichzeitig Angaben über die experimentelle Handlung („Operation"), d.h. die Manipulation unabhängiger Variablen, sowie über die konkrete Messung abhängiger Variablen gemacht. Von der Art und Weise der Operationalisierung der theoretischen Konzepte hängt der Geltungs- und Gültigkeitsbereich des erhobenen experimentellen Befundes ab: Je repräsentativer die Operationalisierungen für das theoretische Konstrukt selbst sind, desto valider ist der Befund, d.h., umso höher ist die Konstruktvalidität eines Experiments. Versuche sind derart zu planen, dass bei der späteren Auswertung die Befunde auf eine möglichst eindeutige *Wenn-Dann*-Beziehung zwischen unabhängigen und abhängigen Variablen zurückführbar sind, die Wirkung von Störvariablen also möglichst auszuschließen ist.

Typische Fehler bei der Generierung wissenschaftlicher Hypothesen gilt es zu kennen und zu vermeiden. Als Kriterien für die Güte von Hypothesen gelten deren Überprüfbarkeit und Falsifizierbarkeit, die Präzisierbarkeit, die Theorienrelevanz sowie das Prinzip des kreativen und sparsamen Denkens bei der Hypothesenbildung.

## Wichtige Fachbegriffe

| | |
|---|---|
| Abhängige Variable | Occam's Razor |
| Alternativhypothese (H1) | Operationalisierung |
| Falsifizierbarkeit | Präzisierbarkeit |
| Morgan's Canon | Theorienrelevanz |
| Konstruktvalidität | Testbarkeit |
| Nullhypothese (Ho) | Unabhängige Variable |

## Lernzielkontrolle

**1**   Was versteht man unter einer Hypothese?

**2**   Was versteht man unter *Morgan's Canon*?

**3**   Nennen Sie einige typische Fehler bei der Generierung wissenschaftlicher Hypothesen!

**4**   Welche Bedingungen müssen erfüllt sein, damit Hypothesen einer *Wenn-Dann*-Beziehung folgen?

**5**   Welche vier Gütemerkmale sollten Hypothesen erfüllen?

# Stadium 2 – Versuchsplanung

**5**

ÜBERBLICK

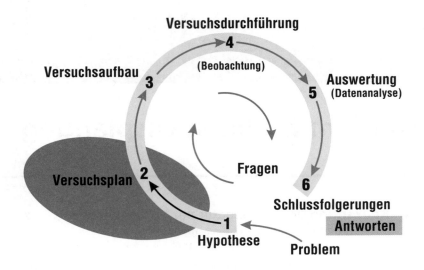

## Lernziele

Das dem Versuchsaufbau und der Versuchsdurchführung vorgeschaltete Stadium (2) der *Versuchsplanung* ist methodologisch engstens mit dem Stadium (5) der Datenanalyse (Statistik) verknüpft. Da sich die Verfahren der statistischen Datenanalyse stark nach der Logik der verwendeten Versuchsplanung richten (und umgekehrt), erleichtert eine sorgfältige Versuchsplanung die spätere Datenanalyse erheblich.

Das Kapitel

- stellt die Konzeption und Systematik der Versuchspläne dar (*Abschnitt 5.1*);
- bietet einen systematischen Einstieg in die wichtigsten streng experimentellen Versuchspläne (*Abschnitt 5.2*);
- erläutert die quasi-experimentellen Versuchspläne und deren validitätsgefährdenden Störfaktoren (*Abschnitt 5.3*);
- behandelt so genannte- nicht-experimentelle, d.h. ex post facto- sowie korrelative Versuchsanordnungen (*Abschnitt 5.4*) und
- bietet praktische Hinweise für eine möglichst optimale Designwahl für den jeweiligen psychologischen Versuch (*Abschnitt 5.5*).

Diesem Kapitel wird nachfolgende Definition des Versuchsplans (*Design*) vorangestellt:

### Definition des Versuchsplans

Unter einem Versuchsplan (*Design*) versteht man ein standardisiertes, routinemäßig anwendbares Schema (Strukturschema), das dem Aufbau, der Kontrolle und der Bewertung einer empirischen Untersuchung des Zusammenhangs von unabhängigen (*UV*) und abhängigen (*AV*) Variablen sachlogisch zugrunde liegt.

## 5.1 Konzeption und Systematik der Versuchspläne

Unter Bezugnahme auf das Spiralenmodell lässt sich die obige Design-Definition besonders einfach spezifizieren. Danach ist ein Versuchsplan (2) ein standardisiertes Untersuchungsschema, dessen Logik im Rahmen des allgemeinen Forschungsprozesses eine Verbindung zwischen der Hypothese (1), dem Versuchsaufbau (3), der Versuchsdurchführung (4) sowie der statistischen Auswertung (5) herstellt. Dabei steht das Untersuchungsanliegen zumeist im Zusammenhang mit bedingungsanalytischen Fragestellungen, d.h. mit Fragen nach den Ursache-Wirkung-Beziehungen zwischen unabhängigen und abhängigen Variablen.

Entsprechend dem allgemeinen Grundmodell der experimentell-korrelativen Forschungsmethodologie werden verschiedene Haupttypen von Versuchsplänen voneinander unterschieden (*Tabelle 5.1*). Bei den Design-Symbolen wird besonderer Wert auf die systematische Verwendung gelegt: Für alle Designs bedeutet das Symbol $X$ die Stufe einer experimentell unabhängigen Variablen ($UV$), das Symbol $Y$ dagegen den Messwert (Realisation) einer abhängigen Variablen ($AV$).

**Tabelle 5.1**

### Einteilung der Versuchspläne (*Designs*) nach vier Haupttypen in der Systematik der Versuchspläne (vgl. dazu die Hinweise für Studierende)

Experimentelle Designs ($R$, $W$, $B(R)$)

Quasi-experimentelle Designs ($Q$)

Ex post facto-Designs ($E$),

Korrelative Designs ($K$)

Die Symbole $R$, $W$, $B(R)$ usw. bedeuten:

$R$ = Zufallsgruppenversuchsplan („randomized group design")
$W$ = Versuchsplan mit Wiederholungsmessungen („repeated measures design")
$B(R)$ = Blockversuchsplan („randomized block design")
$Q$ = Quasi-experimenteller Faktor
$K$ = Korrelativer („correlational") Faktor
$O$ = Organismusfaktor

Die jeweilige Anzahl dieser Symbole gibt an, ob es sich um ein uni-, ein bi- oder ein trifaktorielles Design handelt (z.B. R = unifaktoriell; RR = bifaktoriell; RRR = trifaktoriell usw.).

In *Tabelle 5.2* ist ein Designschema am Beispiel eines einfachen experimentellen Zweigruppenversuchsplans mit Zufallsgruppenbildung ($R$) dargestellt. In seinem linken und mittleren Teil sind die beiden Versuchsgruppen (1, 2) zusammen mit den Abstufungen der zeitlich vorangegangenen experimentellen Behandlungen (Stufen, Treatments) notiert, dagegen im rechten Teil die abhängigen Messwerte der Beobachtungen ($Y$) symbolisiert. In diesem Sinne repräsentieren also die Zeilen (Reihen) – von oben nach unten – jeweils verschiedene Versuchsgruppen (links), *Treatments* bzw. Behandlungen (Mitte) und Messungen (rechts). Das Symbol $R$ steht für *Randomisierung* (s. Exkurs „Randomisierung").

**Tabelle 5.2**

**Allgemeine Verwendung von Designsymbolen, dargestellt am Beispiel eines experimentellen Zweigruppenversuchsplans mit Zufallsgruppenbildung (*Randomisierung, R*).**

| Design 1.0 | Zweigruppenplan ohne Vorher-Messung: Design R – 2. |

| Versuchs-gruppe | Vorher-Messung | Treatment $X$ | Nachher-Messung |
|---|---|---|---|
| 1 | – | $X_1$ | $\overline{Y}_{1\,nach}$ |
| 2 | – | $X_2(X_0)$ | $\overline{Y}_{2\,nach}$ |

R

*AV:* Messwerte der abhängigen Variablen ($\overline{Y}$)

## Exkurs
## Randomisierung: Zufallsgruppenbildung

Wie bereits in *Kapitel 3* ausgeführt, ist die im Experiment beobachtete Variation in der abhängigen Variablen nicht nur durch die experimentelle Variation in der unabhängigen Variablen bedingt, sondern auch durch vielfältige Störeinflüsse beeinflusst. Da es kaum möglich ist, diese Störeinflüsse alle aktiv zu kontrollieren, greift der Experimentator gerne auf eine eher passive Kontrolltechnik zurück, nämlich die sogenannte *Randomisierung*. Deren Grundprinzip besteht in einer Aufhebung systematischer, konfundierender Beziehungen zu den experimentellen Variablen durch eine *zufällige Zuordnung von Probanden zu den Stufen der unabhängigen Variablen*. Das Vorgehen basiert auf der Stichprobentheorie, welche voraussetzt, dass jedes Mitglied einer Gruppe die gleiche Chance haben muss, gezogen zu werden (s. *Abschnitt 8.1*). Weil in diesem Fall angenommen wird, dass sich die interindividuellen Unterschiede *zwischen* den einzelnen Versuchsteilnehmern zufällig auf die einzelnen Bedingungen verteilen, ist nicht einmal die Kenntnis der Störvariablen notwendig.

Bei der Zuordnung zu den variierten experimentellen Bedingungen, z.B. in eine Experimental- und eine Kontrollgruppe, soll folglich einerseits die Einflussnahme des Versuchsleiters auf die Zuordnung einer Untersuchungsbedingung ausgeschlossen sein und andererseits die zufällige Verteilung von bekannten und nicht bekannten Einflussfaktoren (Störvariablen) auf alle Bedingungen sichergestellt werden.

Die Zuordnung kann einfach mittels Losentscheid geschehen oder aber – insbesondere wenn das Experiment computergesteuert abläuft – mittels Programmalgorithmen, welche Zufallsauswahlen erzeugen.

Fortsetzung

Um zum Beispiel die Auswirkung zweier unterschiedlicher experimenteller Bedingungen zu untersuchen, würde die Zuordnung von Probanden zu den beiden Bedingungen mittels Zufallsaufteilung vorgenommen, d.h., dass aus der Gesamtgruppe von Probanden zwei Untergruppen gebildet würden (*Abbildung 5.1*).

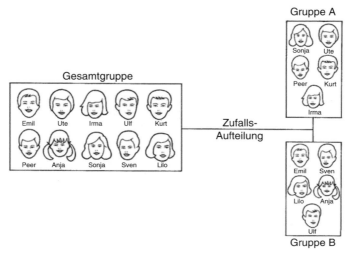

**Abbildung 5.1: Zufallsaufteilung einer Gesamtgruppe von N= 10 Probanden (links) in zwei gleiche große Untergruppen (rechts).** (Aus Sarris, 1999)

Bei Verwendung eines Münzwurfs würde bei jedem Versuchsteilnehmer aus der Gesamtgruppe in der Reihenfolge seines Erscheinens eine Münze geworfen und in Abhängigkeit vom Ergebnis – Kopf oder Zahl – der Proband der Gruppe A oder der Gruppe B zugewiesen werden (s. *Abbildung 5.1*). Beim Einsatz eines Computers sind entsprechende Algorithmen entweder als spezifische Stichprobenziehungsroutinen in Statistikprogrammen oder aber in Form von Zufallszahlengeneratoren verfügbar und ermöglichen so, auf einfache Weise, eine automatisierte Zufallsstichprobenziehung.

Es sollte jedoch bedacht werden, dass die Randomisierung im Einzelfall keine Garantie für eine tatsächliche Kontrolle aller Störvariablen bietet, da die Stichprobentheorie mit dem *„Gesetz der großen Zahl"* argumentiert. Es kann also durchaus geschehen, dass in einem Einzelfall die leistungsfähigeren Probanden zufällig einer Bedingung zugeordnet werden. Der Experimentator sollte daher einerseits bekannte Störvariablen aktiv kontrollieren – z.B. durch Konstanthaltung (s. *Abschnitt 6.2*) oder durch Blockbildung (s. *Abschnitt 5.2*) – und andererseits die Ergebnisse sorgfältig auf mögliche weitere Störeinflüsse prüfen.

### 5.1.1 Allgemeine Gütemerkmale eines Versuchsplans

Die vier Designtypen werden – abgestuft nach ihrer kausalhypothetischen Relevanz – im Hinblick auf die drei wesentlichen Hauptmerkmale einer allgemeinen Versuchsplanungslogik bewertet; dabei bedeuten: Plus (+) = Gütemerkmal vorhanden, Minus (–) = Gütemerkmal nicht vorhanden (vgl. *Abbildung 5.2*):

#### Gütemerkmal I: Kausaltheoretische Hypothese – vor Versuchsbeginn – ist vorhanden

Eine positive Bewertung (+) setzt voraus, dass bereits vor Versuchsbeginn eine klare kausalbezogene Hypothesenbildung vorliegt, gemäß derer die theoretisch bestmögliche Versuchsplanung für den konkreten Untersuchungsfall erfolgt. – Beispiele hierfür stellen alle diejenigen Untersuchungen dar, welche die entsprechenden Symbolvermerke eines strengen Experiments tragen ($R, VV, B(R)$).

#### Gütemerkmal II: Experimentelle Variable ist manipulierbar

Eine positive Bewertung (+) hat zur Voraussetzung, dass die einschlägig relevanten experimentellen Variablen auch tatsächlich gemäß den theoretischen Sätzen und der Hypothesenbildung sachrepräsentativ – sowohl im qualitativen als auch im quantitativen Sinne – variiert werden.

#### Gütemerkmal III: Alle übrigen Versuchsbedingungen sind kontrollierbar.

Eine positive Bewertung (+) setzt voraus, dass es gelingt, alle einschlägig zu erwartenden Störgrößen (Störvariablen) auszuschalten. Auch mit dem Gütemerkmal III ist ein besonders hoher methodischer Anspruch – nämlich derjenige der experimentellen Kontrolle – erhoben, der streng genommen nur selten zu erfüllen ist. Denn natürlich kann auf einem Gebiet, dessen wissenschaftlicher Status noch relativ niedrig ist, die Erfassung von Störgrößen kaum zufriedenstellend gelingen, besonders, wenn man nicht genau weiß, welches die relevanten Einflussgrößen und welches die Störgrößen sind.

Im Falle des Vorliegens von drei Pluszeichen (+ + +), wobei alle drei Gütemerkmale (I, II, III) gegeben sind, hat man es mit einem idealen Design zu tun, bei dem sämtliche experimentell relevanten Faktoren variierbar sowie alle Störvariablen kontrolliert bzw. kontrollierbar sind. Umgekehrt gilt, dass beim Vorliegen von drei Minuszeichen (– – –) – es fehlen alle drei Gütemerkmale (I, II, II) – grundsätzlich mit sämtlichen Fehlern gerechnet werden muss, welche die interne Validität eines Experiments gefährden (s. unten Exkurs „Validitätsbedrohung (quasi-experimentelles Designing)", vgl. dazu Illu 5.1 – Eine Mittelstellung nimmt das quasi-experimentelle Design ein.

Gegenüber der herkömmlichen Methodologie weist die in *Abbildung 5.2* dargestellte Abstufung der vier Designtypen einen gewichtigen Unterschied auf: In der modernen Versuchsplanung wird das klassische Experiment nur als ein besonderer Fall (Idealfall) einer psychologischen Untersuchungsmethode verstanden. Im Vergleich zu der früheren Auffassung geht die heutige Forschungsstrategie von einer methodologisch abgestuften Hierarchie bezüglich der Verwendung von Versuchsplänen aus. Dabei kommt den oben angeführten Gütemerkmalen (I, II, III) die Bedeutung von allgemeinen Bewertungskriterien für die einzelnen Designtypen zu.

| | | 1<br>Strenges<br>Experiment | 2<br>Quasi-<br>Experiment | 3<br>Ex post      Korre-<br>facto        lative<br>Untersuchung | 4<br>Vorexperi-<br>mentelle<br>Untersuchung |
|---|---|---|---|---|---|
| I | Kausaltheoretische Hypothese vor Versuchsbeginn vorhanden und hinreichend begründet | + | + | (+) | – |
| II | Experimentelle Variablen manipulierbar bzw. manipuliert | + | + | – | – |
| III | Alle übrigen Versuchsbedingungen kontrollierbar bzw. kontrolliert | + | – | – | – |

**Abbildung 5.2: Allgemeines Gliederungsschema für eine Systematik der Versuchspläne nach den vier allgemeinen Designtypen und deren Bewertung nach verschiedenen Gütemerkmalen (I, II, III).** (Modifiziert nach Boesch & Eckensberger, 1969)

Typischerweise entsprechen die „strengen" Experimente eher den Laborexperimenten, hingegen die „korrelativen" Untersuchungen mehr den sogenannten Feldversuchen.

## Kurzbeschreibung der Designtypen

Zum näheren Verständnis der vier allgemeinen Designtypen werden hier noch die folgenden Hinweise gegeben (*Abbildung 5.2*):

*Vorexperimentelle Designs:* Die so genannten vorexperimentellen Designs (*observational studies* nach Cochran, 1983), auch „ungültig" genannten Versuchspläne, dienen größtenteils der methodologischen Negativ-Abgrenzung der experimentellen von der nicht- experimentellen Forschung. Tatsächlich entspricht die Logik der vorexperimentellen Designs eher der des naiven Alltagsdenkens als der einer wissenschaftlich relevanten Untersuchungsstrategie.

*Strenge Experimente:* Die strengen experimentellen Designs, welche den kausaltheoretisch besten Designtyp repräsentieren, werden untergliedert, in:

- Versuchspläne mit Zufallsgruppenbildung (Randomisierung, $R$)
- Versuchspläne mit wiederholten Messungen (Messwiederholung, $W$)
- Versuchspläne mit Blockgruppenbildung ($B(R)$)
- Mischversuchspläne

*Quasi-Experimente:* Der quasi-experimentelle Versuchsansatz erreicht zwar nicht die kausaltheoretische Bedeutung des strengen Experiments; allerdings stellen die quasi-experimentellen Designs eine wichtige Ergänzung des klassischen, für sich allein zu einseitigen, strengen Experiments dar.

*Ex post facto- und korrelative Versuchsanordnungen:* Bei der *ex post facto*-Versuchsanordnung wird nur $Y$ systematisch beobachtet. Dann folgt rückblickend eine Suche nach $X$. Diese Anordnungen wie auch die korrelativen Designs besitzen gegenüber den Quasi-Experimenten – wenn überhaupt – nur einen sehr geringen bzw. gar keinen kausaltheoretischen Wert. Dies gilt unbeschadet der Tatsache, dass wichtige statistische Kausalanalysen aus korrelativen Untersuchungsansätzen entwickelt worden sind.

## Moderne gegenüber klassischer Versuchsplanung

In den letzten drei bis vier Jahrzehnten hat sich immer deutlicher gezeigt, dass in vielen Bereichen der Psychologie das strenge (rigorose) Experiment eine Fiktion darstellt, die den Forschungsprozess sogar eher behindert als fördert (Campbell & Stanley, 1966; Cronbach, 1975). Denn abgesehen davon, dass vielfach ethische Richtlinien experimentelle Eingriffe – in die Privatsphäre – verbieten, ist häufig dort, wo ein „strenges" Experimentieren praktisch möglich wäre, keineswegs immer mit einer erhöhten Präzision („interne" Validität) auch eine Erhöhung der „externen" Validität und damit auch eine solche des psychologischen Erkenntnisgewinns verbunden. Andererseits werden auch die weniger strengen Designs – insbesondere die quasi-experimentellen Designs sensu Campbell u. Stanley (1966) – immer mehr im Rahmen einer kausaltheoretisch geleiteten Forschung in manchen sozialwissenschaftlichen und biomedizinischen Bereichen, dabei nicht zuletzt auch in der Psychologie, mit beachtlichen Erfolgen eingesetzt (s. Übersicht im Anhang: „Systematik der Versuchspläne").

## 5.2 Experimentelle Versuchspläne

Die experimentellen Versuchspläne (Designs mit Zufallsgruppenbildung, Wiederholungsmessungen, Blockbildung) stellen naturgemäß die wichtigsten Designs im Rahmen der gesamten Experimentalpsychologie dar, weshalb sie im Folgenden näher erläutert werden (*Abbildung 5.3*).

| | | 1<br>Strenges<br>Experiment | 2<br>Quasi-<br>Experiment | 3<br>Ex post<br>facto<br>Untersuchung | Korre-<br>lative | 4<br>Vorexperi-<br>mentelle<br>Untersuchung |
|---|---|---|---|---|---|---|
| I | Kausaltheoretische Hypothese vor Versuchsbeginn vorhanden und hinreichend begründet | + | + | (+) | – | – |
| II | Experimentelle Variablen manipulierbar bzw. manipuliert | + | + | – | – | – |
| III | Alle übrigen Versuchsbedingungen kontrollierbar bzw. kontrolliert | + | – | – | – | – |

**Abbildung 5.3: Bewertung experimenteller Versuchspläne nach den Gütemerkmalen (I, II, III).**
(Modifiziert nach Boesch & Eckensberger, 1969)

## Versuchspläne mit Randomisierung

Versuchspläne mit Randomisierung (Zufallsgruppenbildung) werden auch als *Between*-Designs bezeichnet, da diese auf dem Mittelwertvergleich zwischen den verschiedenen experimentell behandelten Gruppen basieren. Eine Gesamtgruppe wird per Randomisierung den einzelnen experimentellen Bedingungen zugeordnet (s. Exkurs „Randomisierung").

Zu diesen Versuchsplänen zählen (Randomisierung, *R*):

- *Zweistichprobenversuchspläne* (1 *UV*, 2 Stufen): Mit der Bezeichnung „Zweistichproben" ist hier die Zweistufigkeit der *UV* gemeint (Beispiele: Demo 5.1, Orig 5.1, Illu 5.2). Diese Designs gibt es entweder mit Vorhermessung oder ohne Vorhermessung. Ein Spezialfall ist das Solomon-Dreigruppen-Design (Kontrolle der Testeffekte durch Vorhermessung).

- *Mehrstichprobenversuchspläne* (mehrere Stufen): entweder unifaktoriell mit mindestens drei Stufen (Beispiele: Illu 5.3; s. auch Orig 5.2) oder mehrfaktoriell mit mindestens je zwei Stufen.

## Vorteile

Die Zufallsgruppenpläne zielen auf die Kontrolle der interindividuellen Datenfluktuation, indem durch die Randomisierung eine Gleichheit der Ausgangsbedingungen für alle Versuchsgruppen weitestgehend gewährleistet wird. Merkmale der Versuchsteilnehmer, die als Störvariablen wirken könnten, verteilen sich zufällig auf die einzelnen Bedingungen. Dadurch üben Organismusfaktoren keinerlei systematischen Effekt auf die *AV* aus, was die interne Validität eines Experiments erhöht. Eine explizite Kenntnis der Störvariablen ist hierbei nicht notwendig.

## Nachteile

Allerdings erfordert die Randomisierung entsprechend dem *Gesetz der großen Zahl* eine ausreichend große Stichprobe (Ökonomie-Problem). Zudem ist zu beachten, dass durch diese Vorgehensweise der statistische Zufallsfehler typischerweise hoch ist.

## Versuchspläne mit Wiederholungsmessungen

Diese Pläne werden auch als *Within*-Designs bezeichnet, wobei eine einzige Versuchsgruppe sämtlichen experimentellen Bedingungen unterzogen wird. Innerhalb dieser Bedingungen werden Vergleiche der Auswirkungen der experimentellen Variation vorgenommen.

Diese Versuchspläne lassen sich wiederum untergliedern in (Wiederholungsmessung, *W*):

- *Zweistichprobenversuchspläne* (1 Gruppe, 1 Faktor, 2 Stufen): Der Begriff „Zweistichproben" bezieht sich erneut auf die Zweistufigkeit des Faktors und bedeutet nicht etwa, dass es sich hier um zwei unterschiedliche Gruppen handelt (Beispiel: Orig 5.3).

- *Mehrstichprobenversuchspläne* (1 Gruppe, mehrere Stufen): entweder unifaktoriell mit mindestens drei Stufen oder mehrfaktoriell mit mindestens je zwei Stufen (Beispiel: Orig 5.4).

## Vorteile

Die störende („Rauschen") – interindividuelle – Datenvariabilität wird zwischen den experimentellen Bedingungen vollständig eliminiert. Eine explizite Kenntnis der Störvariablen ist nicht notwendig; zudem kann auch mit kleineren Stichproben gearbeitet werden, was die Versuchsdurchführung ökonomisch gestaltet.

## Nachteile

Das Problem von Versuchsplänen mit wiederholten Messungen liegt in den möglichen Effekten durch Testübung; das heißt, die vorangegangenen Messungen können die nachfolgenden beeinflussen – somit ergibt sich eine Konfundierung (Verquickung) zwischen der UV und der Bedingungsabfolge. Aus diesem Grund sollte auf einen hinreichend großen Zeitabstand zwischen den Versuchssitzungen und auf eine Ausbalancierung der Bedingungsabfolge geachtet werden.

## Versuchspläne mit Blockbildung

Blockversuchspläne bzw. Versuchspläne mit parallelisierten Gruppen dienen insbesondere der Verminderung der zufälligen Fehlervarianz (inter- und intraindividuelle Datenfluktuation). Bekannte Störfaktoren werden erfasst und die Probanden bezüglich der Ausprägungen in diesen Variablen systematisch den einzelnen Bedingungen zugeordnet, sodass die experimentellen Gruppen von Anfang an *homogener* werden. In der Regel prüft ein Vortest die Ausprägung eines Merkmals, das hoch mit der experimentellen *AV* korreliert. Die Versuchsteilnehmer werden anschließend in eine Rangreihe gebracht; danach werden Blöcke (statistische „Zwillinge") von Versuchsteilnehmern mit benachbarten Rängen gebildet: Versuchsteilnehmer innerhalb eines Blocks sind sich bezüglich des Vortestmerkmals ähnlicher als Probanden aus unterschiedlichen Blöcken. Die Zuordnung der Versuchsteilnehmer eines Blocks zu den experimentellen Bedingungen erfolgt dann nach dem Zufall (*R*).

Diese Versuchspläne werden wiederum untergliedert in (Blockgruppenbildung *B*(*R*)):

- *Zweistichprobenversuchspläne* (Beispiel: Orig 5.5)
- *Mehrstichprobenversuchspläne:* entweder unifaktoriell mit mindestens drei Stufen oder mehrfaktoriell mit mindestens jeweils zwei Stufen.

## Vorteile

Dieser Designtyp stellt einen Kompromiss zwischen den beiden vorgenannten strengen Designs dar, indem er die jeweiligen Vorteile kombiniert: Mit dem Zufallsgruppenplan ist diesem Design gemeinsam, dass hier verschiedene experimentelle Gruppen unter verschiedenen Versuchsbedingungen untersucht werden. Aufgrund der Kontrolle der *Between*-Varianz verwendet er zudem dieselben statistischen Verfahren wie Within-Designs (mit wiederholten Messungen). Bei den Versuchsplänen mit Blockbildung sind die Ausgangsunterschiede zwischen den experimentellen Bedingungen wesentlich geringer als im Falle der Randomisierung. Auch ist eine geringere Stichprobengröße aufgrund der Verringerung des Zufallsfehlers möglich.

## Nachteile

Jedoch wird bei diesen Designs eine explizite Vorkenntnis der Störvariablen vorausgesetzt. Das Vortestmerkmal muss deutlich mit der *AV* korrelieren. Der Versuchsaufwand ist hierbei typischerweise sehr hoch.

## Mischdesigns

Wie dargestellt, haben Versuchspläne, bei denen die Variation der unabhängigen Variablen zwischen Versuchsgruppen (*Between*-Designs) stattfindet ebenso wie Versuchspläne, bei denen die Variation der unabhängigen Variablen innerhalb einer Versuchsgruppe (*Within*-Designs) stattfindet sowohl Vor- als auch Nachteile. Vielfach ergeben sich jedoch Untersuchungssituationen, in denen eine Kombination beider Design-Typen in einem sogenannten Mischversuchsplan Vorteile bringt.

Unter einem Mischversuchsplan (*mixed design*) versteht man ein zwei- oder mehrfaktorielles Design, bei dem die einzelnen Faktoren (*UV*) verschiedenen Designtypen entsprechen (z.B. Zufallsgruppenfaktor *R*; Faktor mit wiederholten Messungen *W*; Blockdesign-Faktor *B(R)*). Derartige Designs erlauben auch die Überprüfung möglicher Wechselwirkungen („Interaktionen") zwischen den Faktoren (s. Exkurs „*Wechselwirkungseffekte*"). Die Verwendung eines Mischversuchsplans hat günstigenfalls die folgenden Vorzüge:

- **Prinzip der Gütemerkmalskombination:** Auf dieser Basis können die mit den verschiedenen Designtypen verbundenen Vorteile miteinander kombiniert werden.

- **Prinzip der Sekundär- und Fehlervarianzkontrolle:** Dieser Vorteil betrifft die geeignete Kontrolle von systematischen und unsystematischen Fehlerquellen (vgl. dazu das Max-Kon-Min-Prinzip der Versuchsplanung; s. *Abschnitt 3.3*, Exkurs „Max-Kon-Min-Prinzips", S. 52).

- **Prinzip des experimentell-korrelativen Forschungsmodells:** Hierbei wird das Anliegen des experimentell- korrelativen Designing im Sinne einer speziellen Designwahl genutzt, nämlich die Kombination von streng experimentellen Faktoren und Organismusvariablen, und das zwecks sachrepräsentativer sowie artefaktfreier Forschungsanalysen (semiexperimentelles Designing). Bestenfalls wird bereits vor – und nicht nach – der Versuchsdurchführung ein semiexperimentelles Designing in Betracht gezogen (vgl. dazu *Abschnitt 9.2*, Exkurs „Semiexperimentelles Designing", S. 174).

## Trendanalysen

Bei manchen Fragestellungen ist man daran interessiert, Informationen über die Art des Wirkungszusammenhangs zwischen unabhängigen und abhängigen Variablen zu erhalten. Beispielsweise hatten wir gesehen, dass in der Schlaf-Traum-Untersuchung von Jovanovič (1978) die unabhängige Variable „Weckreiz" mehrfach wiederholt wurde und damit einen sogenannten Trendfaktor (s. *Abschnitt 4.4*; *Abbildung 5.4*) begründete.

Von einem trendanalytischen Untersuchungsansatz in der experimentellen Psychologie spricht man, wenn die unabhängige Variable (*UV*) aus drei oder mehr graduell abgestuften Bedingungen bzw. Treatments (*X*) besteht. Dadurch lässt sich prüfen, ob und in welcher Weise sich die *AV*-Werte (*Y*) verändern, wenn *X* (*UV*) wächst. Naturgemäß heißt das, dass hierbei sowohl die *X*- als auch die *Y*-Achse zumindest ordinal skaliert sein müssen.

Das Beispiel in *Abbildung 5.4* verdeutlicht, wie die Daten eines allzu einfachen Zweigruppenversuchs zu irrigen Schlussfolgerungen führen können.

Zwei gemäß einem Zweistichprobenversuchsplan – unter den Bedingungen $X_1$ und $X_2$ – erhaltene Durchschnittswerte werden in einer grafischen Darstellung üblicherweise durch eine Gerade miteinander verbunden. Dabei wird meist stillschweigend die Annahme einer linearen bzw. monotonen Beziehung zwischen der *UV* und *AV* getroffen (s. *Abbildung 5.4 A*). Demgegenüber kann die tatsächliche Beziehung z.B. eher positiv oder eher negativ beschleunigt (s. *Abbildung 5.4 B*) oder gar non-monoton (s. *Abbildung 5.4 C*) sein. Verschiedene Zweistichproben-Untersucher, welche jeweils andere UV-Bereiche (Ausschnitte) experimentell prüfen, könnten jedoch zu diametral entgegengesetzten Befunden aufgrund ihrer jeweils limitiert erhobenen Datensätze gelangen – übrigens ohne dass sie sich des Grundes dafür bewusst wären (vgl. dazu den linken versus rechten Trendabschnitt in Teilgrafik C von *Abbildung 5.4*).

Die gesamte *UV-AV*-Beziehung lässt sich grundsätzlich im Sinne eines trendanalytischen Designs durch die Verwendung eines Mehrstichprobenversuchsplans geeignet untersuchen.

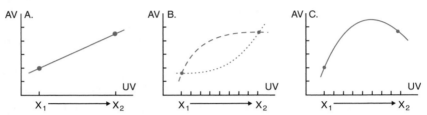

**Abbildung 5.4: zur Wahl eines trendanalytischen Mehrstichprobendesigns.** A: Annahme einer linearen Beziehung zwischen der UV und AV. B: Annahme eines eher positiv oder eher negativ beschleunigten Trends. C: Annahme eines non-monotonen Trends.

Wie das trendanalytische Designing verdeutlicht, ist es ohnehin das Hauptziel einer jeden experimentellen Forschung, die unabhängige(n) Variable(n) – d.h. die Inputs (*UV*) – möglichst quantitativ systematisch zu manipulieren, um so quantitative Verhaltensgesetze auffinden bzw. bestätigen zu können.

Trendanalytisches Experimentieren erlaubt grundsätzlich eine – auch im statistisch-methodischen Sinne – wesentlich präzisere Prüfung, als dies naturgemäß für die einfachen Zweigruppendesigns gilt. Hierauf sollte in der experimentalpsychologischen Grundausbildung besonders aufmerksam gemacht werden.

## Exkurs: Wechselwirkungseffekte

Die moderne Versuchsplanung geht nahezu standardmäßig von der Überprüfung der möglichen Wechselwirkungen („Interaktionen") zwischen zwei oder mehr Einflussfaktoren aus.

Die Untersuchung von zwei oder mehr Faktoren mittels ein und desselben Versuchsplanes erlaubt die Analyse einer besonderen Art des Zusammenwirkens der Faktoren – nämlich die des möglichen Nachweises von sogenannten Wechselwirkungen (Interaktionen), falls in der Natur solche besonderen Kombinationseffekte tatsächlich existieren. In inhaltlicher Hinsicht entsprechen Wechselwirkungen dem gestaltpsychologischen Postulat, demzufolge „das Ganze (hier: Gesamtwirkung) anders als durch die Summe seiner Teile" (hier: Einzeleffekte) verursacht ist. Das bedeutet, dass die Einzelfaktoren im Falle von Wechselwirkungen nicht-additiv zusammenwirken. In grafischer Veranschaulichung dargestellt, heißt das, dass die resultierenden Datentrends bei Wechselwirkungen nicht-parallel zueinander verlaufen. Dieser Sachverhalt wird anhand der in *Abbildung 5.5* dargestellten Trends illustriert:

Fortsetzung

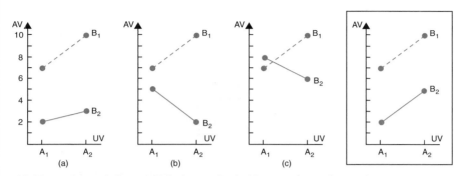

**Abbildung 5.5: Typische Beispiele für Wechselwirkungen (Interaktionen) von zwei Faktoren, vereinfacht dargestellt mit jeweils nur zwei Merkmalsabstufungen.** (a): Ordinale; (b) und (c): disordinale Wechselwirkung der Faktoren A und B im Vergleich zur Noninteraktion (keine Wechselwirkung: s. Paralleltrends in der Teilabbildung rechts). (Modifiziert nach Bredenkamp, 1980)

In dieser Abbildung wird der Fall einer nicht vorhandenen Wechselwirkung (rechts: parallele Datentrends) schematisch den drei verschiedenen Typen von Wechselwirkungen gegenübergestellt. Man unterscheidet hierbei zwischen *ordinalen* und *disordinalen* Interaktionen. *Ordinale Interaktionen* liegen vor, wenn die Steigung der Funktion von Faktor A auf den Stufen des Faktors B das gleiche Vorzeichen hat und damit eine Faktorstufe der anderen Faktorstufe unter allen möglichen Stufen des zweiten Faktors in der Ausprägung mindestens ebenbürtig oder überlegen ist (vgl. *Abbildung 5.5* (a)). Disordinale Interaktionen liegen vor, wenn die Steigung der Funktion von Faktor A auf den Stufen des Faktors B verschiedene Vorzeichen hat und damit die Unterschiede der Faktorstufen von B unter Al und unter A2 in unterschiedlicher Richtung ausfallen (vgl. *Abbildung 5.5* (b) und (c)). Während bei ordinalen und disordinalen Interaktionen die Effekte über die Faktorstufen beider Faktoren in ähnlicher Form vorliegen, spricht man ergänzend von einer semi-ordinalen bzw. hybriden Wechselwirkung dann, wenn sich der Effekt unter den Stufen des einen Faktors gleichsinnig, unter denen des anderen Faktors aber unterschiedlich verhält. Der Interaktionstypus unterscheidet sich damit abhängig von dem auf der Abszisse abgetragen Faktor.

Mehrfaktorielle Versuchsplanung erlaubt die systematische Analyse solcher Wechselwirkungen beispielsweise mittels der sogenannten Varianzanalyse (Moosbrugger & Reiß, 2010). Liegt eine Wechselwirkung („Interaktion") vor, dann gilt grundsätzlich, dass die Größe des jeweiligen Effekts des einen Faktors (A) von der jeweiligen Stufe des anderen Faktors (B), bzw. der anderen mituntersuchten Faktoren (B, C, ...) abhängt.

## 5.3   Quasi-experimentelle Versuchspläne

Unter quasi-experimentellen Versuchsplänen versteht man solche Designs, die in der Experimentalpsychologie einen kausaltheoretisch deutlich geringeren Status als die streng experimentellen Versuchspläne verkörpern.

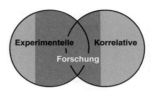

| | 1 Strenges Experiment | 2 Quasi-Experiment | 3 Ex post facto | 3 Korrelative | 4 Vorexperimentelle Untersuchung |
|---|---|---|---|---|---|
| | | | Untersuchung | | |
| I | Kausaltheoretische Hypothese vor Versuchsbeginn vorhanden und hinreichend begründet | + | + | (+) | – | – |
| II | Experimentelle Variablen manipulierbar bzw. manipuliert | + | + | – | – | – |
| III | Alle übrigen Versuchsbedingungen kontrollierbar bzw. kontrolliert | + | – | – | – | – |

**Abbildung 5.6: Bewertung quasi-experimenteller Versuchspläne nach den Gütemerkmalen (I, II, III).** (Modifiziert nach Boesch & Eckensberger, 1969)

Mit den strengen experimentellen Designs verbindet die *quasi-experimentelle* Versuchsplanung das Hauptmerkmal der experimentellen Variierbarkeit von relevanten Untersuchungsfaktoren (s. *Abbildung 5.6*); dagegen spielen die verschiedenen, die interne Validität gefährdenden Störfaktoren hier eine besondere Rolle (s. Exkurs „Validitätsbedrohung (quasi-experimentelles Designing)").

---

### Exkurs: Validitätsbedrohung (quasi-experimentelles Designing)

Die quasi-experimentellen Versuchsdesigns weisen das Hauptmerkmal des Experimentierens, nämlich das der experimentellen Variierbarkeit des jeweils relevanten Untersuchungsfaktors auf, aber es spielen diverse, die interne Validität gefährdende, unkontrollierte Sekundärfaktoren eine mehr oder weniger starke Rolle. Es sind vor allem die von Donald T. Campbell und Julian C. Stanley (1966) hervorgehobenen Faktoren, welche die interne Validität besonders bedrohen (*Tabelle 5.3*).

Fortsetzung

## Tabelle 5.3

**Neun typische Faktoren, welche die interne Validität von experimentellen Befunden im Sinne von Variablenkonfundierungen beeinträchtigen („Artefakte").** (Nach Campbell & Stanley, 1966; vgl. Sarris, 1999)

| Validitätsbeeinträchtigender Störfaktor | Kurze Charakterisierung des Artefakts |
|---|---|
| 1. Zeitgeschehen (history) | Die beobachteten Effekte gehen nicht allein auf die experimentelle Bedingungskonstellation, sondern (zusätzlich) auf unkontrollierte *zwischenzeitliche* Ereignisse zurück. |
| 2. Reifung (maturation) | Wenn sich der zu untersuchende Sachverhalt bezüglich biologischer (oder/und psychosozialer) Reifungsmerkmale verändert, ist mit reifungsbedingten Effekten zu rechnen, die den eigentlichen experimentellen Befund überlagern. |
| 3. Mehrfache Testung (test sophistication) | Besonders bei mehrfacher Erhebung derselben Messdaten an ein und demselben Individuum können die während des zweiten (dritten, ...) Messzeitpunkts erhobenen Daten aufgrund vorangegangener Testung beeinflusst sein (z.B. sensibilisierende Erfahrung im Umgang mit einem Test). |
| 4. Instrumentierung (instrumentation) | Die gemessenen Werte gehen z.T. auf die (zwischenzeitlich erfolgte) Veränderung der Messinstrumente zurück (z.B. aufgrund mangelnder Objektivität und Reliabilität eines Tests). |
| 5. Statistische Regression (regression) | Werden mehr oder weniger extrem verschiedene Leistungsgruppen z.B. mithilfe eines Vortests gebildet, dann kann die mangelnde Reliabilität (Testzuverlässigkeit) des Messinstruments zu einer statistischen „Regression" zur Mitte bei der zweiten (experimentellen) Testung führen. |
| 6. Auswahlverzerrung (selection) | Bei nicht-zufälliger Bildung von Versuchsgruppen können die damit von Anfang an bestehenden systematischen Ausgangsdifferenzen zwischen den Gruppen den eigentlichen experimentellen Effekt überlagern. |
| 7. Ausfalleffekte (experimental mortality) | Fallen im Untersuchungsverlauf Probanden von verschiedenen Versuchsgruppen aus, so kann das die eigentlichen experimentellen Effekte beeinflussen, wenn die Ausfallquote für die Gruppen systematisch verschieden ist. |
| 8. Versuchsleitereffekte (experimenter-bias effects, sog. Rosenthal-Effekte) | Bleiben die Eigenschaften, Verhaltensweisen oder/und Versuchserwartungen des Untersuchers unkontrolliert, kann das eine systematische Beeinträchtigung der eigentlichen experimentellen Befunde nach sich ziehen. |
| 9. Interaktive Effekte (interactive effects; carry-over effects) | Wird ein Individuum unter verschiedenen experimentellen Bedingungen untersucht und bleiben dabei Übertragungseffekte unkontrolliert, können dadurch die experimentellen Befunde verfälscht werden. |

Fortsetzung

Die streng experimentell orientierte Forschung – insbesondere die der Allgemeinen Psychologie und Biopsychologie/Psychophysiologie – kann diese Artefaktquellen weitgehend ausschalten bzw. kontrollieren, wohingegen andere Gebiete der Psychologie, z.B. die der Sozialpsychologie oder der Angewandten Psychologie, von diesen Verzerrungen besonders bedroht sind.

Es ist meistens nicht die Unzulänglichkeit des Untersuchers, sondern vielmehr die Natur des psychologischen Untersuchungsobjekts selbst, welche nur eine geringe Kontrolle dieser die interne Validität bedrohenden Faktoren ermöglicht. Im quasi-experimentellen Fall können jeweils einzelne dieser neun validitätsbeeinträchtigenden Faktoren eine Rolle spielen; es kann aber auch sein, dass zwei oder gar mehrere dieser Störfaktoren gleichzeitig von Bedeutung sind. Es versteht sich, dass eine (quasi-)experimentelle Untersuchung umso weniger valide ist, je mehr Störfaktoren kombiniert auftreten. Andererseits gibt es der Natur der Sache nach bestimmte Untersuchungssituationen, die das klassische strenge („rigide") Experiment nicht nur nicht zulassen, sondern erst durch die quasi-experimentellen Designs eine bestmögliche Forschungsanalyse erfahren.

*Campbell, D. T. & Stanley, J. C. (1966). Experimental and quasi-experimental designs for research. Chicago: Rand-McNally.*

## Konzeption der quasi-experimentellen Versuchsplanung

Im Sinne von Campbell u. Stanley (1966) sind es vor allem neun Faktoren, welche die interne Validität einer quasi-experimentell konzipierten Untersuchung mehr oder weniger stark gefährden. Unter Zugrundelegung dieser in *Tabelle 5.3* aufgelisteten neun validitätsmindernden Faktoren stellen demnach quasi-experimentelle Versuchspläne solche Designs dar, bei denen eine oder mehrere dieser Sekundärfehlerquellen („Störfaktoren") methodisch nicht befriedigend kontrolliert bzw. kontrollierbar sind.

Bei den quasi-experimentellen Versuchsplänen unterscheidet man die folgenden drei Subdesigns:

- **Zeitreihenversuchspläne:** Hierunter versteht man die quantitative Analyse eines experimentell ausgelösten Prozesses über die Zeit, wobei jeweils vor und nach dem experimentellen Eingriff verschiedene Messungen vorgenommen werden. Ein solcher Versuchsplan dient der Erfassung von Prozess auslösenden Ereignissen. In der Lernpsychologie, in der Entwicklungspsychologie und in der Psychophysiologie ist dieser Subdesign-Typ von zentraler Bedeutung (Prozessforschung). Die einfachste Form sind mehrere Vorher- und Nachher-Messungen an einer einzigen Versuchsgruppe unter einer einzigen experimentellen Bedingung.

- **Einzelfallversuchspläne:** Die Entwicklung dieses Subdesigns wurde besonders durch die Versuche zur operanten Konditionierung vorangetrieben. Diese Designvariante hat zudem Bedeutung für den experimentell-korrelativen Forschungsansatz. Der differenzielle Aspekt ist hier von besonderem Forschungsinteresse und das im Sinne des individuellen Untersuchungsfalls (Brückenschlag zwischen Allgemeiner und Differenzieller Psychologie).

- **Versuchspläne mit Ausbalancierung:** Dieser Subdesign-Typ bezieht sich auf quasi-experimentelle Pläne, denen jeweils ein unvollständiges faktorielles Design zugrunde liegt. Dabei ist gerade bei Versuchsplänen mit Wiederholungsmessung die Methode der Ausbalancierung (*cross-over designing*) von großer Bedeutung (s. Exkurs „Cross-over Designs").

Im Übrigen ist ein quasi-experimentelles Designing nicht mit einer semiexperimentellen Versuchsplanung zu verwechseln. Denn im Falle eines semiexperimentellen Designing liegt grundsätzlich ein zwei- oder auch mehrfaktorieller Plan vor, bei dem mindestens einer dieser Faktoren eine streng experimentelle Variable ist, der andere Faktor oder die anderen Faktoren dagegen korrelative Variablen (Organismusfaktoren) sein müssen (*s. Kapitel 9,* Exkurs „Semiexperimentelles Designing").

## Exkurs: Cross-over Designs

Im Rahmen der Versuchsplanung haben die sogenannten Sequenzeffekte („Abfolge-Effekte"), die sich aufgrund der Darbietung verschiedener Behandlungen (*treatments*) für ein und dieselben Probanden ergeben können, häufig einen verfälschenden Einfluss auf die Ergebnisse (McGuigan, 1996). Beispiele hierfür sind Ermüdungs- oder Übungseffekte aufseiten der Versuchsteilnehmer. Derartige Effekte versucht man mit Hilfe von Ausbalancierungsmethoden zu vermeiden. Das Grundsätzliche der Methode besteht darin, die Abfolge der Behandlungen systematisch zu variieren und auszubalancieren.

In einem *Cross-over Design* erfährt jeder Versuchsteilnehmer im Verlaufe des Experiments fortlaufend zwei oder mehr experimentelle Behandlungen. Das grundlegende Cross-over Design ist so definiert, dass zwei Behandlungen (A und B) in umgekehrter Reihenfolge vorgegeben werden, wobei die Zuteilung der Versuchsteilnehmer zu den Abfolgen zufällig erfolgen muss (*Tabelle 5.4*).

**Tabelle 5.4**

### Behandlungsanordnung im einfachen Cross-over Design

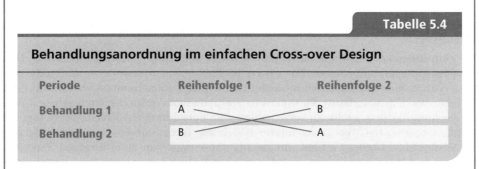

| Periode | Reihenfolge 1 | Reihenfolge 2 |
|---|---|---|
| Behandlung 1 | A | B |
| Behandlung 2 | B | A |

Das Cross-over Design nutzt den Umstand aus, dass in jeder Periode beide Behandlungen vorhanden sind, womit Vergleiche zwischen den Behandlungen frei von Perioden- bzw. Sequenzeffekten sind. Jeder Versuchsteilnehmer erhält beide Behandlungen, sodass der Vergleich der Behandlungen sozusagen „innerhalb" der Versuchsteilnehmer erfolgt und damit die „zwischen" den Versuchsteilnehmern bestehende Variation von der Behandlungsvariation getrennt ist.

Fortsetzung

Jeder Versuchsteilnehmer stellt mithin seine eigene Kontrolle dar. In vielen Fällen sind jedoch die Beobachtungen durch einen sogenannten Carry-over Effekt belastet; das heißt, dass sich Behandlungseffekte von einer Periode auf die nächste übertragen. Eine Möglichkeit, diesen Störeffekt zu kontrollieren, besteht darin, zwischen die Behandlungsperioden eine Ruhephase einzuschieben. Das Cross-over Design findet sich auch in verdoppelter Form, was die Kontrolle und auch Analyse von Sequenzeffekten (mehrfaktorielle Varianzanalyse) innerhalb einer Reihenfolge bzw. einer Versuchsgruppe erlaubt (s. *Tabelle 5.5*).

**Tabelle 5.5**

### Behandlungsanordnung im so genannten doppelten Cross-over Design

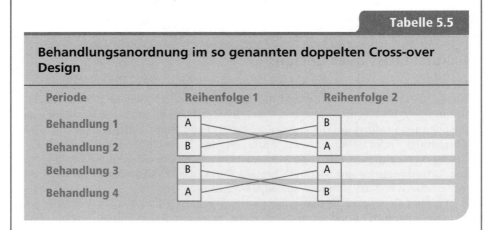

| Periode | Reihenfolge 1 | Reihenfolge 2 |
|---|---|---|
| Behandlung 1 | A | B |
| Behandlung 2 | B | A |
| Behandlung 3 | B | A |
| Behandlung 4 | A | B |

*McGuigan, F. J. (1996). Experimental Psychology (7th ed.). Englewood Cliffs: Prentice-Hall.*

## Vor- und Nachteile der quasi-experimentellen Versuchspläne

Im Vorhinein ist der strategische Vorteil bei der Verwendung von quasi-experimentellen Designs herausgestellt worden. Das gilt grundsätzlich jedoch auch in speziellen Zusammenhängen, wie dies auch die moderne psychotherapeutische Erfolgsforschung zeigt (s. Illu 5.4). Die Benutzung von quasi-experimentellen Versuchsplänen spiegelt den Wunsch und Willen, gerade in jenen zahlreichen Forschungssituationen, bei denen die Gefahr der Beeinträchtigung der internen Validität durch Störfaktoren gegeben ist, die Kunst des Möglichen zu leisten. Angesichts der Vielfalt von verschiedenen Subtypen des quasi- experimentellen Designing ist es nicht sinnvoll, etwa von „dem" quasi-experimentellen Versuchsplan zu sprechen. Das heißt, es müssen immer die Vor- und Nachteile des entsprechenden Subtyps im Kontext des jeweiligen Forschungsanliegens in Betracht gezogen werden.

## 5.4 Ex post facto- und korrelative Versuchsanordnungen

Bei sämtlichen bisher behandelten Designtypen werden die Veränderungen der abhängigen Variablen ($Y$) auf die Manipulation der unabhängigen Variablen ($X$) zurückgeführt und damit $X$ als Ursache für $Y$ angesehen (Kausalzusammenhang). Bei den Ex post facto- sowie den korrelativen Versuchsanordnungen verlassen wir die eigentliche Domäne des Experiments.

| | | 1 | 2 | 3 | | 4 |
|---|---|---|---|---|---|---|
| | | Strenges Experiment | Quasi-Experiment | Ex post facto Untersuchung | Korre-lative | Vorexperi-mentelle Untersuchung |
| I | Kausaltheoretische Hypothese vor Versuchs-beginn vorhanden und hinreichend begründet | + | + | (+) | – | – |
| II | Experimentelle Variablen manipulierbar bzw. manipuliert | + | + | – | – | – |
| III | Alle übrigen Versuchs-bedingungen kontrollierbar bzw. kontrolliert | + | – | – | – | – |

**Abbildung 5.7: Bewertung Ex post facto- und korrelativer Versuchspläne nach den Gütemerkmalen (I, II, III).** (Modifiziert nach Boesch & Eckensberger, 1969)

### Ex post facto-Versuchsanordnungen

Die Ex post facto- Anordnung stellt den wichtigsten Prototyp einer Forschung dar, die sich um die Ableitung von hypothetischen Kausalzusammenhängen aus nicht-manipulierten bzw. nicht-manipulierbaren unabhängigen Variablen bemüht (s. *Abbildung 5.7*). Als Rahmenbeispiel für diesen Designtyp wird hier zunächst das viel zitierte Schema der Untersuchung der Ursachen des Lungenkrebses angeführt („Raucher"-Beispiel nach Kerlinger, 1979):

Man kann die Hypothese, dass Rauchen Lungenkrebs verursacht, am Menschen nicht durch Manipulation der unabhängigen Variablen „Nikotingenuss" untersuchen. Denn wer wollte wohl seine Probanden etwa per Zufall in zwei Gruppen aufteilen und dann der einen ein absolutes Rauchverbot auferlegen und der anderen Gruppe die – absurde – Anweisung geben, etwa drei Jahrzehnte lang zu rauchen, bis der Untersucher bei den

Teilnehmern die Entwicklung eines Karzinoms feststellen oder nicht feststellen kann. Forschungsethische Gründe verbieten selbstverständlich eine solche Realisation von Untersuchungsbedingungen, die selbst bei Tierversuchen, etwa im Rahmen einer Erprobung neuer Pharmaka, häufig auf Kritik stoßen. Folglich können nur bereits vorhandene („statische", d.h. vorgegebene) Gruppierungen von „Rauchern" gegenüber „Nichtrauchern" zufallsmäßig ausgewählt und dann diese beiden Stichproben in Bezug auf zu beobachtende Lungenkrebserkrankungen vergleichend untersucht werden. In diesem Fall haben sich die einzelnen Probanden bereits – sozusagen in Selbstselektion – entweder der Versuchs- (Raucher) oder der Kontrollgruppe (Nichtraucher) „zugeordnet"; d.h. erst, nachdem diese alternativen Gewohnheiten verfestigt und damit bereits seit Langem experimentell nicht fassbare Tatsachen geschaffen wurden, wird deren kausaltheoretische Untersuchung ex post facto (post hoc) in Angriff genommen.

Trotz des unzweifelhaften Werts dieser Versuchsanordnung muss deren methodologische Ausgangsbasis kritisch beleuchtet werden: Da sich die beiden „Probandengruppen" (Raucher versus Nichtraucher) höchstwahrscheinlich nicht nur in Bezug auf die Variable „Nikotingenuss" ($A$), sondern auch durch einige andere Merkmale – z.B. Extraversion, Geschlecht usw. ($B$, $C$, $D$, ...) – voneinander unterscheiden, die vom Untersucher nicht vollständig zu erkennen, geschweige denn zu kontrollieren sind, verbieten sich einfache Rückschlüsse von den Veränderungen der abhängigen Variablen $Y$ auf eine Kausalwirkung der Variablen $A$. Jede andere Variable $B$, $C$, $D$, ... (oder ganze Faktorenbündel) könnte nämlich ebenfalls das Untersuchungsergebnis (mit)-verursacht haben.

## Schulleistung und wirtschaftlicher Erfolg

In dem einflussreichen Methodenbuch von Chapin (1956) wird eine frühe pädagogisch-wirtschaftspsychologische Untersuchung beschrieben, in der die (vorgefundene) Korrelation zwischen der Höhe der „Schulleistung" und derjenigen des späteren „wirtschaftlichen Erfolgs" eine Erklärung gemäß folgender Kausalhypothese erfahren sollte: Je größer der Lernerfolg eines Schülers auf der Oberschule, desto sicherer bedingt dies dessen späteren wirtschaftlichen Wohlstand (Christiansen, 1935).

Zwecks Überprüfung dieser Hypothese verwendete seinerzeit Christiansen (1935) älteres Datenmaterial (sozusagen ex post facto) von Schulabgängern des Jahres 1926 und stellte hieraus eine Stichprobe von rund 2000 Fällen zusammen, die er in eine Gruppe „Schüler mit Abschlussexamen" und in eine andere Gruppe „Schüler ohne Schulabschlusszeugnis" aufteilte. Diese ehemaligen Schüler wurden, soweit noch erreichbar, aufgesucht und interviewt. Danach konnten aus beiden Probandengruppen die Daten von je 145 Gruppenmitgliedern herausgefiltert werden, sodass daraus schließlich zwei verschiedene Schulleistungsgruppen gebildet werden konnten, die aber – das ist das entscheidende Merkmal der Ex post facto- Anordnung (*Tabelle 5.6*) – einander in sechs weiteren Variablen $B$, $C$, $D$, $G$, gleich waren, nämlich: Durchschnittsnoten ($B$), Alter ($C$), Geschlecht ($D$), Beruf des Vaters ($E$), sozialer Status der Nachbarschaft ($F$) sowie Nationalität der Eltern ($G$). Die vergleichende Untersuchung dieser beiden Gruppen erbrachte das Ergebnis, dass von der Gruppe „ehemalige Schüler ohne Schulabschlusszeugnis"

83% der Probanden ein gleich hohes oder sogar höheres Einkommen hatten, als die entsprechenden 89% der Gruppe „ehemalige Schüler mit erreichtem Abschlussexamen" – ein sehr geringer Unterschied, der die aufgestellte Hypothese nicht bestätigte.

**Tabelle 5.6**

**Ex post facto-Versuchsanordnung von Christiansen (1935) mit zwei vorgegebenen Gruppen zur Untersuchung des kausalhypothetischen Zusammenhangs von „Schulerfolg" (?X) und späterem „beruflichen Erfolg". – Design E(?X) – p.**

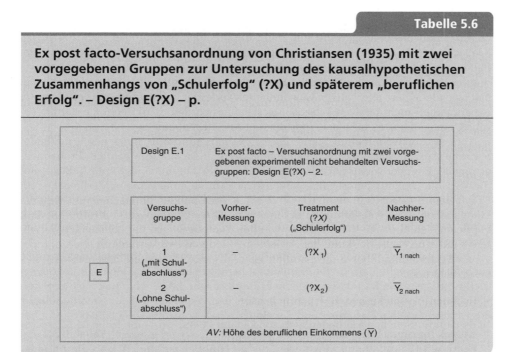

| Design E.1 | Ex post facto – Versuchsanordnung mit zwei vorgegeben experimentell nicht behandelten Versuchsgruppen: Design E(?X) – 2. |
|---|---|

|  | Versuchs-gruppe | Vorher-Messung | Treatment (?X) („Schulerfolg") | Nachher-Messung |
|---|---|---|---|---|
| E | 1 („mit Schul-abschluss") | – | $(?X_1)$ | $\overline{Y}_{1\,nach}$ |
|  | 2 („ohne Schul-abschluss") | – | $(?X_2)$ | $\overline{Y}_{2\,nach}$ |

*AV:* Höhe des beruflichen Einkommens $(\overline{Y})$

In dieser Ex post facto- Studie wurde eine differenzierte statistische Kontrolle der (möglichen) Störbedingungen vorgenommen, um so die beiden Gruppen bis auf die kausaltheoretisch einzig interessierende Variable „Schulleistung" möglichst zu parallelisieren und zu bestmöglichen – hypothetisch-kausal relevanten – Dateninterpretationen zu gelangen. An anderer Stelle wird über eine klassische sozialpsychologische Untersuchung mit amerikanischen Studentenheimbewohnern zur Frage der sozialen Kontaktbereitschaft („Freundschaftsbildungen") in quasi-kausaler Abhängigkeit von der räumlichen Wohnnähe berichtet und deren Ex post facto-Basis methodenkritisch unter die Lupe genommen (Sarris, 1999).

## Vor- und Nachteile der Ex post facto-Versuchsanordnungen

Verglichen mit den quasi-experimentellen Versuchsplänen, liegt bei der Ex post facto-Versuchsanordnung keinerlei Manipulation seitens eines Untersuchers vor; es wird lediglich auf eine oder mehrere hypothetische „Verursachungen" geschlossen. Schon aus diesem Grund ist bei der Verwendung dieser Anordnung größte Vorsicht geboten. Von Vorteil ist der mögliche heuristische Erkenntnisgewinn aufgrund von Ex post facto- Studien. Während dabei die methodischen Komplikationen im Einzelnen sehr verwickelt sind, ist aber besonders festzuhalten:

Schon weil „post hoc" hergestellte „Versuchs-" und „Kontroll-"Gruppen nicht zufällig den denkbar möglichen Bedingungen ($?X$), nach welchen man sucht, zugeteilt sind, besteht keine exakte Möglichkeit ihrer nachträglichen statistischen Kontrolle. Der Nachteil der Verwendung einer Ex post facto-Anordnung besteht folglich in der letztlich vergeblich auf Nachweis gerichteten Suche nach Kausalbeziehungen.

## Korrelative Anordnungen

Unter einer korrelativen Versuchsanordnung versteht man eine Datenanordnung, die typischerweise nur mit dem Ziel der Prüfung eines korrelativen Zusammenhangs zwischen zwei oder mehreren Variablen benutzt wird. Damit ist eine korrelative Untersuchung klar vom experimentellen Versuchsplan abgegrenzt (Demo 5.2).

Es ist allerdings wichtig, den vielfältigen Stellenwert der Korrelationsforschung auch für das psychologische Experiment zu berücksichtigen. Das allgemeine konzeptuelle Anliegen von korrelativen Versuchsanordnungen lässt sich dabei nach drei verschiedenen Gesichtspunkten – nämlich nach den Aspekten der Messmethodologie, des experimentellen Designing und der statistischen Kontrolle – verstehen:

- **Korrelationsforschung und Messmethodologie:** Die Zuverlässigkeit (Reliabilität) und Gültigkeit (Validität) von Messungen, die im Hinblick auf die UV und die AV eines jeden psychologischen Experiments zu beachten sind, lassen sich über die verschiedenen Verfahren der Korrelationsberechnungen bestimmen.

- **Strenges experimentelles und korrelatives Designing:** Das korrelative Designing lässt sich im Zusammenhang mit streng experimentell geltenden Versuchsplänen sehr sinnvoll verwenden. Zwei bekannte Beispiele dafür sind die Blockversuchspläne und die semiexperimentellen Mischversuchspläne (s. *Kapitel 9*, Exkurs „Semiexperimentelles Designing", S. 174).

- **Korrelativ-statistische Kontrolle in der Experimentalpsychologie:** Auch bei streng experimentell durchgeführten Versuchen kommt es vor, dass sich Zufallsgruppen bezüglich ihrer Ausgangsmessungen (Vorhermessungen) statistisch gesichert voneinander unterscheiden. Dieser Sachverhalt hängt damit zusammen, dass allein schon durch Zufall die Aufteilung einer Gesamtgruppe in Untergruppen zu voneinander verschiedenen Ausgangsgruppen führen kann; mittels des statistischen Verfahrens der *Kovarianzanalyse* (Moosbrugger & Reiß, 2010; Tabachnick & Fidell, 2007) kann diese Gruppenungleichheit im Nachhinein korrigiert werden.

Die Vor- und Nachteile der korrelativen Versuchsanordnungen sind naturgemäß im Hinblick auf diese obigen Methodenaspekte zu beurteilen.

## 5.5 Praktische Hinweise für eine optimale Designwahl

Es gibt keine einfach zu befolgende Vorgehensweise bei der Wahl des „optimalen" Versuchsplans für eine gegebene Problemstellung angesichts der methodischen und inhaltlichen Verklammerungen der einzelnen Versuchsstadien (1) bis (6). Vor der Tendenz einer routinemäßigen Anwendung bestimmter Designs ist daher zu warnen. Eine Auflistung typischer Fehler bei der Versuchsplanung findet sich bei Sarris (1992, S. 219).

### Übersicht: – die acht Hauptdesigns

Im Rahmen der Systematik der Versuchspläne können einige als Hauptdesigns angegeben werden, da sie in der psychologischen Forschung immer wieder zu Recht Verwendung gefunden haben (*Tabelle 5.7*).

| Tabelle 5.7 |
| --- |

**Die acht Hauptdesigns der Systematik der Versuchspläne. Diese Designs folgen dem Prinzip der „Randomisierung" *R*, der „Wiederholungsmessung" *W*, der Blockbildung" *B(R)* oder der „Mischversuchsplanung. – (Zur Notation vgl. die Hinweise für Studierende)**

| (1) | Design 1.0: | $R - 2$ |
| (2) | Design 1.2: | $R - p$ |
| (3) | Design 1.3: | $RR - p \times q$ |
| (4) | Design 2.1: | $W - pN$ |
| (5) | Design 2.2: | $WW - (p \times q) N$ |
| (6) | Design 3.0: | $B (R) - 2n$ |
| (7) | Design 4.0: | $R W - (p \times q) N$ |
| (8) | Design 4.1: | $RO - p \times q$ |

Im vorliegenden Zusammenhang wird auf die verschiedenen Einsatzmöglichkeiten gerade dieser acht Hauptdesigns in unterschiedlichen Untersuchungszusammenhängen hingewiesen (s. dazu Anhang mit den Einzelübersichten).

### Realistische Designwahl – eine Orientierungshilfe

Unter der Annahme, dass die nachfolgenden Empfehlungen nur als eine pragmatische Orientierungshilfe bei der konkreten Wahl eines Designs für ein bestimmtes Untersuchungsvorhaben verstanden (und nicht etwa als eine Art Kochrezept des experimentalpsychologischen Designing missverstanden) werden, bietet das Flussdiagramm in *Abbildung 5.8* eine grobe Entscheidungshilfe. Zu beachten ist, dass dieses Flussdiagramm eine Orientierungshilfe bei der Designwahl nur bezüglich der strengen experimentellen Versuchspläne bietet. Übrigens kann es unter Umständen ratsam sein, nicht nur einen einzigen Versuchsplan, sondern mehrere Designs vergleichend einzusetzen.

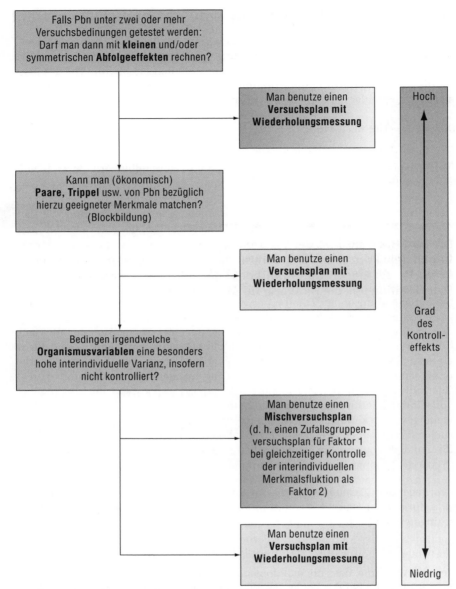

**Abbildung 5.8: Flussdiagramm zur Entscheidungshilfe bei der Wahl eines geeigneten experimentellen Designs.** (Nach Sarris, 1992)

Die Art und das Ausmaß experimenteller Kontrolle, wie diese geplant und festgelegt werden, bestimmen einen Großteil der internen und externen Validität eines Experiments. Wird z.B. eine so genannte „Wiederholungsmessung" als Kontrolltechnik in einem angewandt-psychologischen Experiment zur Frage des Einflusses der Lichttönung (*UV*) auf das Arbeitsverhalten (*AV*) untersucht, sind dadurch spezifische Untersuchungsbedingungen vorgegeben. Die Versuchsteilnehmer haben in einem solchen Experiment die Möglichkeit, verschiedene Lichtfarben vergleichend zu bewerten (sodass übrigens eine bedeutend differenziertere Beurteilung erfolgt als dies gewöhnlich am Arbeitsplatz der Fall ist). Aufgrund eines solchen Experiments könnte daher der Einfluss des Faktors „Lichtfarbe" bei der Arbeitsplatzbeleuchtung auf Arbeitsverhalten und Arbeitszufriedenheit beträchtlich überschätzt werden. Das wäre ein Beispiel für die mögliche Abhängigkeit eines experimentellen Befunds von dem gewählten Design (s. Orig 5.6).

## Zusammenfassung

Versuchspläne werden üblicherweise in die vier Haupttypen der Versuchspläne – d.h. *vorexperimentelle-, experimentelle-, quasi-experimentelle-, ex post facto* – bzw. *korrelative Designs* eingeteilt. Die strengen experimentellen Designs, mit deren Hilfe auch Störfaktoren kontrolliert werden, lassen sich wiederum in Zufallsgruppen-, Wiederholungsmessung- sowie Blockversuchspläne unterscheiden.

Versuchspläne mit Zufallsgruppenbildung – man nennt sie auch *Between-*(group)- Designs – sehen die Aufteilung der Gesamtheit der Versuchsteilnehmer in zwei oder mehrere Untergruppen nach dem Zufall vor; bei gleichen Ausgangsbedingungen für alle wird jede Untergruppe je einer der verschiedenen experimentellen Behandlungen per Zufall unterworfen (dadurch soll eine Gleichheit der Ausgangsbedingungen für alle Versuchsgruppen erreicht werden, was einer Kontrolle der interindividuellen Datenfluktuation gleichkommt). Versuchspläne mit wiederholten Messungen – auch als *Within-* (group)-Designs bezeichnet – sind für die Untersuchung an einer einzigen Probandengruppe konzipiert, die aber wiederholt unter sämtlichen experimentellen Bedingungen untersucht wird; damit wird die interindividuelle Datenvariabilität zwischen den experimentellen Bedingungen vollständig eliminiert (eine explizite Kenntnis der Störvariablen ist hier nicht notwendig; zudem kann auch mit kleineren Stichproben gearbeitet werden). Blockversuchspläne vereinen die Merkmale der beiden erstgenannten Designtypen; d.h. wie die Zufallsgruppenversuchspläne sehen auch die Blockdesigns zwei oder mehrere Probandengruppen vor, wobei sie mit den Versuchsplänen mit wiederholten Messungen dieselben statistischen Auswertungsverfahren gemein haben (empirisch-statistische Parallelisierung). Die quasi-experimentellen Designs erreichen zwar nicht die kausaltheoretische Stringenz des strengen Experiments, stellen jedoch eine wichtige Ergänzung dar. Sie teilen mit den strengen experimentellen Versuchsdesigns das Merkmal der experimentellen Variierbarkeit des jeweils relevanten Untersuchungsfaktors; allerdings gefährden unkontrollierte Sekundärfaktoren die interne Validität.

Ex post facto- Versuchsanordnungen suchen rückblickend (*ex post*) aus der Beobachtung der abhängigen Variablen nach den diese verursachenden Variablen; diese Anordnungen wie auch die korrelativen Designs haben nur einen geringen bzw. gar keinen kausaltheoretischen Wert.

## Wichtige Fachbegriffe

Blockbildung

Cross-over Design

Experimentell-korrelativer Forschungsansatz

Ex post facto- Anordnung

Gütemerkmale

Quasi-Experiment

Mischdesign

Randomisierung

Statistische Regression

Semiexperimentelles Design

Trendhypothese

Wechselwirkung (Interaktion)

Wiederholungsmessung

## Lernzielkontrolle

**1** Nach welchen allgemeinen Gütekriterien lassen sich Versuchspläne bewerten?

**2** Was unterscheidet „streng experimentelle" von „quasi-experimentellen" Versuchsplänen?

**3** Welche Fehlereffekte können in einem quasi-experimentellen Versuchsplan auftreten?

**4** Was versteht man unter einer Ex post facto- Versuchsanordnung?

**5** Was ist unter einer trendanalytischen Versuchsplanung zu verstehen?

**6** Welche Formen der Wechselwirkung (Interaktion) lassen sich unterscheiden?

# Stadium 3 – Versuchsaufbau und Instrumentierung

6

ÜBERBLICK

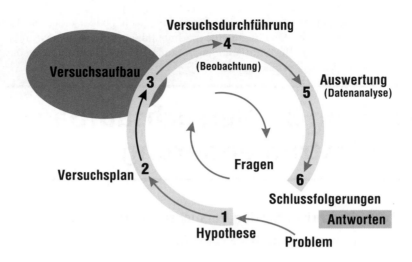

## Lernziele

Nach der Festlegung des Designs (*Kapitel 5*) ist nunmehr – im dritten Stadium – ein entsprechender Versuchsaufbau erforderlich, der einerseits die relevanten Einflussgrößen als unabhängige Variablen (*UV*) auch tatsächlich zur Wirkung bringt und dabei andererseits die Werte der abhängigen Variablen (*AV*) erfasst. Von praktischem Interesse dafür ist, dass man einen Zeitplan entwickelt (s. unten *Tabelle 6.1*).

Das Kapitel

- beschreibt die wesentlichen Arbeitsschritte für den Versuchsaufbau (*Abschnitt 6.1*);
- geht auf die Hauptfunktionen der Instrumentierung für das Experiment ein (*Abschnitt 6.2*);
- veranschaulicht die wichtigsten Merkmale der Versuchsinstruktion (*Abschnitt 6.3*) und
- behandelt die Haupterfordernisse hinsichtlich der Auswahl der Versuchsteilnehmer (*Abschnitt 6.4*).

## 6.1 Arbeitsschritte für den Versuchsaufbau

- Es müssen die Arbeitsschritte im Zusammenhang mit den vorausgegangenen (1, 2) und anschließenden (4, 5) Stadien vollzogen bzw. abgestimmt werden (s. *Tabelle 6.1*).
- Es sollten die für dieses Stadium (3) typischen Fehler im Sinne einer Prüfliste (Checklist) sorgfältig kontrolliert werden (s. *Abschnitt 6.4, Tabelle 6.2, S. 115*).

Im Rahmen der Vorbereitung einer für den Versuch geeigneten Instruktion ist stets zu berücksichtigen, dass es in manchen Bereichen der experimentellen Psychologie – namentlich in der Lern-, Motivations- und Sozialpsychologie – besondere individuumsspezifische Verständnis- und Reaktionseigenschaften der Versuchsteilnehmer geben kann. Den praktischen Nachvollzug dieses psychologisch bedeutsamen Sachverhalts sollte der Studierende spätestens in einem experimentalpsychologischen Grundkurs lernen (vgl. die Hinweise für die Studierenden; s. auch Exkurs „Instruktionsgebung und individuelles Instruktionsverständnis", S. 112 f).

**Tabelle 6.1**

**Zeitplan für die Planung und Durchführung einer experimentellen Arbeit – ein Musterbeispiel.** (Modifiziert nach Lewin, 1979)

| | |
|---|---|
| 5. April | Formulierung der Arbeitshypothesen. |
| 6. April | Planung des Forschungsvorhabens (*Entwurf*). – Wichtige Literatur im Überblick lesen. |
| 10. April | Forschungsprojekt schriftlich festlegen (*Rohfassung*). |
| 12. April | Korrektur und Ergänzung der Versuchsplanung. |
| 14. April | Apparative Methoden und Versuchsdurchführung entwerfen. Mögliche Erebnisse antizipieren und probeweise skizzieren. |
| 19. April | Die Arbeitsmaterialien sind vorzubereiten (z.B. Fragebogen- oder Interview-Items). |
| 26. April | Die Untersuchungsmethoden sind genauer auszuarbeiten und in einem Vorversuch mit einigen Versuchsteilnehmern auszuprobieren. |
| 3. Mai | Aufgrund des Vorversuchs sind die apparativen Methoden gegebenenfalls zu revidieren bzw. zu adjustieren. Die Versuchssituation ist im Einzelnen festzulegen. – Aufstellung der statistischen Hypothesen ($H_0$, $H_1$). |
| 10. Mai | Die Rekrutierung der Versuchsteilnehmer ist vorzubereiten und zu organisieren; Festlegung der Versuchszeiten. Danach ist das *Experiment* durchzuführen (Auflistung der experimentellen Ergebnisse in individuellen Rohdatenlisten). |
| 17. Mai | Fortsetzung des Experiments; Abschluss der Datensammlung (bis ungefähr zum 22. Mai in Aussicht nehmen). |
| 24. Mai | Beginn der *Datenanalyse*: alle Daten auflisten, möglichst *computergerecht* aufbereiten; die Häufigkeitsverteilungen grafisch darstellen und die statistischen Kennwerte berechnen. |
| 29. Mai | Fortsetzung der Datenanalyse: Überprüfung der Hypothesen auf statistische Signifikanzen. – Datenanalyse bis zum 2. Juni abschließen! |
| 5. Juni | Der *Versuchsbericht* ist im Entwurf zu konzipieren. |
| 12. Juni | Der Erstentwurf des Berichts ist auszuarbeiten, ein Abstract abzufassen. – Letzte Überarbeitung und definitive Manuskripterstellung bis – spätestens – zum 15. Juni erledigen! |

## 6.2 Instrumentierung des Experiments

Für die Durchführung einer experimentalpsychologischen Untersuchung werden in der Regel unterschiedlich aufwendige technische Hilfsmittel benötigt. Die Geschichte der Psychologie belegt recht eindrucksvoll die Tatsache, dass die Entwicklung des Faches als empirische Wissenschaft – seit etwa der Mitte des 19. Jahrhunderts – mit der schrittweisen Entwicklung und stetig zunehmenden Verwendung apparativer Methoden Hand in Hand gegangen ist (Boring, 1950; s. ferner Bringmann et al., 1997). Vom Beginn experimentalpsychologischer Forschung an haben bestimmte apparative Versuchsanordnungen das Bild des psychologischen Labors bestimmt. Das erste experimentalpsychologische Laboratorium der Welt wurde im Jahre 1879 von Wilhelm Wundt (1832-1920) in Leipzig gegründet (vgl. *Abbildung 6.1*).

**Abbildung 6.1: Wilhelm Wundt (sitzend) und seine Mitarbeiter im Leipziger Labor.** (Aus Sarris, 1999)

Gut ausgestattete psychologische Institute verfügen seit Anfang des 20. Jahrhunderts über eigene Mechanikerwerkstätten und spätestens seit den siebziger Jahren des vergangenen Jahrhunderts auch über Elektronikerwerkstätten, in denen die für die Durchführung von Experimenten erforderlichen Gerätschaften hergestellt werden können. Während sich der Experimentalpsychologe noch bis in die zweite Hälfte des 20. Jahrhunderts hauptsächlich mechanischer Untersuchungsgeräte bediente, sind die apparativen Versuchsanordnungen heute besonders stark von der Elektronik bestimmt (Brickenkamp, 1986).

Ein besonders bekannt gewordenes Beispiel für die Untersuchung von Scheinbewegungen (Phi-Phänomen), die durch Max Wertheimer (1880-1943; s. *Abbildung 6.2*) in Frankfurt im Rahmen seiner berühmt gewordenen Gestaltpsychologie rasch das Interesse der Fachwelt gefunden haben, lässt sich mit denkbar einfachen Mitteln realisieren (s. Demo 6.1). Der nordamerikanische Experimentalpsychologe F. J. McGuigan (1996) hebt in seinem bekannten Methodenlehrbuch die kreativ-anschauliche Leistung Wertheimers hervor, die noch heute von Bedeutung ist (s. ferner Sarris, 1987; Shepard, 2001; King & Wertheimer, 2005; Spillmann, 2012).

**Abbildung 6.2: Max Wertheimer (1912) mit einem Schumann'schen Radtachistoskop zur Untersuchung von Scheinbewegungen.** (Aus Sarris, 1987)

Wissenschaftliche Fragestellungen und technische Entwicklungen stehen in einer Wechselwirkung zueinander. Dies bedeutet allerdings nicht, dass durch den bloßen Einsatz von immer komplizierter werdenden Gerätschaften auch die Untersuchungen wissenschaftlich gehaltvoller würden.

## Hauptfunktionen der Instrumentierung

Die Instrumentierung eines Experiments kann unterschiedliche Funktionen haben (Kontroll-, Steuer-, Registrier- und Messfunktion; s. Exkurs „Gütekriterien instrumenteller Messungen").

## Exkurs: Gütekriterien instrumenteller Messungen

Die Art der instrumentellen Messungen ist grundsätzliche bereits durch die operationale Definition der abhängigen und unabhängigen Variablen in der Hypothese vorgegeben (s. *Abschnitt 3.1*).

Für den konkreten Versuchsaufbau hat der Experimentator jedoch spezielle Verfahren zur Registrierung oder Messung seiner Daten bereitzustellen und darauf zu achten, dass die auf diesem Wege erhobenen Daten auch wirklich die gewünschte abhängige Variable (*AV*) repräsentieren. Insofern hat die Datenerhebung einen direkten Bezug zur Konstruktvalidität des Experiments, da verschieden registrierte oder gemessene Daten in unterschiedlichem Maße das hinter der abhängigen Variablen stehende theoretische Konstrukt repräsentieren können.

Unter Außerachtlassung der Aspekte der „internen" Validität wird die Frage der Gültigkeit (Validität) hier unter messtechnischen Gesichtspunkten berührt. Von Validität spricht man nämlich auch bezüglich des apparativen Verfahrens selbst: Ein Verfahren ist valide, wenn es das zu Messende auch tatsächlich inhaltlich misst. Als Voraussetzung für die Validität des Registrierungsverfahrens gelten die beiden Testkonstruktionskriterien der Objektivität und Reliabilität – nämlich:

### Objektivität

Die Messergebnisse dürfen nicht vom Untersucher selbst abhängig sein; d.h., verschiedene Untersucher müssen bei ihrer Datenerhebung wenigstens im Prinzip zu identischen Ergebnissen gelangen. Das Verfahren muss demzufolge so geartet sein, dass es eine intersubjektiv übereinstimmende Auswertung ermöglicht.

### Reliabilität

Mit Reliabilität ist die (messtechnische) Zuverlässigkeit des Verfahrens gemeint. Ein vollkommen reliables Verfahren führt – seine „Objektivität" vorausgesetzt – zu verschiedenen Zeitpunkten im Prinzip zu identischen Messwerten für ein und denselben Sachverhalt. Meist sind die in der Psychologie angewendeten Instrumente allerdings nicht vollkommen reliabel; d.h. die zu verschiedenen Zeitpunkten unter konstanten Bedingungen erhobenen Messwerte korrelieren nicht vollständig. Die Verfahren haben typischerweise einen „Messfehler", der ein Maß der Variation der Messwerte bei wiederholten Messungen ist. Bei der Datenerhebung ist naturgemäß darauf zu achten, dass nur solche Verfahren benutzt werden, deren Messfehler möglichst klein sind.

Von den Bewertungskriterien für die Instrumentierung ist die Validität das zentrale, weil übergeordnete Gütekriterium. *Die Objektivität und Reliabilität der Erhebungsverfahren sind notwendige, wenn auch nicht hinreichende Voraussetzungen für deren Validität.*

## Kontroll- und Steuerfunktion

Zunächst lassen sich Versuchsgeräte (Apparate) dazu verwenden, Störeinflüsse zu kontrollieren. Die Kontrolle lässt sich apparativ auf verschiedenen Wegen erreichen, nämlich durch (a) *Eliminierung* (b) *Abschirmung* und (c) *Konstanthaltung*.

Eine *Eliminierung* von Störeinflüssen ist insbesondere im sensorischen Bereich nahezu vollständig möglich. Dazu gibt es technische Anordnungen, die eine nahezu völlige Ausschaltung sensorischer Reize verschiedener Sinnesmodalitäten gestatten. Zum Beispiel: Eine schallisolierte Kabine hält die Außengeräusche von dem Versuchsteilnehmer ab (Psychoakustik).

Ein besonders extremes Beispiel für die Eliminierung von Reizen stellen Untersuchungen zur sensorischen Deprivation dar, in denen das Erleben und Verhalten von Individuen unter Bedingungen des Entzuges jeder Art sensorischer Reizung erforscht werden (*Abbildung 6.3*).

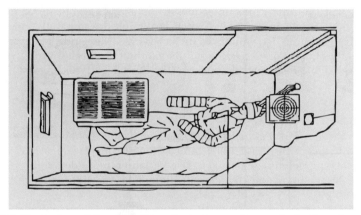

**Abbildung 6.3: Kontroll- und Steuerfunktion der Instrumentierung in der Experimentalpsychologie: Laborversuch zur sensorischen Deprivation – ein extremes Beispiel für die Eliminierung bzw. Abschirmung von äußeren Störeinflüssen.** (Nach Heron, 1957)

Ist eine Eliminierung von Störeinflüssen nicht möglich oder zu aufwendig, kann man versuchen, deren Wirkung auf den zu untersuchenden Sachverhalt zu mindern, indem man das Untersuchungsobjekt zumindest gegen sie *abschirmt*.

Statt zum Beispiel eine schalltote Versuchskabine zu benutzen, welche den Versuchsteilnehmer gegen Außengeräusche vollständig isoliert (Eliminierung), reicht es für bestimmte Fragestellungen aus, die Störgeräusche angepasst zu reduzieren. Eine Abschirmung gegen akustische Einflüsse ermöglicht z.B. ein Paar Kopfhörer. Beim kurzfristigen Betrachten von Bildvorlagen (optischen Reizvorlagen) schützt ein Einblicktubus gegen störende Randstrahlen im Gesichtsfeld (usw.).

Unter bestimmten Bedingungen kann man eine Abschirmung gegenüber Störeinflüssen auch ohne die Reduktion der zu kontrollierenden physikalischen Reize herstellen, und zwar dann, wenn es lediglich darauf ankommt, dass der Proband eine Störgröße nicht wahrnimmt. Das Klicken eines Schalters lässt sich zum Beispiel dadurch eliminieren, dass man den Versuch unter Geräuschbedingungen durchführt, in denen das Klickgeräusch des Schalters „untergeht". Von besonderer Bedeutung sind apparative Verfahren auch dann, wenn es darum geht, eine *Konstanthaltung* der Versuchsbedingungen zu erreichen. Konstante Versuchsbedingungen sind eine wesentliche Voraussetzung für eine exakte Reproduzierbarkeit von Versuchen.

Zur Kontrolle der Reizdarbietung werden heutzutage im Wesentlichen computergesteuerte Präsentationsmedien wie Monitor oder Datenprojektoren bzw. Lautsprecher oder Kopfhörer eingesetzt. Der Einsatz derartiger Steueranlagen erlaubt eine ökonomische Versuchsdurchführung und erhöht in der Regel die Präzision eines Experiments (s. *Abschnitt 1.2*). Darüber hinaus werden für psychologische Fragestellungen aber immer wieder spezifische Geräte entwickelt und genutzt. Letztlich liegt die Funktion der Apparaturen darin, die Daten zum Zwecke statistischer Weiterverarbeitung aufzunehmen und zu speichern (s. *Abschnitt 8.1*).

Steuereinrichtungen und Messwerterfassungssysteme im Labor können sehr komplex und kostenintensiv sein, wie beispielsweise in modernen psychophysiologischen oder MRT-Forschungslaboren (s. *Abbildung 6.4*).

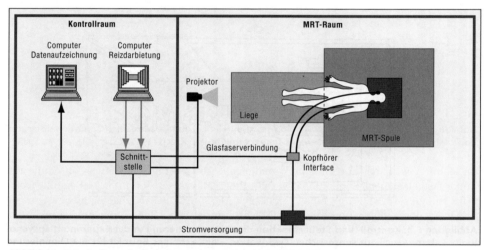

**Abbildung 6.4: Aufbau der Instrumentierung in einem MRT-Labor.**

## Registrier- und Messfunktion

Der Einsatz von Geräten zum Zwecke der Messung erfolgt zunächst einmal im Sinne einer Verbesserung der Präzision (Messung von Variablen im Sinne der Registrierung und Kontrolle der abhängigen Variablen).

Einfache Beispiele hierfür sind die Stoppuhr zur Messung von Reaktionszeiten oder das sog. Handdynamometer zur Messung der Muskelkraft. Messgeräte werden darüber hinaus auch häufig dort eingesetzt, wo es darum geht, Effekte zu messen, die ohne spezielle Geräte nicht beobachtet werden können, weil sie entweder generell nicht unmittelbar beobachtbar sind – wie elektrophysiologische Vorgänge (z.B. Hirnströme oder Muskelpotenziale) – oder weil sie unterhalb der Wahrnehmungsschwelle des Beobachters liegen (wie etwa sehr schnelle Veränderungen der Augenbewegungen).

Hierzu gehören beispielsweise Geräte zur Messung von bioelektrischen Potenzialen wie Elektroenzephalografie (EEG), Elektromyografie (EMG), Elektrokardiografie (EKG). Elektrodermatografie (EDG) und Magnetresonanztomografie (MRT). Für die Messung schneller Veränderungen finden beispielsweise Hochgeschwindigkeitskameras, Augenbewegungskameras und Tremormeter ihren Einsatz.

Ein gutes Beispiel für eine psychologisch sinnvoll begründete Messung wird in *Abbildung 6.5* dargestellt. Die Abbildung gibt eine bereits von Krech (1935) verwendete Apparatur zur Messung der Stärke der zielgerichteten Motivation („Nahrungstrieb") von Ratten wieder. Die hier wiedergegebene Aufzeichnung der Zugkraft des Tieres wird als Indikator für die Stärke des Nahrungstriebs verstanden (vgl. unten die Lashley`sche Sprungapparatur zur Untersuchung des Wahrnehmungs-Unterscheidungsvermögens bei Nagetieren).

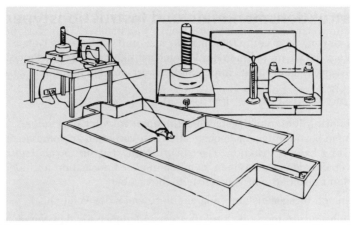

**Abbildung 6.5: Beispiel für eine psychologisch sinnvoll begründete Messung (Operationalisierung) von zielgerichteter Motivation in einem Tierexperiment von Krech (1935).** (Nach Krech et al., 1985)

Tatsächlich wird bei apparativen Verhaltensmessungen zunächst etwas im Sinne der zuvor festgelegten sog. operationalen Definition geleistet (*Abschnitt 4.2*). Beispielsweise wird mit der Verwendung eines Geräts zur Messung von Gleichgewichtsbewegungen zunächst noch nichts über die psychologisch-inhaltliche Bedeutung der betreffenden Messdaten ausgesagt. Wenn wir allerdings wissen, dass dieser Apparat etwa im Rahmen einer psychopharmakologischen Untersuchung den Schlafmitteleinfluss auf die Psychomotorik erfassen soll, dürfte dessen psychologische Bedeutung leicht einsehbar werden: In diesem Falle soll mittels der Apparatur die allgemeine „psychomotorische Unruhe" erfasst werden.

Beispielsweise galt während vieler Jahre die Annahme, Ratten seien in der Lage, visuelle Muster zu unterscheiden („diskriminieren"), experimentell nicht zu bestätigen. Erst durch die Verwendung einer speziellen von Karl Lashley (1930) entwickelten Apparatur, der sog. Lashley`schen Sprungapparatur wurde es möglich, die visuelle Diskriminationsfähigkeit von Ratten nachzuweisen. Ratten sind tatsächlich fähig, verschiedene visuelle Muster voneinander zu unterscheiden. Das Beispiel belegt zugleich die große Gefahr, aus einer experimentell nicht bestätigten Hypothese auf deren prinzipielle Ungültigkeit zu schließen. Grundsätzlich gilt nämlich, dass die Beibehaltung einer Nullhypothese keinerlei positiven Beleg bedeutet.

Während in der Experimentalpsychologie noch bis vor wenigen Jahren hauptsächlich mechanische Konstruktion von Untersuchungsgeräten vorherrschten, sind die apparativen Versuchsanordnungen heute besonders stark von der Elektronik und Computertechnologie geprägt (*Abbildung 6.4*). Die Computertechnik ermöglicht beispielsweise im Zuge neurokognitiver Forschung die Aufdeckung hirnphysiologischer Prozesse in EEG-Signalen oder bildgebenden Verfahren.

Für die Instrumentierung von heute und morgen gelten jedoch weiterhin die klassischen Gütekriterien der Objektivität, Reliabilität und Validität. Verschiedene Untersucher müssen zu den gleichen Messdaten gelangen („Objektivität"); diese Messungen müssen präzise und wiederholbar anfallen („Zuverlässigkeit" bzw. „Reliabilität"); und die Instrumente müssen das messen, was inhaltlich gemessen werden soll.

## 6.3 Instruktionsmerkmale und Instruktionstypen

Unabhängig davon, dass eine „Instruktion" klar und einfach die Versuchsanweisung enthalten muss, hat sie im Rahmen der Versuchsteilnehmer-Versuchsleiter-Kommunikation einen psychodynamisch wichtigen Stellenwert, auf den besonders zu achten ist.

### Funktion und Abfassung der Instruktion

Ein wesentliches Mittel, einen Versuchsteilnehmer in einer psychologischen Untersuchung zu einem bestimmten aufgabenspezifischen Verhalten zu veranlassen, ist die Versuchsanweisung bzw. Instruktion. Die „Instruktion" hat im psychologischen Experiment zwei verschiedene Funktionen, nämlich die der Information und- der Motivation: Die Instruktion informiert den Versuchsteilnehmer über

- den Untersuchungsgegenstand (allgemeiner Zweck des Versuches)
- die Versuchsanordnung (z.B. Funktion verschiedener für den Versuchsteilnehmer sichtbarer Apparate)
- die konkrete Aufgabe.

Die Instruktion motiviert den Versuchsteilnehmer

- etwas Bestimmtes im Sinne der psychologischen Fragestellung zu leisten
- eine bestimmte Haltung während des Versuches einzunehmen (Entspannung, Aufmerksamkeit, Kooperation usw.).

Das Formulieren der Instruktionen erfordert vom Experimentator, dass dieser sich bereits im Voraus eingehend mit der psychologischen Ausgangssituation seiner Versuchsteilnehmerinnen und Versuchsteilnehmer beschäftigt, d.h. mit ihren Sprachgewohnheiten, ihrem Kenntnisstand (z.B. auch ihrem intellektuellen Niveau) und mit ihrer allgemeinen Einstellung („Vor"-Urteil) dem Experiment gegenüber. Seine Instruktion wird naturgemäß jeweils einen anderen Wortlaut haben, je nachdem ob er etwa Kinder, Studenten, Arbeiter und Angestellte, psychisch Gesunde oder psychisch Kranke usw. zu untersuchen hat. Allgemein ist bei Instruktionen auf Eindeutigkeit in der Aussage sowie besonders auf eine unmissverständliche Formulierung (Hervorhebung des Wesentlichen) zu achten. Die Instruktion sollte stets einen direkten Bezug zur konkreten Versuchssituation haben. Sie sollte so klar und eindeutig abgefasst sein, dass verschiedene Versuchsteilnehmer die Anweisung stets in gleicher Weise auffassen (s. Illu 6.1).

Eine als „gelungen" zu bezeichnende Versuchsanweisung zeichnet sich allgemein durch die folgenden Merkmale einer Versuchsteilnehmer-Versuchsleiter-Kommunikation aus:

- Die Instruktion ist so klar und für jedermann verständlich abgefasst, dass alle Probanden grundsätzlich dasselbe Aufgabenverständnis entwickeln. Es ist dabei darauf zu achten, dass die Instruktion – insofern diese wie üblich mündlich vorgetragen wird – nicht etwa in einem „Schriftdeutsch" abgefasst ist, sondern dem mündlichen Sprachgebrauch entspricht.

- Der Versuchsleiter trägt die standardisierte Instruktion dem Probanden frei vor, und zwar in einer solchen natürlichen Weise, dass sich jeder Proband individuell angesprochen fühlt.

- Der Versuchsteilnehmer soll vor, während und nach der Versuchsdurchführung den allgemeinen Gesamteindruck gewinnen, dass seine Tätigkeit als eine partnerschaftliche Mitarbeit betrachtet wird.

## Instruktionstypen

Es gibt verschiedene Typen von Instruktionen, aus denen der Versuchsleiter die der jeweiligen Fragestellung angemessene auszuwählen hat (Stadium 4, *Abschnitt 7.2*):

- **Instruktion mit vollständiger Information** (Instruktion mit unmittelbarer und umfassender Aufklärung über das Versuchsziel): Diese Instruktionsform wird insbesondere bei allen sog. Leistungsexperimenten benutzt.

  *Beispiel:* Es soll die Abhängigkeit des Aufmerksamkeitsverhaltens vom Grad des Schlafentzuges untersucht werden. In diesem Fall wird das Versuchsziel dem Versuchsteilnehmer umfassend und von vornherein mitgeteilt.

- **Instruktion mit unvollständiger Information** (Instruktion mit unmittelbarer, jedoch unvollständiger Aufklärung über das Versuchsziel): Diese Instruktionsform wird immer dann verwendet, wenn eine unmittelbare volle Instruktion die Unwissentlichkeit (Untersuchungsnaivität) der Versuchsteilnehmer gefährden und damit das Untersuchungsziel beeinträchtigen könnte. Es wird in diesem Falle zwar unvollständig, aber nicht falsch – im Sinne einer Täuschung – instruiert.

  *Beispiel:* Es soll die Abhängigkeit einer perzeptiv-kognitiven „Einstellung" unter verschiedenen Kontextbedingungen untersucht werden, indem ein und derselbe Wahrnehmungsgegenstand der einen Versuchsgruppe in einem Kontext A, der anderen Versuchsgruppe dagegen in einem Kontext B dargeboten wird. In diesem Fall wird der Versuchsleiter seine eigentliche Untersuchungsabsicht während des Versuches nicht nennen, sondern die Versuchsteilnehmer lediglich allgemein instruieren, um die für die Versuchsabsicht erforderliche Naivität zu bewahren. Auf der anderen Seite wird jedoch dem Versuchsteilnehmer nichts „Falsches" in der Instruktion mitgeteilt.

- **Instruktion mit Falschinformation** (Instruktion mit falschen Angaben über das eigentliche Versuchsziel): Diese Instruktionsform ist allein schon aus ethischen Gründen problematisch (*Abschnitt 1.4*). Sie darf – wenn überhaupt – im Experiment höchstens dann benutzt werden, wenn die beiden oben genannten Instruktionsformen nicht ausreichen, um die für die eigentliche Untersuchungsabsicht erforderliche Naivität des Versuchsteilnehmers zu gewährleisten (s. dazu Orig 6.1). Dieser Instruktionstyp ist gerade im Bereich der experimentellen Motivations- und Sozialpsychologie häufiger anzutreffen, und zwar dann, wenn etwa Fragen der sog. „sozialen Erwünschtheit" (*social desirability*) untersucht werden (s. Exkurs „Instruktionsgebung und individuelles Instruktionsverständnis").

Naturgemäß ist diese letztgenannte Instruktionsform, welche mit Falschinformation arbeitet, besonders bedenklich, weil ihre Verwendung das Vertrauen einer Person, die sich ja freiwillig dem Versuchsleiter als Versuchsteilnehmer zur Verfügung gestellt hat, belasten kann. Vor der Entscheidung für ein Täuschungsmanöver in einem psychologischen Versuch muss sich der Versuchsleiter zunächst versichern, dass die „Täuschung"

■ unmittelbar notwendig ist,

■ von dem Versuchsteilnehmer vor, während und im Anschluss an den Versuch psychologisch adäquat verarbeitet werden kann und außerdem

■ keine ethischen Prinzipien verletzt.

## Exkurs: Instruktionsgebung und individuelles Instruktionsverständnis

Die Bedeutung der jeweils geeigneten Instruktionsgebung – im psychologischen Experiment wie auch im psychologischen Test (Lienert & Raatz, 1994) – ist auch und gerade im Rahmen des Versuchsaufbaus (Stadium 3) und naturgemäß in dem der Versuchsdurchführung (Stadium 4, *Kapitel 7.1*) zu beachten. Studierende können das damit Gemeinte im experimentellen Praktikum nachvollziehen. (Musahl et al., 1995).

### Fragestellung

Die Bedeutung des bewussten Wahrnehmens einer regelhaften Beziehung zwischen Verstärker und Reaktion beim verbalen Konditionieren wird untersucht. Theoretischer Hintergrund dieses Grundversuchs ist die Kritik von Spielberger (1962, 1966) an der behavioristischen Auffassung, kognitive Vermittlungsprozesse seien keine Voraussetzung für eine erfolgreiche Konditionierung. Bei einer Satzbildungsaufgabe werden die Versuchsteilnehmer unter der Experimentalbedingung durch eine zustimmende sprachliche Äußerung („gut") verstärkt, wenn sie Sätze mit den Pronomina „Ich" oder „Wir" formulieren; bei den Teilnehmern der Kontrollgruppe wird dagegen der Gebrauch von Selbstreferenzen nicht verstärkt. Es wird erwartet, dass sich eine Zunahme der Häufigkeit verstärkter Pronomina nur bei Versuchsteilnehmern nachweisen lässt, die eine regelhafte Beziehung zwischen den eigenen sprachlichen Reaktionen und den Verstärkungen des Versuchsleiters bemerkt haben.

### Arbeitsmaterialien

Für diesen Grundversuch werden folgende Arbeitsmaterialien verwendet:

■ Instruktion

■ Versuchsmaterial mit der Beispielkarte und der Verben- und Pronomina-Abfolge für die sechs Versuchsabschnitte

■ Protokollblatt, pro Versuchsteilnehmer sechs Exemplare

■ Fragebogen für das Postkonditionierungs-Interview

Fortsetzung

**Instruktion (Ausschnitt):** Alle Versuchsteilnehmer werden zunächst folgendermaßen instruiert:

*„Im Verlaufe dieser Untersuchung sollen Sie Sätze bilden. Ich zeige Ihnen eine Reihe von Karten, auf denen jeweils ein Zeitwort und mehrere Fürwörter stehen ...“*

**Versuchsmaterial:** Die Beispielkarte (oben) wird während der Instruktion vorgelegt. Der 1. Abschnitt (20 Übungsdurchgänge) soll immer in der unten angegebenen Reihenfolge der 20 Verben und 6 permutierten Pronomina vorgegeben werden. In den Abschnitten 2 bis 6 wird die Kartenreihenfolge in vorher festgelegter Zufallsfolge dargeboten. Es sind daher insgesamt 121 Karten (DIN A6, unliniert) herzustellen.

**Protokollblatt:** Für jeden Versuchsteilnehmer sind insgesamt 6 Abschnitte zu je 20 Durchgängen zu protokollieren – gemäß diesem Protokollblatt also sechs Exemplare. Auf dem ersten Blatt sollen die Probanden-Kennziffern (bzw. der Name), die Namen der beiden Versuchsleiter und die Zuordnung zur Experimental (*E*)- bzw. Kontroll (*K*)-Gruppe vermerkt werden. Das jeweils verwendete Pronomen wird angekreuzt.

**Fragen des Postkonditionierungs-Interviews (PKI):** Die Fragen 1 bis 6 werden allen Probanden gestellt; die Fragen 7 bis 12 werden nur den Probanden der Experimentalgruppe (*E*) gestellt. Bei Probanden der Experimentalgruppe, die bis zur 6. Frage eine korrekte Reaktions-Verstärker-Beziehung verbalisieren, entfallen die Fragen 7 bis 12; ihnen werden die anschließenden Fragen A und B gestellt.

Der Faktor der individuumspezifischen Bedeutung der Instruktionserteilung wird auf der Basis des Vergleichs der Datensätze für die „wissentlichen" versus „unwissentlichen" Probanden untersucht. Dieses Beispiel für den Versuchsaufbau veranschaulicht die methodologische Relevanz des experimentell-korrelativen Untersuchungsansatzes (*Abschnitt 5.2*). Im günstigen Fall werden bereits in diesem Stadium die für das Stadium 5 („Statistische Auswertung") erforderlichen Auswertungsmaterialien hergestellt.

*Musahl, H.-P., Stolze, G. & Sarris, V. (1995). Experimentalpsychologisches Praktikum: Arbeitsbuch. (2. Aufl.) Lengerich: Pabst.*

*Spielberger, C. D. (1962). The rote of awareness in verbal conditioning. In C. W. Eriksen (Ed.), Behavior and awareness. Durham, N. C.: Duke University Press.*

*Spielberger, C. D. & DeNike, L. D. (1966). Descriptive behaviorism versus cognitive theory in verbal operant conditioning. Psychological Review, 73, 306-326.*

# 6.4 Rekrutierung der Versuchsteilnehmer

Der Gegenstand experimentalpsychologischer Forschung ist – neben dem Tier – vor allem der Mensch. Als Teilnehmer an einem Experiment bezeichnet man das Untersuchungsobjekt in der traditionellen experimentellen Humanpsychologie als „Versuchsperson" („Vp"; Plural: „Vpn"). Aus diesem Begriff hören heutzutage viele, die (meistens) die Wirklichkeit experimentalpsychologischer Forschung nicht kennen, eine seelenlose „Verdinglichung" des Menschen heraus. Um diese Konnotation zu vermeiden, sprechen wir in diesem Text durchgehend neutral vom „Versuchsteilnehmer" bzw. „Probanden".

Im angloamerikanischen Wortgebrauch heißt es seit geraumer Zeit „participant" (oder: „observer") – anstelle des dort offiziell verpönten „subject" (Gillis, 1976). Die Annahme, dass ein Mensch allein schon dadurch, dass er als „Versuchsperson" an einem Experiment teilnimmt, „verdinglicht" werde, ist übrigens leicht ad absurdum zu führen: Früher haben selbst höchst bekannte Psychologen sich untereinander als „Versuchspersonen" zur Verfügung gestellt. Pointiert weist Holzkamp (1964) auf die Lächerlichkeit der Annahme hin, dass zum Beispiel „....Herr Dr. Bühler, die Herren Professor Külpe und Dr. Dürr, die als Vpn dienten, in ihrer Würde als menschliche Subjekte angetastet haben könnte oder dass z.B. Wertheimer (1912) in seinem berühmten Experiment über das Phi-Phänomen die Herren Dr. Wolfgang Köhler und Dr. Kurt Koffka, die neben Frau Koffka in seinem Versuch die Rolle der „Vpn" übernahmen, auf ethisch nicht vertretbare Weise 'zum Objekt gemacht' hätte, worauf alle drei gemeinsam die Gestaltpsychologie begründeten" (Holzkamp, 1964, S. 84).

Grundsätzlich ist zunächst festzulegen, auf welchen Personenkreis („Populationsträger") sich die Untersuchung beziehen soll und welchen Geltungsbereich die Untersuchung anstrebt. Hiernach bestimmt sich, wie die Grundgesamtheit definiert wird, aus der eine Stichprobe zu ziehen ist. Die Definition der Gesamtheit (Population) und das angewandte Verfahren der Stichprobenauswahl bestimmen in entscheidendem Maß die statistische Validität des Experiments. Im Sinne einer hohen statistischen Validität des Experiments kommt es bei der Rekrutierung von Teilnehmern darauf an, ein hohes Maß von Stichprobenrepräsentativität zu erzielen. Dabei kann sich der Experimentator verschiedener Verfahren bedienen. Eines der wirkungsvollsten ist das der Zufallsauswahl (Randomisierung $R$; s. *Abschnitt 5.1*), bei der jede Person als Messwerteträger der zuvor definierten Grundgesamtheit mit ein und derselben Wahrscheinlichkeit in die Stichprobe aufgenommen wird, wobei angenommen wird, dass die jeweilige Stichprobe die Grundgesamtheit hinreichend repräsentiert.

In der Forschung wird häufig auch mit sog. anfallenden Stichproben (Gelegenheitsstichproben) gearbeitet; d.h., es werden Versuchsteilnehmer herangezogen, die dem Experimentator „gerade zur Verfügung stehen". Dabei handelt es sich bei universitärer Forschung häufig um Studenten. Studentische Teilnehmerinnen und Teilnehmer sind sicherlich nicht bezüglich aller Merkmale repräsentativ für die Bevölkerung. Bezüglich derjenigen Merkmale, die in allgemeinpsychologischen Untersuchungen Beachtung finden – wie z.B. die Sehtüchtigkeit in wahrnehmungspsychologischen Untersuchungen – kann jedoch davon ausgegangen werden, dass Studenten keine besondere Subpopulation bilden.

## Wie viele Versuchsteilnehmer (Probanden)?

Es gibt einige praktische, aber auch statistische Überlegungen zur Frage nach der zu wählenden Versuchsteilnehmeranzahl. Vorausgesetzt, der in der Forschungshypothese formulierte Effekt liegt in der Grundgesamtheit tatsächlich vor, sollte die Stichprobe genau so groß sein, dass dieser Effekt statistisch untermauert werden kann. Um vor einer Untersuchung den optimalen Stichprobenumfang zu ermitteln, muss die sogenannte Effektgröße – das ist z.B. die Differenz der Mittelwerte zweier experimenteller Gruppen –, der Fehler erster Art ($\alpha$-Fehler) und die Teststärke ($1 - \beta$-Fehler) – das ist die Wahrscheinlichkeit, dass ein inferenzstatistischer Test unter der oben genannten Voraussetzung zugunsten der Forschungshypothese entscheidet – des angezielten statistischen Tests zueinander in Beziehung gesetzt werden (s. *Abschnitt 8.2.4*). Damit ist die Frage nach dem Stichprobenumfang letztlich nur aufgrund von bisherigen wissenschaftlichen Resultaten zu der jeweiligen inhaltlichen Thematik zu beantworten (Kraemer & Thiemann, 1987).

In *Tabelle 6.2* sind einige typische Fehler beim Versuchsaufbau aufgelistet.

| Tabelle 6.2 |
| --- |

### Typische Fehler beim Versuchsaufbau (Stadium 3)

1. Es wird versäumt, die relevanten Merkmale der Grundgesamtheit zu definieren.

2. Es wird eine zu kleine Stichprobe erhoben, sodass eine statistisch zuverlässige Aussage über das Verhalten von Individuen in der Grundgesamtheit nicht möglich ist.

3. Die Instruktion ist nicht klar und eindeutig genug abgefasst; d.h. ein gleich bleibendes Instruktionsverständnis bei den verschiedenen Versuchsteilnehmern ist nicht gewährleistet.

4. Es werden inadäquate technische Verfahren eingesetzt.

5. Die Instrumentierung des Versuches ist komplizierter als von der Sache her erforderlich.

## Zusammenfassung

Der experimentelle Versuchsaufbau erfolgt unter Vermeidung typischer Fehler in Abstimmung mit den vorausgehenden Stadien, welche sich mit Problemstellung und Hypothesenbildung sowie der Versuchsplanung befassten, wie auch mit den nachfolgenden Stadien. Die Rekrutierung von Versuchsteilnehmern, die Instrumentierung des Experiments sowie die Formulierung der Probandeninstruktion verlangen eingehende Überlegungen und konkrete Planung. Dazu ist die Kenntnis der wichtigsten herkömmlichen technischen Hilfsmittel der psychologischen Forschungspraxis zur Kontrolle und Steuerung sowie zur Registrierung bzw. Messung der Probandenreaktionen erforderlich. Die Instrumentierung muss den Bewertungskriterien der Objektivität, Reliabilität und Validität genügen.

Ein wesentliches Mittel, einen Versuchsteilnehmer in einer psychologischen Untersuchung zu einem bestimmten aufgabenspezifischen Verhalten zu veranlassen, ist die Versuchsanweisung bzw. Instruktion. Die Instruktion hat im psychologischen Experiment die Funktionen über den Untersuchungsgegenstand, die Versuchsanordnung, die Instrumente und die konkrete Aufgabe zu informieren und darüber hinaus den Versuchsteilnehmer zu motivieren, etwas Bestimmtes im Sinne der psychologischen Fragestellung zu leisten bzw. eine bestimmte Verhaltensweise während des Versuches einzunehmen. Die Instruktion soll so klar und für jedermann verständlich abgefasst sein, dass alle Probanden grundsätzlich dasselbe Aufgabenverständnis erhalten. Letztlich ist eine Instruktion gelungen, wenn der Versuchsteilnehmer den Eindruck gewinnt, dass seine Tätigkeit als eine wichtige partnerschaftliche Mitarbeit gewertet wird.

## Wichtige Fachbegriffe

| | |
|---|---|
| Apparat | Objektivität |
| Abschirmung | Reliabilität |
| Computersteuerung | Scheinbewegungen (Phi-Phänomen) |
| Eliminierung | Signifikanztest |
| Instruktion | Stichprobe |
| Instruktionsgebung | Tachistoskop |
| Instruktionstypen | Validität |
| Instrumentierung | Versuchsanweisung (Instruktion) |
| Konstanthaltung | Versuchsaufbau |

## Lernzielkontrolle

**1** Welche beiden Gütekriterien sind für instrumentelle Messungen Voraussetzung?

**2** Welche drei wichtigen Merkmale bestimmen den Versuchsaufbau?

**3** Welche drei wichtigen apparativen Kontrolltechniken können im Experiment eingesetzt werden?

**4** Welche verschiedene Typen von Instruktionen lassen sich unterscheiden?

**5** Welche Fragen muss sich der Versuchsleiter bereits vor der Durchführung eines Versuchs stellen?

**6** Nennen Sie typische Fehler beim Versuchsaufbau!

# Stadium 4 – Versuchsdurchführung und Versuchsleitermerkmale

**7**

ÜBERBLICK

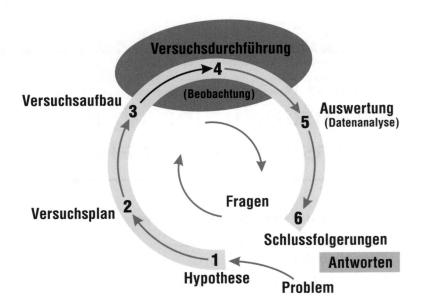

## Lernziele

Nach der Festlegung des Designs (*Kapitel 5*) und des Versuchsaufbaus (*Kapitel 6*)ist nunmehr – im vierten Stadium – ein entsprechender Versuchsaufbau erforderlich, der einerseits die relevanten Einflussgrößen als unabhängige Variablen (*UV*) auch tatsächlich zur Wirkung bringt und dabei andererseits die Werte der abhängigen Variablen (*AV*) erfasst.

Das Kapitel

- beschreibt die wesentlichen Merkmale der Versuchsdurchführung (*Abschnitt 7.1*);
- skizziert die Eigenschaften einer guten Instruktion (Versuchsanweisung) und Exploration (*Abschnitt 7.2*) und
- geht ausführlich auf die Bedeutung von reaktiven Messeffekten ein (*Abschnitt 7.3*).

## 7.1 Merkmale der Versuchsdurchführung

Versuchsdurchführung

Die Versuchsanordnung muss so angelegt werden, dass eine systematische Beobachtung des zu untersuchenden Sachverhaltes möglich ist, ohne dass mit der Durchführung des Experiments dieser Sachverhalt durch damit verbundene systematische Störeffekte verändert wird. Bei der Durchführung des Experiments muss der Versuchsleiter daher besonders sorgfältig und umsichtig vorgehen; denn die beste Planung und Vorbereitung eines Experiments nützen nichts, wenn die konkrete Versuchsdurchführung Mängel aufweist.

## Versuchsleiter-Versuchsteilnehmer-Kommunikation

Ein psychologisches Experiment ist nicht allein durch die spezifische, im allgemeinen standardisierte Aufgabenstellung seitens des Versuchsleiters und durch die individuelle Aufgabenbearbeitung seitens der Versuchsteilnehmer gekennzeichnet. Es sind darüber hinaus einige Komponenten der Versuchssituation zu beachten, die mit der natürlichen Psychodynamik der Versuchsleiter-Versuchsteilnehmer-Kommunikation zusammenhängen. Dabei muss von vornherein klar sein, dass der eigentliche Ablauf eines Experiments durch die komplexen Wechselwirkungen zwischen allen drei „Instanzen" eines Versuchs bestimmt wird: **Versuchsleiter, Versuchsteilnehmer und Versuchssituation**.

## Versuchsleiter

Im psychologischen Experiment werden durch den Versuchsleiter Bedingungen geschaffen, die bei den Versuchsteilnehmern Prozesse auslösen, deren Ergebnisse zur Überprüfung der aufgestellten Hypothesen dienen sollen. Solche Prozesse betreffen typischerweise die Bereiche

- Wahrnehmungen
- Erinnerungen
- Entscheidungen
- Emotionen

Das Experiment ist dabei generell als eine soziale Situation aufzufassen, bei der die einzelnen am Versuch beteiligten Personen – Versuchsteilnehmer/Proband („Pb") und Versuchsleiter („Vl") – eine Rolle übernehmen, die von ihrem Rollenverhalten im alltäglichen Leben in aller Regel abweicht:

*„ [...] Wir alle spielen viele verschiedene Rollen in unserem Leben. Wenn ich den weißen Laborkittel eines Verhaltenswissenschaftlers trage, dann bemühe ich mich darum, die Organismen (einschließlich der Menschen) objektiv zu erfassen, sie mit ungetrübtem Auge zu sehen und nicht etwa durch eine rosarote Brille. Objektiv sein heißt – jedenfalls teilweise – sich dem Studienobjekt gegenüber unemotional einzustellen, persönlich oder subjektiv unbeteiligt zu sein. Eine solche 'hartherzige' Einstellung ist besonders notwendig (und sehr schwierig), wenn man sich mit emotionalen, personenbezogenen oder subjektiv strukturierten Problemen zu befassen hat."*

(McConnell, 1974, 10)

Das obige Zitat lässt erkennen, dass der in der Rolle als Vl fungierende Experimentalpsychologe seinen Versuchsteilnehmern gegenüber um Objektivität und Unvoreingenommenheit bemüht sein muss. Dies ist eine der notwendigen Voraussetzungen für die in einer jeden psychologischen Untersuchung anzustrebende vertrauensvolle Zusammenarbeit zwischen Versuchsleiter und Versuchsteilnehmer.

Typische Beispiele für eine emotional positive Versuchsteilnehmer-Versuchsleiter-Kommunikation liefern naturgemäß gerade die entwicklungspsychologischen Experimente mit Kindern und Jugendlichen. Da bekanntermaßen die kindliche Reaktionsbasis – im Vergleich zu derjenigen des Erwachsenen – besonders stark durch spontane affektiv-situative Komponenten einer Untersuchungssituation bestimmt wird, ist gerade hier die Schaffung einer positiv getönten kindgemäßen Untersuchungsatmosphäre eine unabdingbare Voraussetzung für die Gewinnung (ökologisch) valider Resultate:

Beispielsweise kann die Kindgemäßheit einer psychophysikalischen Untersuchungs-situation, in der von 5-jährigen Kindern zahlreiche Aussagen zu den Gewichten unter-schiedlicher Objekte gemacht werden sollen, einfach durch die spielerische Aufgabe des Hebens und Identifizierens von kleinen (versteckten) „Sandeimerchen" – anstelle von objektiv neutralen Laborzylindern – erfüllt werden, wie dies die Untersuchungen von Wilkening (1976) verdeutlichen (*Abbildung 7.1*). Typischerweise kann so die Untersuchungssituation für jüngere Probanden kindgerecht gestaltet werden.

**Abbildung 7.1: Kindgemäßheit einer psychophysikalischen Versuchssituation zur Feststellung der Wahrnehmungsrelativität bei Schwereeindrücken verschiedener Gewichte.** Im spielerischen Versuch mit Kindern wird zur korrekten Identifikation von (verdeckten) „Sandeimerchen" aufgefordert. (Nach Wilkening, 1976; Sarris 2006)

## Versuchsteilnehmer

Ein Versuchsteilnehmer nimmt in aller Regel nicht ohne bestimmte Annahmen über den Sinn und Zweck eines Experiments an einem psychologischen Versuch teil. Ent-sprechend unterscheidet sich das Untersuchungsobjekt der Psychologie prinzipiell von dem irgendeiner anderen experimentellen Wissenschaft wie etwa der Biologie, Physik oder Chemie. Je nach Vorerfahrung und Persönlichkeitsstruktur kann die Teilnahme an einem Versuch bei verschiedenen Personen von unterschiedlichen kognitiv-emotiona-len Befindlichkeiten begleitet sein, wie von Langeweile, Ärger, Furcht, Misstrauen oder aber auch von Neugier, Spieltrieb und persönlichem oder gar wissenschaftlichem Inte-resse. Diese unterschiedlichen kognitiven und emotionalen Voraussetzungen können unter bestimmten Bedingungen einen beträchtlichen Einfluss auf den eigentlich zu untersuchenden Prozess haben, insbesondere dann, wenn etwa die emotionalen Zustände selbst untersucht werden sollen, wie dies in der Motivations- und Emotions-psychologie der Fall ist. Es versteht sich, dass der Versuchsteilnehmer sich in der Regel darum bemüht, eine Vorstellung vom „eigentlichen" Zweck des Versuchs zu entwi-ckeln.

Eine Ursache für falsche Hypothesenbildungen von Versuchsteilnehmern im Laborexperiment ist in dem natürlichen Orientierungsbedürfnis der Teilnehmer zu suchen. Unzureichende Information über Sinn und Zweck des Experiments durch den Versuchsleiter kann dazu führen, dass die Teilnehmer eine eigene Deutung des Versuchszwecks vornehmen. Denn Versuchsteilnehmer sind stets bemüht, ihrem Tun einen Sinn zu unterstellen. Diese generelle Tendenz hat Orne (1962) experimentell nachgewiesen. Er setzte einer Reihe von Versuchsteilnehmern einen Stoß von 2000 Testbögen mit jeweils 244 Additionsaufgaben vor und stellte den Versuchsteilnehmern ohne irgendwelche Angaben über Sinn und Zweck des Versuchs die Aufgabe, diese Testbögen zu bearbeiten; dann entfernte er sich mit dem Hinweis, „gelegentlich" wieder hineinzuschauen. Als die Versuchsteilnehmer nach 5 1/2 Stunden immer noch rechneten, gab der Versuchsleiter auf! Wie Orne (1962) in seiner Arbeit betont, wurde in der an seinen Versuch anschließenden Befragung die Aufgabe von den meisten Versuchsteilnehmern als durchaus „sinnvoll" bezeichnet. Sie interpretierten die außergewöhnliche Dauer des Experiments als Charakteristikum eines „Ausdauer-Tests". Immer dann, wenn anstelle des vom Versuchsleiter eigentlich intendierten psychologischen Sachverhalts andere, ungewollte psychische Prozesse bei dem Versuchsteilnehmer ablaufen, spricht man von einer sog. „Objektentgleisung".

Gemäß der obigen Darstellung lassen sich verschiedene Grade der Unwissentlichkeit der Versuchsteilnehmer voneinander unterscheiden (vgl. *Abschnitt 6.2*):

- *Maximale Unwissentlichkeit* liegt dann vor, wenn der Versuchsteilnehmer nicht einmal weiß, dass er Objekt eines Versuchs ist. Eine solche Situation ist oftmals bei den sog. Feldexperimenten gegeben.

- *Vollständige Wissentlichkeit* liegt im Selbstversuch vor: Versuchsteilnehmer und Versuchsleiter sind in diesem Fall identisch miteinander, sodass der Versuchsteilnehmer sowohl um die Versuchssituation weiß als auch das Anliegen und den Zweck des Versuchs kennt.

Zwischen diesen beiden Polen sind viele Abstufungen der Wissentlichkeit möglich. Beispielsweise kann ein Versuchsteilnehmer das übergeordnete Ziel des Versuchs kennen, ohne jedoch die spezifische Aufgabensituation überblicken zu können. Er kann aber auch sowohl bezüglich des Versuchsziels als auch hinsichtlich einer speziellen Aufgabe im Unklaren gelassen werden, dabei immerhin wissen, dass er in einer Versuchssituation sinnvoll agiert. Ein Beispiel dafür ist die Untersuchung der Veränderung des psychophysikalischen Kontrasteffekts unter verschiedenen Lern- und Wahrnehmungsbedingungen (Sarris & Zoeke, 1985). Dabei wird z.B. in einem als „Postspiel" vorgestellten Gewichtbestimmungsversuch die altersspezifische Unterscheidung des Gewichts verschiedener „Päckchen" verlangt und im Anschluss an die Trainingsphase die Beeinflussbarkeit des "Messurteils" durch andere zu hebende Gewichte geprüft (Testphase). Während der Proband in einem solchen Versuch weiß, dass er Gewichte möglichst richtig zu bestimmen hat (Wissentlichkeit), ist ihm aber die experimentelle Tatsache der Prüfung der systematischen Veränderung des psychophysikalischen Kontrasts unbekannt (Unwissentlichkeit).

## Versuchssituation

Neben dem Versuchsleiter mit seinen verschiedenen Einflussnahmen sowie neben dem Versuchsteilnehmer mit dessen besonderen Einstellungen ist als dritte Instanz des psychologischen Experiments die konkrete Versuchssituation selbst in Betracht zu ziehen. Es handelt sich dabei allgemein um alle jene Randbedingungen einer Untersuchung, welche zwar definitionsgemäß nicht mit der eigentlichen psychologischen Fragestellung – und auch nichts mit der allgemeinen Versuchsleiter-Versuchsteilnehmer-Kommunikation – zu tun haben, die aber trotzdem für den konkreten Ablauf eines Experiments von nicht zu unterschätzender Bedeutung sind. Meist handelt es sich hierbei um äußere Einwirkungen auf den Versuch, die als „Störeffekte" zu bewerten sind.

Bereits vor der Durchführung eines Experiments ist die Versuchssituation im Hinblick auf derartige Störgrößen zu analysieren; es sind also Vorkehrungen zu treffen, welche das Auftreten solcher Störungen möglichst vermeiden. Insbesondere muss sich der Versuchsleiter stets folgende Fragen rechtzeitig stellen und entsprechend beantworten:

- Sind Störungen des Versuchs von außen her ausgeschlossen?
- Erlauben die psychophysischen Bedingungen des Versuchsteilnehmers die von ihm verlangte Leistung?
- Ist die Atmosphäre des Versuchsraums sowie die der gesamten Versuchsdurchführung dem Untersuchungsanliegen angemessen?
- Sind die verwendeten Versuchsapparaturen so angeordnet, dass einerseits der Versuchsleiter sie mühelos benutzen kann und andererseits der Versuchsteilnehmer nicht durch sie abgelenkt oder verunsichert wird?

Gerade aus dem zuletzt genannten Grunde haben insbesondere die Abfassung und Vorgabe einer gut ausgearbeiteten „Instruktion" und „Exploration" ihre inhaltliche und methodische Bedeutung. Die Einübung in die Benutzung der entsprechenden Techniken ist daher eine wichtige Aufgabe im Rahmen eines jeden experimentalpsychologischen Versuchs.

## 7.2    Instruktion und Exploration der Versuchsteilnehmer

### Instruktionsgebung

Das Verhalten des Versuchsleiters bei der Instruktionsgebung muss so geartet sein, dass die Versuchsanweisung optimal an die Versuchsteilnehmer übermittelt wird. Wichtige Merkmale einer optimalen Instruktionsgebung sind:

- angemessene Lautstärke
- klare Artikulation
- Hervorhebung der wesentlichen Punkte

Die Instruktion liegt in der Regel zumindest dem Versuchsleiter – in bestimmten Untersuchungsfällen auch dem Versuchsteilnehmer – in schriftlicher Form vor. Nur so lässt sich eine Instruktion über mehrere Versuche konstant halten, um ein notwendiges Maß an Standardisierung zu gewährleisten. Dennoch sollte der Versuchsleiter die Instruktion nicht einfach vom Blatt ablesen, sondern diese in freier Form (auswendig) vortragen. Seine Instruktionserteilung sollte er dem Instruktionsinhalt und dem Versuchsteilnehmer anzupassen versuchen, auf jeden Fall aber Divergenzen zwischen seinem Verhalten und dem was er sagt vermeiden. Eine krasse Divergenz wäre beispielsweise gegeben, falls der Versuchsleiter bei einem Versuch zur „Konzentrationsmessung" dem Versuchsteilnehmer mitteilt, dass es jetzt wichtig sei, konzentriert zu arbeiten, selbst aber lässig und gelangweilt dasitzt!

Während des Ablaufs eines Versuchs können untersuchungsspezifische Bedingungen eintreten, die vom Versuchsleiter eigentlich nicht vorgesehen sind und die von ihm auch nicht bemerkt werden. Falls solche Störquellen nicht erfasst werden, geht der Experimentator bei der Interpretation der erhobenen Befunde – irrigerweise – von Vorbedingungen aus, die eigentlich in seinem Experiment gar nicht geherrscht haben.

## Exploration

Eine einfache Möglichkeit, sich auch gegen die zuletzt genannte Gefahr von unerkannten Störquellen des Versuchsablaufs abzusichern, ist die Durchführung einer Exploration im Anschluss an den Versuch. Eine Exploration dient grundsätzlich einer nachträglichen Erfassung von Störquellen im Experiment. Da die gedachte Grundgesamtheit der möglichen Störfaktoren theoretisch unendlich groß ist, sollte man in der Exploration zunächst von sehr allgemeinen Fragen ausgehen und dann aufgrund der Antworten der Versuchsteilnehmer den Fragenkreis sukzessive eingrenzen. Des Weiteren lassen sich durch die Exploration zusätzlich einige qualitative Informationen erhalten, die bei der Interpretation der quantitativen Versuchsergebnisse hilfreich sein können. Welche konkreten Informationen dabei wichtig sind, hängt von dem jeweiligen Versuch ab.

Die Exploration hat einen hohen heuristischen Wert, insbesondere dann, wenn es die Frage zu beantworten gilt, ob im Experiment überhaupt die intendierten Bedingungen durch die konkreten experimentellen Handlungen realisiert worden sind. Dieses Problem stellt sich besonders prägnant in der psychologischen Stressforschung. In diesem Forschungszweig wird immer wieder ersichtlich, dass durch die Induktion von Belastungen durch definierte „Stressoren" die Beanspruchung eines Individuums ganz unterschiedlich sein kann und dabei die Bewertung des Stressors durch den Versuchsteilnehmer eine nicht unerhebliche Rolle spielt. Zum Beispiel zeigte sich in vielen Arbeiten zum Problem der Lärmbelästigung, dass ein physiologischer Indikator der Beanspruchung (Pulsfrequenz) nicht mit der objektiven Lärmstärke, sondern mit der erlebten Lärmbelästigung korreliert. Das Belästigungserlebnis erwies sich im Experiment als abhängig von der individuellen Bewertung der Lärmquelle.

Durch die Exploration hat der Versuchsleiter die Möglichkeit abzuschätzen, ob die experimentellen Variablen im konkreten Einzelfall auch wirklich realisiert worden sind. Für die Durchführung einer Exploration gilt die folgende Grundregel: *Es ist stets darauf zu achten, dass der Versuchsleiter nicht durch Suggestivfragen den Versuchsteilnehmer eine Antwort „in den Mund legt" bzw. auf bestimmte Antworten drängt.* Eine gut durchgeführte Exploration bedarf nicht nur einer guten Vorbereitung, sondern verlangt darüber hinaus ein hohes Einfühlungsvermögen des Versuchsleiters gegenüber den individuellen Voraussetzungen seiner Versuchsteilnehmer (Kommunikationsfähigkeit, Erwartungen, Interessen usw.). Dies erfordert ausreichende Erfahrung in der praktischen Durchführung von psychologischen Untersuchungen.

Um das Vorgehen bei der Exploration effektiv zu gestalten, sollte es sich der Versuchsleiter zur Regel machen – soweit es die konkrete Fragestellung zulässt – jedes Experiment zunächst im Selbstversuch durchzuführen. Die Erfahrungen, die der Versuchsleiter in der Rolle des Versuchsteilnehmers sammeln kann, haben nicht nur für die abschließende Exploration, sondern auch für die Formulierung der Instruktion bis hin zum besseren Verständnis der erhobenen Befunde einen unschätzbaren Wert.

## 7.3    Reaktive Messwerte und ihre Kontrolle

Die oben dargestellten Instanzen können – jede für sich genommen – einen Effekt auf die Messwerte der abhängigen Variablen haben und diese in unliebsamer Weise verzerren. Es wird in diesem Zusammenhang von der „Reaktivität" der psychologischen Messung gesprochen.

Zum Beispiel „reagiert" ein Versuchsteilnehmer auf die Person des Versuchsleiters und auf dessen Verhalten unter Umständen derart extrem positiv oder negativ, dass es auf diese Weise zu Datenverzerrungen kommt. Möglich wäre auch, dass der – z.B. schlecht ausgebildete bzw. indisponierte – Versuchsleiter seinerseits inadäquat auf das Verhalten sowie auf die Persönlichkeit seines Versuchsteilnehmers „reagiert". Oder er handelt in gewissem Maße nicht vorurteilsfrei („unvoreingenommen") im Hinblick auf seine Erwartungen von bestimmten Versuchsergebnissen. Ein klassisches sozialpsychologisches Experiment über *Furcht* und *Angst* veranschaulicht beispielhaft den hier gemeinten Problemkomplex (s. Exkurs „Versuchsleiter-Versuchsperson-Dynamik: ein experimentelles Beispiel").

---

### Exkurs: Versuchsleiter-Versuchsperson-Dynamik: Ein experimentelles Beispiel

Insbesondere in komplexen motivations- und sozialpsychologisch relevanten Zusammenhängen ist die Bedeutung der Versuchsleiter-Versuchsteilnehmer-Interaktion empirisch gut belegt. Unter Umständen können die jeweiligen experimentellen Befunde aufgrund der „Vl"- oder/und „Vp"- bedingten artifiziellen („dynamischen") Beeinflussungen der erhobenen Datensätze praktisch unbrauchbar sein (Rosenthal, 1966).

Zur Verdeutlichung des damit Gemeinten wird hier eine Arbeit von Sarnoff u. Zimbardo (1961) herangezogen, welche auf einem zweifaktoriellen (bifaktoriellen) Versuchsplan basiert. Das Experiment dieser beiden Autoren überprüfte – im Sinne ihrer psychoanalytisch orientierten Ausgangshypothese einer Unterscheidung zwischen „Furcht" und „Angst" – die interagierende Auswirkung dieser beiden Variablen auf den Wunsch nach Sozialkontakt:

Psychoanalytiker definieren, im Sinne Sigmund Freuds, „Furcht" als eine objektiv begründete Angst (Realangst), d.h. als Emotion gegenüber einem tatsächlich gefährlichen Objekt oder Ereignis, hingegen „Angst" als eine weitgehend irrationale bzw. sogar „neurotische" Erregung, d.h. als eine von objektiv harmlosen Reizen ausgelöste Emotion. Ein Mensch, der Angst hat, ist sich im Allgemeinen der Unangemessenheit seiner Emotion bewusst und reduziert diese durch Verdrängung. Im Übrigen vermeidet er die Mitteilung seiner Angst an andere. Demgegenüber erwartet jemand, der Furcht hat, von seinen Mitmenschen eher konkrete Hilfe – wenigstens aber Anteilnahme – angesichts eines objektiv gefährlichen Objekts oder Ereignisses, das auch von anderen als bedrohlich eingeschätzt wird.

Sarnoff u. Zimbardo (1961) untersuchten die differenziellen Auswirkungen von Angst und Furcht auf den Wunsch nach sozialem Kontakt, um so den grundlagenwissenschaftlichen Wert dieser psychoanalytischen Hypothese zu überprüfen. Es wurden insgesamt $N = 72$ Studienanfänger, Psychologiestudenten der Yale University, aufgeteilt nach 4 Zufallsgruppen à 18 Probanden, untersucht.

Fortsetzung

Dabei wurden „Furcht" (Faktor A) und „Angst" (Faktor B) jeweils niedrig oder hochgradig erzeugt, indem die verschiedenen Gruppen mit jeweils verschiedenen Ankündigungen bzgl. einer bevorstehenden biomedizinischen Untersuchung konfrontiert wurden. Das Experiment folgte Schachters (1959) Ausgangsversuch, insoweit geringe ($A_1$) versus starke ($A_2$) Furcht induziert wurde. Zusätzlich zu diesen beiden „Furcht"-Bedingungen wurden hier noch die beiden „Angst"-Bedingungen $B_1$ und $B_2$ (objektiv irrelevante Elektroden an Armen und Mund) eingeführt.

Die Probanden aller vier Untergruppen sollten – wie in Schachters Versuch – wählen, ob sie die vorgebliche Wartezeit bis zum Beginn des eigentlichen (fiktiven) Experiments allein oder lieber in Gesellschaft anderer Mitbetroffener verbringen wollten (Herstellung der *AV*).

Die Ergebnisse des Experiments zeigten, dass der Wunsch nach sozialem Kontakt, wie hypostasiert und bereits durch Schachter (1959) nachgewiesen, mit wachsender Furcht steigt, dass aber für die Reaktionen auf die Angst-Bedingungen genau das Gegenteil zutrifft (*Abbildung 7.2*). Damit wurde der theoretischen Unterscheidung von Angst und Furcht im Anwendungsbereich der Psychoanalyse empirische Bestätigung zuteil.

Abgesehen davon, dass dieses Experiment eine der ganz wenigen Ausnahmen darstellt, durch die eine zentrale (nicht-triviale) These der Psychoanalyse bestätigt werden konnte, ist im vorliegenden Zusammenhang von besonderem Interesse, dass diese Arbeit die grundsätzliche Bedeutung von Wechselwirkungen im Rahmen der Versuchsleiter-Versuchsteilnehmer-Dynamik verdeutlicht. Merkwürdigerweise ist dieses ebenso interessante wie wichtige Grundlagenexperiment bis heute nicht repliziert oder extendiert worden.

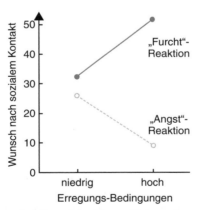

**Abbildung 7.2: Ergebnisse des Experiments zur Untersuchung der Abhängigkeit des Wunsches nach sozialem Kontakt von niedrig oder hoch erregter „Furcht" bzw. „Angst".** (Nach Sarnoff & Zimbardo, 1961)

Fortsetzung

Das experimentelle Resultat ist – auf den ersten Blick – zumindest aus drei Gründen von Interesse:

- Das Ergebnis erhellt die empirische Relevanz der Unterscheidung zwischen „Furcht" und „Angst"; und dies im Zusammenhang mit einer klassischen (hier: freudianischen) Hypothese.

- Es verdeutlicht – im methodischen Sinne – eine selten so klar aufgezeigte disordinale Wechselwirkung (s. *Abschnitt 5.2*, Exkurs „Validitätsbedrohung (quasi-experimentelles Designing)").

- Es problematisiert auf der Basis einer besonders komplexen Versuchsleiter-Versuchsperson-Dynamik die wissenschaftlich schwierige Nachweissituation.

*Rosenthal, R. (1966). Experimenter effects in behavioral research. New York: Appleton-Century-Crofts.*

*Sarnoff, I. & Zimbardo, P. G. (1961). Anxiety, fear, and social affiliation. Journal of Abnormal and Social Psychology, 62, 356-363. (Deutsch: Angst, Furcht und soziale Gesellung. In: M. Irle (Hrsg.), Texte aus der experimentellen Sozialpsychologie. Neuwied: Luchterhand, 1969).*

*Schachter, S. (1959). Psychology of affiliation. Stanford, Calif.: Stanford University Press.*

## 7.3.1   Reaktive Messeffekte als Versuchsartefakte

Unter einem reaktiven Messeffekt versteht man demnach eine artifizielle Verzerrung der quantitativen und qualitativen Untersuchungsergebnisse aufgrund von psychologisch inadäquaten Versuchsleiter- sowie Versuchssituations-Einflüssen.

Die Verantwortung für die Kontrolle von möglichen reaktiven Messeffekten liegt naturgemäß beim Untersucher selbst. Es sind drei Klassen von reaktiven Messeffekten zu unterscheiden:

- Versuchsleitereffekte
- Versuchsteilnehmereffekte
- Versuchssituationseffekte

### Versuchsleitereffekte

Der Begriff Versuchsleitereffekt ist ein Sammelbegriff für verschiedene durch den Vl verursachte reaktive Messeffekte. Zu der Frage, welchen Einfluss die Rolle des Versuchsleiters in einer sozialen Hierarchie auf das Verhalten von Versuchsteilnehmern haben kann, führten Ekman und Friesen (1960) folgendes lernpsychologisches Experiment durch: Versuchsleiter waren zwei Soldaten, die den Versuchsteilnehmern – jungen Rekruten – in unterschiedlicher Weise vorgestellt wurden. Einer Gruppe gegenüber wurden die Versuchsleiter als „Offiziere", einer anderen Gruppe als einfache „Soldaten" vorgestellt. Den Versuchsplan verdeutlicht *Tabelle 7.1*.

**Tabelle 7.1**

**Zweifaktorieller Zufallsgruppenversuchsplan des Experiments von Ekman u. Friesen (1960) zur Abhängigkeit der Ergebnisse eines Lernversuchs von verstärkter „Sympathie" versus „Antipathie" (Faktor B) sowie von der sozialen Stellung („Rang") des Versuchsleiters (Faktor A). – Design *RR* – p x q.**

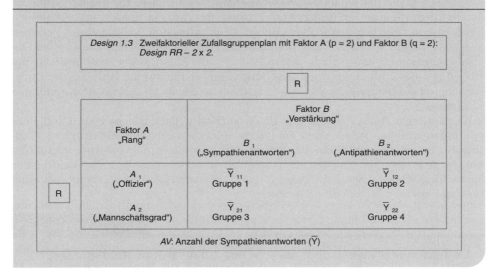

Aufgabe der Versuchsteilnehmer war es, auf Fotografien porträtierte Personen im Hinblick auf Sympathie und Antipathie zu beurteilen. Die Versuchsleiter verstärkten bei einem Teil der Versuchsteilnehmer die Sympathieantworten, bei einem anderen Teil die Antipathie-Antworten, indem sie die jeweilige Antwort mit der Bemerkung „gut" kommentierten. Es zeigte sich, dass unter dem „Offizier" (als Versuchsleiter) mehr Antipathieantworten, hingegen unter dem „einfachen Soldaten" (als Versuchsleiter) mehr Sympathieantworten gegeben wurden. Neben dem Verhalten des Versuchsleiters spielt demnach die Bewertung seiner Person durch den Versuchsteilnehmer eine sehr gewichtige Rolle. Die Befunde sind insofern von Interesse, als sie zeigen, wie bedeutsam die Neutralität des Versuchsleiters bei der Erhebung artefaktfreier Versuchsdaten ist.

Neben Effekten, die sich aus der Reaktion der Versuchsteilnehmer auf bestimmte personimmanente Merkmale des Versuchsleiters, wie zum Beispiel Geschlecht, sozialer Status, Religion usw. ergeben, werden in der Literatur auch Versuchsleitererwartungseffekte diskutiert. In zahlreichen Untersuchungen haben Rosenthal und Rosnow (1969) bestätigt gefunden, dass besondere Erwartungen des Versuchsleiters im Hinblick auf die Versuchsergebnisse eben diese entsprechend verändern. Beispielsweise ging es in einer ihrer Grundlagenstudien darum nachzuweisen, dass die Erwartung eines Versuchsleiters bezüglich des Verhaltens von Versuchsteilnehmern – ohne dass er dies selbst beabsichtigt – einen Einfluss auf das tatsächliche Verhalten der Versuchsteilnehmer haben kann („Pygmalion-Effekt", auch „Rosenthal-Effekt" genannt).

Diese Untersucher ließen 10 verschiedene Probanden in einem ausdruckspsychologischen Experiment die Rolle des „Versuchsleiters" übernehmen. Die diesen „Versuchsleitern" zugewiesenen Probandengruppen hatten die Aufgabe, anhand von Fotografien Vermutungen über den beruflichen „Erfolg" oder „Misserfolg"verschiedener Personen anzustellen. Den „Versuchsleitern" wurde gesagt, ihre Tätigkeit sei im Rahmen eines Forschungsprogramms erforderlich, dessen Anliegen die Entwicklung eines Tests für das Überprüfen des Einfühlungsvermögens (Empathie) sei. Ein zweites Anliegen der Untersuchung sei die Überprüfung der in der Fachliteratur bereits als „gesichert" aufgeführten Ergebnisse.

Bis zu diesem Punkt erhielten alle 10 „Versuchsleiter" die gleiche Instruktion. Fünf von ihnen erhielten jedoch dann die Information, dass nach der einschlägigen Fachliteratur der durchschnittliche Schätzwert der Probanden „+5" betragen müsse; die übrigen 5 Probanden erhielten demgegenüber den Hinweis, dass die Fachliteratur einen durchschnittlichen Schätzwert von „−5" erwarten lasse. Den Versuchsplan dieses Experiments gibt *Tabelle 7.2* wieder.

**Tabelle 7.2**

### Unifaktorielles Zweigruppendesign mit Zufallsgruppenbildung des Experiments von Rosenthal u. Fode (1963) zur Überprüfung des Versuchsleitererwartungs-Effekts („Rosenthal-Effekt") auf die Ergebnisse eines Personwahrnehmungsversuchs. – Design $R$ – 2.

*Design 1.0*   Zweigruppenplan: Zufallsgruppenplan ohne Vorher-Messung: Design $R$ – 2.

| | Versuchs-gruppe | Vorher-Messung | Treatment $X$ „Erwartung des VI" | Nachher-Messung |
|---|---|---|---|---|
| R | *1* | – | $X_1$ („+ 5") | $\overline{Y}_1$ |
| | *2* | – | $X_2$ („− 5") | $\overline{Y}_2$ |

*AV*: Urteil der Versuchsteilnehmer ($\overline{Y}$)

Die Ergebnisse der beiden Versuchsleiter-Gruppen unterschieden sich beträchtlich voneinander. Die Probanden der einen Gruppe gaben ein durchschnittliches Urteil von +4 ab, die der anderen von −0,8 (*Abbildung 7.3*). Die beiden Autoren sahen ihren Befund als einen höchst bedeutsamen Beleg für die Gefahr der Ergebnisverzerrung aufgrund von Versuchsleitererwartungen an. Der Harvard-Psychologe Robert Rosenthal hat in seinen Experimenten auch zu zeigen versucht, dass dieser Vl-Erwartungseffekt nicht allein auf sozialpsychologische Fragestellungen beschränkt ist. Beispielsweise wurde an Lernexperimenten mit Tieren demonstriert, dass auch hier − je nach VI-Erwartung − verschiedene reaktive Messungen resultieren können (Rosenthal & Fode, 1963).

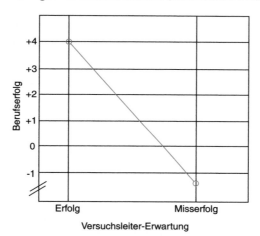

**Abbildung 7.3: Ergebnisse einer Untersuchung zur Relevanz des Versuchsleitererwartungseffektes (Artefakt) von Rosenthal & Fode (1963).**

Des weiteren wurde in schulpsychologischen Untersuchungen gezeigt, dass die Intelligenzmessungen bei Schülern verschiedener Altersklassen von den experimentell manipulierten Erwartungshaltungen der Lehrer abhängen. Die grundsätzliche Bedeutung solcher Untersuchungen wird leicht einsichtig, wenn man bedenkt, dass in der Regel jeder Wissenschaftler bestimmte Einstellungen („Erwartungen") bereits vor Beginn seiner geplanten Untersuchungen hat. Zur Vermeidung von Missverständnissen sollte betont werden, dass der Rosenthal-Effekt nichts mit einer absichtlichen Manipulation der Versuchsbedingungen − oder der Versuchsergebnisse − durch den Versuchsleiter zu tun hat. Vielmehr handelt es sich bei diesem Effekt um eine unabsichtlich in das Experiment eingeführte Störquelle, die auf eine unmerkliche („verdeckte") Vp-Vl-Kommunikation zurückzuführen ist (s. Exkurs „Reaktive Messeffekte − die Rolle des Versuchsleiters").

## Exkurs: Reaktive Messeffekte – die Rolle des Versuchsleiters

Unter reaktiven Messeffekten versteht man allgemein solche Versuchsartefakte, die aufgrund der Interaktion von einer besonderen Versuchsleiter-Versuchsperson-Versuchssituation die eigentlich intendierten Resultate beeinträchtigen. Ein besonderer artifizieller Effekt – der Versuchsleitererwartungs-Effekt – ist als sog. „Rosenthal-Effekt" („Pygmalion-Effekt") in die Fachliteratur eingegangen (Rosenthal, 1966).

Solche und andere reaktive Messeffekte sind vor allem in sozial- und motivationspsychologischen sowie angewandt-psychologischen Untersuchungskontexten beobachtet bzw. diskutiert worden. Der experimentelle Nachweis solcher Effekte gelingt übrigens nicht immer einwandfrei, worauf des Öfteren in kritischen Stellungnahmen zu Rosenthals Arbeiten hingewiesen wurde (Barber et al., 1969; Elashoff & Snow, 1972).

Zusammenfassend lassen sich folgende Merkmale eines Versuchsleiters und seines Verhaltens festhalten, durch die reaktive Messeffekte bewirkt werden können:

- Geschlecht (auch Hautfarbe, Glaubensbekenntnis)
- Soziale Klassenzugehörigkeit, Prestige
- Freundlichkeit, Wärme, Aggressivität, Kühle
- Anerkennungsbedürfnis, Dominanz
- Erwartungshaltung („Rosenthal-Effekt")

Insbesondere die sozial- und motivationspsychologischen Experimente können solchen reaktiven Messeffekten unterliegen. Darüber hinaus sind solche Erwartungen auch in anderen Bereichen der Psychologie zumindest hypothetisch in Betracht zu ziehen. Die einschlägigen Untersuchungen, welche einen Nachweis der Versuchsleiter-Effekte zum Gegenstand haben, gehen allerdings in der Regel von extremtypischen Variationsbedingungen bei den oben aufgelisteten Einflussgrößen („Störquellen") aus, sodass die Übertragbarkeit der Befunde auf andere experimentelle Situationen eingeschränkt ist.

*Barber, T. X., Calverley, D. S., Forgione, A., McPeake, J. D., Chaves, J. E & Brown, B. (1969). Five attempts to replicate the experimenter bias effect. Journal of Consulting and Clinical Psychology 33, 1-6.*

*Elashoff, J. D. & Snow, R. E. (1971). Pygmalion reconsidered. Belmont: Wadsworth. (Deutsch: Pygmalion auf dem Prüfstand. München: Kösel, 1972).*

*Rosenthal, R. (1966). Experimenter effects in behavioral research. New York: Appleton-Century-Crofts.*

## Versuchsteilnehmereffekte

Für das psychologische Experiment sind auch diejenigen Störquellen zu berücksichtigen, welche unter dem Namen Versuchsteilnehmereffekte erfasst werden. Diese Art von reaktiven Messeffekten beinhaltet entweder einen unmittelbaren Einfluss von Eigenheiten der Versuchsteilnehmer auf die experimentellen Daten oder aber sie leiten sich indirekt aus den Fehlreaktionen des Versuchsleiters ab, der sich durch bestimmte Versuchsteilnehmer-Merkmale in der Bewertung ihrer Leistungen beeinflussen lässt, wie in dem nachfolgend skizzierten "Sympathie"-Experiment nachgewiesen wird.

Zum Nachweis seiner Hypothese, dass der „Sympathie", die ein Versuchsleiter seinen Versuchsteilnehmern gegenüber empfindet, ein bedeutsamer Einfluss zukommen kann, führte Masling (1959) eine raffiniert einfache Untersuchung durch:

Masling (1959) ließ acht verschiedene männliche Personen als „Versuchsleiter" ein Experiment durchführen, in dem die Versuchsteilnehmer einen sog. Satzergänzungs-test durchzuführen hatten. Als Versuchsteilnehmer „organisierte" er selbst einige anerkanntermaßen hübsche Mädchen, die er jeweils unterschiedlich instruierte: Der eine Teil der Mädchen sollte besonders „freundlich", der andere Teil dagegen sehr „kühl und zurückhaltend" sein (*Tabelle 7.3*). Die Protokolle, welche die „Versuchslei-ter" über das Leistungsverhalten ihrer vermeintlichen Probanden anzufertigen hatten, unterschieden sich – ganz im Sinne des zu erwartenden Effekts – sehr deutlich voneinander: Die für die „freundlichen" Versuchsteilnehmerinnen ermittelten Resultate fielen wesentlich besser aus als diejenigen für die „kühl und zurückhaltenden" Proban-den (*Abbildung 7.4*). Dieser Befund wird keineswegs dadurch entwertet, dass dieses Experiment letztlich nur etwas bestätigt, was man schon vom Alltag her zu wissen meint. Denn zum einen ist das vermeintliche Alltagswissen nicht immer richtig, und zum anderen kann ein solcher Untersuchungsansatz sehr viel genauere Auskünfte über das Ausmaß solcher datenverzerrenden Effekte geben, als dies ohne die Durch-führung einer solchen Untersuchung möglich wäre.

**Tabelle 7.3**

**Zweigruppenversuchsplan mit Zufallsgruppenbildung von Masling (1959) zur Untersuchung der Versuchsleiter- Haltung bei der Leistungsbeurteilung von „freundlichen" ($X$1) gegenüber „kühlen" ($X$2) Versuchsteilnehmerinnen. – Design $R$ – 2.**

Design 1.0  Zufallsgruppenversuchsplan mit zwei Gruppen ohne Vorher-Messung (p = 2): Design $R$ – 2.

| | Versuchs-gruppe | Vorher-Messung | Treatment X „Versuchsteilnehmer-Haltung" | Nachher-Messung |
|---|---|---|---|---|
| R | 1 | – | $X_1$ („freundlich") | $\overline{Y}_1$ |
| | 2 | – | $X_2$ („kühl") | $\overline{Y}_2$ |

AV: Leistungsbeurteilung der Versuchsteilnehmer durch den „VI" $(\overline{Y})$

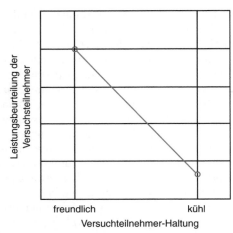

**Abbildung 7.4: Ergebnisse einer Untersuchung zur Bedeutsamkeit der Versuchsteilnehmer-Haltung („Reaktiver Messeffekt").** (Nach Masling; 1959)

Es ist auch von besonderer Bedeutung zu wissen, dass der im Alltag häufig anzutreffende sog. Halo-Effekt auch im wissenschaftlichen Versuch eine Rolle spielen kann (s. Demo 7.1). Dieser Effekt beschreibt den Beurteilungsfehler, der sich daraus ergibt, dass nicht oder nur mäßig zusammenhängende Eigenschaften von Personen als zusammenhängend beurteilt werden. So wird typischerweise Personen, die einen hohen sozialen Status haben, auch eine höhere Intelligenz zugeschrieben. Es versteht sich daher von selbst, dass sich jeder Untersucher eines solchen möglichen Verzerrungseffekts bewusst sein muss, und ihn vermeiden sollte.

## Versuchssituationseffekte

Unter Versuchssituationseffekten werden alle diejenigen Einflüsse auf die Messdaten verstanden, die sich aus den spezifischen Merkmalen des sozialen Umfeldes („Situation") einer Untersuchung ergeben. Solche Effekte können durch die Attribute des Umfeldes bedingt sein, an denen sich der Versuchsteilnehmer orientiert und über die er die Situation, in der er sich im Experiment befindet, bewertet. Diese Merkmale reichen von der Gestaltung des Versuchsraumes über die Art und Weise der Versuchsabläufe bis hin zu Instrumenteneinflüssen im Versuch. Zur Vermeidung dieser unerwünschten Effekte ist darauf zu achten, dass die Versuchsteilnehmer die Situation aufgrund deren äußerer Merkmale in möglichst neutraler, dem Versuchsziel angemessener Weise erfahren und dass die Situationseinschätzungen intersubjektiv weitgehend konstant sind.

## 7.3.2   Kontrolle von reaktiven Messeffekten

Die große Anzahl derjenigen Untersuchungen, durch die „reaktive Messeffekte" im psychologischen Experiment nachgewiesen werden konnten, ist nicht ohne Einfluss auf die praktische Durchführung von Experimenten geblieben. So wurden gerade in solchen Untersuchungsbereichen, in denen reaktive Messeffekte besonders eindrucksvoll nachgewiesen werden konnten, in der Folgezeit methodologisch bessere Experimente durchgeführt.

Anmerkung: Vor allem im sozialwissenschaftlichen Bereich haben die sog. Rosenthal-Effekte zeitweise zu einem methodologischen Wissenschafts-Skeptizismus geführt. Einige Wissenschaftler stellten sich ernsthaft die Frage, ob das „Experiment" überhaupt noch eine sinnvolle Methode der Erkenntnisgewinnung darstelle, wenn in der experimentellen Situation so zahlreiche Artefakte das zu untersuchende Verhalten beeinflussen können. Der zuletzt genannte Zweifel beruht allerdings auf einer grundlegenden Verkennung der tatsächlichen methodologischen Problemsituation. Mittels eines solchen Wissenschaftsskeptizismus gerät man nämlich leicht in einen logischen Zirkel, wenn man etwa auf „experimentellem" Wege die prinzipielle Ungültigkeit des psychologischen Experiments nachweisen will (s. Bredenkamp, 1980). So ist denn auch in einer kritischen Stellungnahme zu den Rosenthal-Experimenten einmal die Frage zugespitzt formuliert worden, ob und inwieweit der Vl-Effekt seinerseits – falls überhaupt existent – ein Rosenthal-Effekt sei (Barber & Silver, 1968). Außerdem wurde in verschiedenen Arbeiten gezeigt, dass reaktive Messeffekte – insbesondere die sog. Vl-Erwartungseffekte (Rosenthal-Effekte) – keineswegs so häufig und wirksam auftreten, wie dies von Rosenthal und seinen Anhängern – zum Teil unkritisch – behauptet worden ist.

Tatsächlich ist jeder einzelne Untersuchungsfall für sich gesondert im Hinblick auf etwaige reaktive Messeffekte genau zu überprüfen. Allerdings gibt es keine Patentrezepte zur Behebung bzw. Vermeidung von reaktiven Messeffekten. Aber es lassen sich einige wichtige Störeffekte durch die beiden folgenden Methoden wenigstens ansatzweise kontrollieren:

■ **Doppelblindversuch:** Weder der Vl noch die Versuchsteilnehmer erhalten in der konkreten experimentellen Situation Information darüber, unter welchen Versuchsbedingungen und Versuchserwartungen bestimmte Aufgaben eines Experiments zu bearbeiten sind. Besonders in psychopharmakologischen Untersuchungen wird diese Methode häufig benutzt.

■ **Einsatz mehrerer Versuchsleiter:** Anstelle von nur einem einzigen Versuchsleiter werden verschiedene Personen als Vl eingesetzt, um auf diese Weise einen Datenvergleich anzustrengen. Diese Methode kann u.U. mit besonderen Versuchsplanungsstrategien kombiniert angewendet werden.

Generell wird man davon ausgehen können, dass Versuchsleiter- und Versuchsteilnehmereffekte insbesondere dann wirksam werden, wenn andere situative Faktoren, die einen Einfluss auf das Probandenverhalten haben können, in ihrer Wirkung besonders schwach sind und wenn die Versuchssituation für die Versuchsteilnehmer besonders unstrukturiert ist, wie dies in denjenigen Untersuchungen der Fall war, welche das Vorhandensein von solchen Effekten nachweisen konnten.

Einige typische Mängel bei der Versuchsführung sind in der nachfolgenden *Tabelle 7.4* zusammengestellt.

**Tabelle 7.4**

## Typische Mängel bei der Versuchsdurchführung (Stadium 4)

1. Es wird die jeweils besondere Versuchsleiter- Versuchsteilnehmer-Dynamik (psychodynamische Interaktion) bei der Untersuchung von verschiedenen Bezugsgruppen nicht gebührend in Rechnung gestellt (z.B. unpersönlicher, ungenau gestalteter Versuchsablauf).

2. Die Instruktionsgebung sowie die gesamte Versuchsdurchführung sind nicht zuvor an Probanden wiederholt erprobt worden.

3. Der Versuchsleiter hat das eigene Experiment nicht im Selbstversuch kennen gelernt.

4. Der Versuchsleiter ist mit den verschiedenen reaktiven Messeffekten, die sein Experiment betreffen können, nicht vertraut.

5. Es erfolgt keine sorgfältige Exploration im Anschluss an das Experiment.

## Zusammenfassung

Versuchsanordnung und Versuchsdurchführung müssen so durchgeführt werden, dass eine systematische Beobachtung des zu untersuchenden Sachverhaltes möglich ist, ohne dass dieser durch systematische Störeffekte verändert wird. Eine wesentliche Quelle für solche Störeffekte stellt im Rahmen der Versuchsdurchführung die Psychodynamik der Versuchsleiter-Versuchsteilnehmer-Kommunikation dar. Ein besonderes Augenmerk wird dabei auf die Instruktionsgebung gelegt, da durch sie die Versuchsanweisungen optimal an die Versuchsteilnehmer übermittelt werden müssen. Eine einfache, besonders wichtige Möglichkeit, sich gegen die Gefahr von unerkannten Störquellen des Versuchsablaufs abzusichern, ist die Durchführung einer Exploration im Anschluss an den Versuch. Auf Merkmale des Versuchsleiterverhaltens und auf die mögliche Gefahr von entsprechenden reaktiven Datenverzerrungen wird anhand von Beispielen hingewiesen. Es wird dabei gezeigt, wie sich reaktive Messeffekte, hervorgerufen durch unangemessenes Versuchsleiter- oder auch Probandenverhalten, durch entsprechende Methoden beheben bzw. geeignet kontrollieren lassen.

## Wichtige Fachbegriffe

| | |
|---|---|
| Doppelblindversuch | Suggestivfragen |
| Exploration | Testnaivität, s. Wissentlichkeit |
| Halo-Effekt | Validität, ökologische |
| Instruktion | Unwissentlichkeit |
| Objektentgleisung | Versuchssituation |
| Pygmalion -Effekt, s. Versuchsleitereffekt | Versuchsleitereffekt |
| Reaktive Messwerte | Versuchsteilnehmereffekt |
| Rosenthal-Effekt, s. Versuchsleitereffekt | Wissentlichkeit |

## Lernzielkontrolle

**1** Welches sind die wichtigsten Eigenschaften einer guten Instruktion (Versuchsanweisung)?

**2** Was meint das „Rollenverständnis" in der Versuchsleiter-Versuchsteilnehmer-Kommunikation?

**3** Was ist im Zuge der Versuchsleiter-Versuchsteilnehmer-Kommunikation unter „Objektentgleisung" zu verstehen?

**4** Was ist unter reaktiven Messeffekten zu verstehen?

**5** Was versteht man unter einem sogenannten „Halo-Effekt"?

**6** Was ist ein Doppelblindversuch und welchem Zweck dient er?

# Stadium 5 – Datenanalyse

**8**

ÜBERBLICK

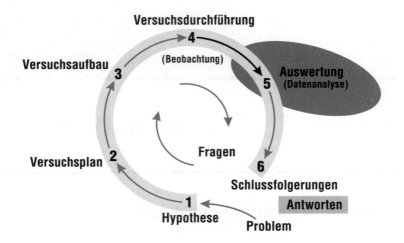

## Lernziele

Mit dem Stadium (5) der *Datenanalyse* erreicht der Untersucher den Bereich der statistischen Auswertung. Wie an anderer Stelle betont, sind die für die Datenanalyse angezeigten Auswertungsverfahren schon während des frühen Stadiums (2) der Versuchsplanung einzuplanen (siehe *Kapitel 5*). Mit dem vorliegenden Kapitel möchten wir die enge Verknüpfung dieser beiden Stadien sowohl hinsichtlich des zugrunde liegenden Erkenntnisschemas als auch der praktischen Anwendung aufzeigen und damit das Verständnis für angemessene Datenanalysen verbessern. Zwangsläufig können dabei nur die wichtigsten Grundlagen von statistischen Datenanalysen skizziert und eine kleine Auswahl statistischer Verfahren besprochen werden. Die Methoden der Datenauswertung werden jedoch einerseits in den Psychologiestudiengängen in der Regel parallel zur empirisch-experimentellen Grundausbildung gelehrt und andererseits kann zur Wissensauffrischung auf eine Vielzahl von Statistiklehrbüchern zurückgegriffen werden. Um das Verständnis noch zu erleichtern, haben wir das Buch „Forschungsmethoden und Statistik in der Psychologie" von Sedlmeier und Renkewitz (2008) als Referenzwerk für Verweise herangezogen. Der Leser wird zur Vertiefung der angesprochenen Inhalte direkt auf die entsprechenden Kapitel dieses Referenzbuches verwiesen. Selbstverständlich lassen sich die Inhalte aber auch in anderen Statistiklehrbüchern nachschlagen.

Das Kapitel

- behandelt zunächst die allgemeinen statistischen Grundlagen (*Abschnitt 8.1*);
- erläutert die Daten beschreibende Funktion der Statistik (*Abschnitt 8.2*) anhand von Beispielen und gibt Hinweise auf häufige Fehler bei der praktischen Anwendung;
- führt in die Grundlagen der inferenziellen (schlussfolgernden) Statistik ein (*Abschnitt 8.3*) und gibt Hinweise auf häufige Fehler bei deren praktischer Anwendung;
- gibt einen Überblick über angemessene inferenzielle Testverfahren (*Abschnitt 8.4*) und führt den unerfahrenen Anwender in Flussdiagrammen systematisch durch die relevanten Entscheidungskriterien bei der Wahl eines angemessenen inferenzstatistischen Prüfverfahrens und
- demonstriert anhand eines Beispielexperimentes eine typische deskriptive- und inferenzstatistische Analyse (*Abschnitt 8.5*).

# 8.1 Allgemeine statistische Grundlagen

Zunächst sollen die elementaren Grundlagen der *Wahrscheinlichkeitstheorie* und deren Bedeutung für die praktische Anwendung von statistischen Verfahren in Erinnerung gerufen werden.

> ### Demo 8.1
>
> Für den mit der Wahrscheinlichkeitstheorie wenig vertrauten Leser kann es hilfreich sein, sich mit den statistischen Grundlagen auch praktisch zu befassen. Wer beispielsweise den Unterschied zwischen Stichproben und Populationen praktisch nachvollziehen kann, hat es erfahrungsgemäß leichter, einen elementaren Einstieg in die Statistik vorzunehmen.

Was ist unter Statistik zu verstehen? Im Laienverständnis wird Statistik häufig mit der numerischen und grafischen Beschreibung quantifizierbarer Eigenschaften von Gegebenheiten verknüpft. Beispiele hierfür finden sich tagtäglich in der medialen Berichterstattung:

*„Der Verbraucherpreisindex für Deutschland lag im März 2011 um 2,1% höher als im Vorjahresmonat."*

*„Das Durchschnittsalter der Lehrer stieg in den vergangenen fünf Jahren von 45,9 auf 47,3 Jahre."*

Die Statistik hilft uns, die Vielfalt der Merkmalsausprägungen auf das Wesentliche zu reduzieren und Merkmalsstrukturen übersichtlich zu beschreiben. Die hierzu verwendeten Maßzahlen – z.B. das arithmetische Mittel oder die Varianz – stellen ein Kommunikationsmittel dar, welches die gewonnene Information eindeutig definiert. Damit lässt sich vermeiden, dass Begriffe unterschiedlich verstanden und widersprüchlich interpretiert werden.

Die Anschauung alleine kann bei bestimmten Fragestellungen oder bei sehr großen Datenmengen allerdings auch in die Irre führen bzw. zu falschen Schlussfolgerungen verleiten. Dies gilt insbesondere dann, wenn man entscheiden will, ob die Beobachtungen das Ergebnis einer grundsätzlichen, allgemeingültigen Beziehung sind oder aber durch Zufall zustande gekommen sind. Zufällige Datenstrukturen können gelegentlich eine Gesetzmäßigkeit suggerieren, die tatsächlich nicht gegeben ist. Man denke z.B. an den häufig zu findenden Eindruck, „immer in der falschen Schlange" anzustehen. Die Verwendung bestimmter Erkenntnisschemata der Statistik ermöglicht es, den Informationsgehalt solcher Annahmen zu prüfen. Unter gewissen Bedingungen ist ein solcher Schluss vom Teil (*Stichprobe*) auf das Ganze (*Population*) möglich. Dies ist der Gegenstandsbereich der *schlussfolgernden* oder *inferenziellen Statistik*.

Wie lässt sich jedoch feststellen, ob Merkmalsstrukturen, die sich in einer Stichprobe gezeigt haben, auch für Objekte gelten, die nicht dieser Stichprobe angehören, wenn jedes Stichprobenergebnis zu einem gewissen Grad vom Zufall abhängig und dadurch fehlerhaft ist? Die inferenzielle Statistik verwendet als einen Erkenntnisansatz hier folgende Überlegung: Welche Merkmalsstrukturen in einer Stichprobe wären denkbar, wenn man aus der Gesamtheit der Merkmalsdaten – man verwendet hierfür den Begriff der *Population* – zufällig Datenstichproben entnehmen würde? Diese begrenzte Anzahl von Beobachtungen aus einer Population wird als eine *Zufallsstichprobe* und das dabei betrachtete Merkmal als *Zufallsvariable* bezeichnet. Die strenge Zufälligkeit soll sicherstellen, dass keine systematische („verzerrte") Auswahl der Beobachtungen vorliegt, die einen wahrscheinlichkeitstheoretisch sinnvollen Schluss von der Stichprobe auf die Population ausschließen würde.

Der Stichprobenentnahmevorgang ist dadurch charakterisiert, dass es sich zum einen unter den gleichen Bedingungen beliebig oft wiederholbaren Vorgang handelt, der zu verschiedenen Ergebnissen führen kann, die aber vor seiner Durchführung nicht festliegen. Man bezeichnet diesen Vorgang als ein *Zufallsexperiment* (vgl. Sedlmeier & Renkewitz, 2008, Kapitel 10).

### 8.1.1 Veranschaulichungsbeispiele

Zur Veranschaulichung eines solchen Zufallsexperimentes soll das Würfeln mit einem „fairen Würfel" herangezogen werden. Dabei kann das Ergebnis eines einmaligen Wurfes als Zufallsstichprobenziehung der Zufallsvariablen „geworfene Augenzahl" betrachtet werden. Die möglichen Ergebnisse oder die Menge der möglichen Ergebnisse dieser Zufallsstichprobenziehung stellen die Augenzahlen von 1 bis 6 dar. Es lassen sich auch einzelne Ergebnisse zusammenfassen, beispielsweise indem man alle Ergebnisse, die zu einer geraden Augenzahl führen, denen gegenüberstellt, die zu einer ungeraden Augenzahl führen. Man bezeichnet dies als Ereignis, welches im Fall „gerade Augenzahl" die Menge der Ergebnisse „2 Augen", „4 Augen" und „6 Augen" enthält. Wie jedem einzelnen Ergebnis (Elementarereignis), so lassen sich auch jedem Ereignis im zusammengefassten Ereignisraum aller möglichen Ereignisse Wahrscheinlichkeiten zuordnen, z.B. die Wahrscheinlichkeit 1/2 für das Ereignis „gerade Augenzahl" wie auch 1/2 für das Ereignis „ungerade Augenzahl". Die Wahrscheinlichkeiten aller möglichen Ergebnisse der Zufallsstichprobenziehung begründen dessen *Wahrscheinlichkeitsverteilung*. Im dargestellten Beispiel der Zufallsvariablen „geworfene Augenzahl" erhielte man bei 100 Würfen möglicherweise die in *Abbildung 8.1* dargestellte Verteilung. Wie ersichtlich weichen die beobachteten Häufigkeiten leicht von den theoretisch erwarteten (1/6 von 100 =16 2/3) ab.

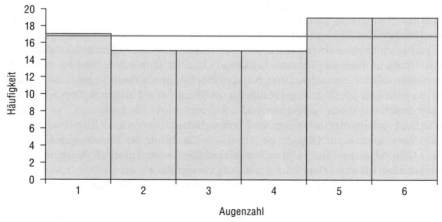

**Würfel-Versuch**
**Geworfene Augenzahl bei 100 Würfen**

**Abbildung 8.1: Beobachtete Häufigkeiten der Augenzahlen (1-6) in einem Würfelexperiment bei 100 Würfen.** Die rote Linie verweist auf die theoretische Wahrscheinlichkeit der voneinander unabhängigen Ereignisse „Augenzahl".

Hätten wir statt mit einem, mit zwei Würfeln geworfen und jeweils die Summe der geworfenen Augen ermittelt, so hätten wir vermutlich eine Verteilung erhalten, die der theoretisch erwarteten in *Abbildung 8.2* ähnelt.

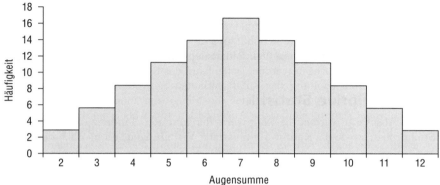

Abbildung 8.2: Häufigkeitsverteilung eines Würfelexperiments mit zwei Würfeln.

Wie diese beiden Beispiele zeigen, resultieren aus einem Zufallsexperiment in Abhängigkeit von der gewählten Zufallsvariablen unterschiedliche Verteilungen, deren Formen sich aber aus den Wahrscheinlichkeiten der Ereignisse theoretisch ergeben (*Wahrscheinlichkeitsverteilungen*).

Die Ermittlung der Reaktionszeit eines Versuchsteilnehmers in einer Zufallsstichprobe kann ebenso als ein Zufallsexperiment betrachtet werden, da weder festliegt, welche Person gewählt wird, noch zu welchem Ergebnis der Reaktionszeittest führt. Analog hierzu können die zu statistischen Kennwerten (*Statistiken*) zusammengefassten Beobachtungen einer empirischen Stichprobe, z.B. das arithmetische Mittel, als Zufallsvariable und deren Erhebung als Zufallsexperiment verstanden werden. Dieses (theoretisch gedachte) Zufallsexperiment führt – unendlich wiederholt – letztlich zu einer Verteilung (*Stichprobenkennwerteverteilung*), die Auskunft darüber erteilt, mit welchen Wahrscheinlichkeiten bestimmte elementare Ereignisse (z.B. bestimmte Mittelwerte) in der Gesamtheit aller möglichen Ereignisse (z.B. aller möglichen Mittelwerte) auftreten (vgl. Sedlmeier & Renkewitz, 2008, Kapitel 10). Die Stichprobenkennwerteverteilungen wiederum liefern die Grundlage für die Beurteilung der Bedeutsamkeit von Ergebnissen in den *Signifikanztests* (vgl. *Abschnitt 8.3*). Dort wird beispielsweise die Frage beantwortet, wie häufig ein im Experiment beobachteter Unterschied im Mittelwert zweier Stichproben auch unabhängig von einer *UV*-Manipulation alleine zufällig auftreten würde. Die dabei rückgemeldeten Wahrscheinlichkeiten ($p$) sind die Auftretenswahrscheinlichkeit einer solchen oder noch extremeren Differenz.

Die wichtigsten Merkmale einer Wahrscheinlichkeitsverteilung werden durch zwei *Parameter* hinreichend repräsentiert: durch den *Erwartungswert* $\mu$ (Lageparameter) und durch die *Varianz* $\sigma^2$ (Streuungsparameter).

Dabei ist der Erwartungswert $\mu$ ein Maß der zentralen Tendenz der Wahrscheinlichkeitsfunktion, den man sich als den Punkt auf der Abszisse vorstellen kann, an dem die Verteilung im Gleichgewicht ist.

Die Populationsvarianz $\sigma^2$ ist ein Maß der Streuung oder Variabilität der Werte der Zufallsvariablen in der Wahrscheinlichkeitsfunktion; sie kennzeichnet also deren Breite. Sie errechnet sich aus der Summe der quadrierten Abweichungen der Werte der Zufallsvariablen vom Erwartungswert $\mu$, welche an der Werteanzahl relativiert wird.

Die *Populationsparameter* werden durch *Stichprobenkennwerte* geschätzt. Dem Parameter $\mu$ steht dabei das arithmetische Mittel $\bar{x}$ gegenüber, der Populationsvarianz $\sigma^2$ die Stichprobenvarianz $s^2$.

Das dargelegte Erkenntnisschema verhilft zu der Folgerung, dass die zu statistischen Kennwerten (Statistiken) zusammengefassten Beobachtungen an der Stichprobe als eine so genannte erwartungstreue Schätzung der entsprechenden Parameter der Population aufgefasst werden können (vgl. Sedlmeier & Renkewitz, 2008, Kapitel 10).

## 8.2 Deskriptive Statistik

In diesem Abschnitt werden die Kennwerte der zentralen Tendenz und der Dispersion für Stichproben sowie die Kennwerte bivariater Verteilungen summarisch dargestellt.

### 8.2.1 Kennwerte der zentralen Tendenz

Die zentrale Tendenz einer empirischen Verteilung wird üblicherweise durch die folgenden statistischen Kennwerte bestimmt:

- das *arithmetische Mittel* (der rechnerische Durchschnitt)
- den *Medianwert* (der Wert, der die Verteilung in zwei flächengleiche Hälften teilt)
- den *Modalwert* (der Wert, der am häufigsten auftritt)

Die Wahl der jeweiligen Statistik muss üblicherweise die Skalenqualität der zu analysierenden Daten berücksichtigen. Die Interpretation des arithmetischen Mittels setzt sinnvollerweise zumindest eine Intervall-Skala voraus, der Medianwert eine Ordinal-Skala, der Modalwert erfordert lediglich eine Nominal-Skala. Neben diesen Einschränkungen, die das Skalenniveau an die Wahl des jeweiligen deskriptivstatistischen Kennwertes stellt, können jedoch im Einzelfall – wie unten dargestellt – Gründe dafür sprechen, etwa nur den Medianwert zu berechnen, obwohl nach der Skalenqualität das arithmetische Mittel zulässig wäre (siehe Exkurs „Messen und Skalenniveaus").

---

### Exkurs: Messen und Skalenniveaus

Ziel einer Wissenschaft ist die Konstruktion von empirisch relevanten Theorien (siehe *Abschnitt 2.4*). Da mit ihnen die Wirklichkeit – zumindest teilweise – rekonstruiert bzw. erklärt werden soll, müssen sie einen hohen empirischen Gehalt aufweisen, d.h., die erhobenen Daten müssen die beobachteten Gegebenheiten so präzise wie möglich messen. In Anlehnung an Stevens (1946) versteht man in der Psychologie unter Messung jede Zuordnung von Zahlen zu Objekten oder Ereignissen gemäß bestimmten Regeln. Eine Messung ist dabei umso präziser, je mehr Eigenschaften der Objektbeziehungen aus der beobachteten Realität auch in den Beziehungen der Zahlen zueinander abgebildet werden können. Variablen können durch unterschiedliche Typen von Skalen gemessen werden, je nachdem, ob es sich um eine metrisch anspruchsvolle Skala handelt oder aber um eine einfache Skala. In diesem Sinne spricht man von dem *Skalenniveau* einer Variablen.

Fortsetzung

Üblicherweise werden folgende vier Skalenniveaus unterschieden:

- **Variable mit Verhältnisskalenniveau:** Die Stufen einer Variablen lassen sich entlang einer Dimension anordnen, wobei die Abstände zwischen den Stufen gleich sind. Die Skala besitzt einen absoluten Nullpunkt (Beispiel: Körpergröße).

- **Variable mit Intervallskalenniveau:** Die Stufen der Variablen lassen sich entlang einer Dimension anordnen, wobei die Abstände zwischen den Stufen gleich sind. Die Skala besitzt keinen absoluten Nullpunkt (Beispiel: In der Psychologie wird der Intelligenzquotient häufig als hypothetische Intervallskala angesehen).

- **Variable mit Ordinalskalenniveau:** Die Stufen der Variablen lassen sich entlang einer Dimension anordnen, wobei die Abstände zwischen den Stufen ungleich sind (Beispiel: Rangreihe von Komponisten hinsichtlich des Grades ihrer Berühmtheit).

- **Variable mit Nominalskalenniveau:** Die Stufen der Variablen lassen sich nicht eindeutig entlang einer Dimension anordnen (Beispiel: Geschlecht, Nationalität).

Vom Skalenniveau einer Variablen hängt es ab, in welcher Art und Weise eine statistische Beschreibung und generell eine quantitative Verarbeitung der Werte sinnvoll möglich ist. Die Daten sind je nach Skalenniveau in unterschiedlichem Maße quantifizierbar: Die Werte nominalskalierter Variablen lassen sich durch beliebige Ziffern, die von ordinalskalierten Variablen durch Rangplätze quantifizieren. Allein bei Messwerten von intervall- und verhältnisskalierten Variablen sind die Intervalle zwischen je zwei aufeinanderfolgenden Stufen einer Skala konstant und erlauben daher eine sinnvolle Interpretation dieser Abstände. Die Bestimmung des Skalenniveaus einer Variablen muss sich im Einzelfall immer am empirischen Datengehalt der tatsächlich beobachteten bzw. gemessenen Merkmalsvarianz orientieren (vgl. Sedlmeier & Renkewitz, 2008, Kapitel 3.2 und 3.3).

In der Psychologie hat man es sehr häufig mit Daten zu tun, die man zwar zunächst für „Messdaten" im engeren Sinne halten könnte, die aber bei näherer Analyse nur als Rangplatzdaten behandelt werden können. Ein prägnantes Beispiel hierfür sind die Schulnoten: Ein Notenunterschied von einer Note entspricht in der Regel ungleichen Leistungsunterschieden, wenn die Notendifferenz auf die Noten 1 und 2 oder aber auf die Noten 2 und 3 bezogen wird. Aus Noten – wie grundsätzlich aus Rangplatzdaten – ist nicht zu ersehen, wie groß der jeweilige Abstand zwischen je zwei Leistungen ist (Lienert, 1987).

Auch wenn auffällt, dass mit den messtheoretischen Voraussetzungen in der Psychologie gelegentlich unkritisch bzw. leichtfertig umgegangen wird, sollte sich der Anwender bewusst machen, von welchen Relationen zwischen den Zahlen er annimmt, dass sie ihm Information über entsprechende Relationen auf der Seite des gemessenen Merkmals liefern. Zahlentransformationen sollten dann nur so vorgenommen werden, dass sie diese Information nicht verändern.

*Lienert, G. (1987). Schulnoten-Evaluation. Frankfurt/M.: Athenäum.*

*Stevens, S. S. (1946). On the theory of scales of measurement. Science, 103, 677-680.*

Allgemein lassen sich die folgenden Gesichtspunkte für die Entscheidung bezüglich eines bestimmten Kennwertes der *zentralen Tendenz* anführen:

Das *arithmetische Mittel* $\bar{x}$ wird gewählt, wenn

■ große Zuverlässigkeit verlangt wird, da $\bar{x}$ von einer Stichprobe zur anderen üblicherweise nur wenig schwankt;

■ andere Kennwerte, wie z.B. die Varianz, anschließend berechnet werden sollen;

■ die Verteilung symmetrisch ist, insbesondere wenn sie der Normalverteilung angenähert ist, und

■ nach dem „Schwerpunkt" gefragt wird.[1]

Der *Medianwert $Md_x$* soll berechnet werden, wenn

■ die Verteilung schief ist; dies gilt auch und besonders für den Fall, dass Extremwerte auf einer Seite der Verteilung beobachtet werden;

■ die Untersuchung nach der Lage des Falles in der unteren oder der oberen Hälfte der Messwertverteilung und nicht nach der genauen Ausprägung des einzelnen Messwertes fragt (Zuordnung zu dichotomisierten Gruppen) und

■ nur eine unvollständige Verteilung vorliegt.

Der *Modalwert $Mod_x$* soll verwendet werden, wenn

■ die schnellstmögliche Kenntnis des zentralen Wertes erforderlich ist;

■ eine grobe Schätzung des Mittels ausreicht;

■ der „typische Fall" benannt werden soll.

Die Berechnung der verschiedenen Kennwerte der zentralen Tendenz werden bei Sedlmeier und Renkewitz (2008, Kapitel 6) ausführlich erläutert.

### 8.2.2 Kennwerte der Streuung

Stichprobenverteilungen können durchaus denselben Mittelwert aufweisen und dennoch verschieden stark streuen. Diese Tatsache wird mit den Kennwerten der Streuung für Stichproben erfasst. Neben der *Variationsbreite* und der durchschnittlichen Abweichung der Messwerte vom Mittelwert ist die *Stichprobenvarianz $s^2$* als Schätzung der Populationsvarianz $\sigma^2$ von besonderer Bedeutung. Die Stichprobenvarianz und die *Standardabweichung s*, die sich als Quadratwurzel aus der Varianz ergibt, sind die wichtigsten Streuungsmaße.

*Abbildung 8.3* verdeutlicht die praktische Relevanz der Streuung von Messdaten für den Nachweis von (Daten-)Trends. In der Abbildung sind für sieben Stufen einer unabhängigen Variablen jeweils zwei unterschiedliche Messwerteverteilungen mit identischem Mittelwert eingezeichnet. Die Messwerteverteilung mit niedriger Streuung weist auf eine hohe Präzision, die mit hoher Streuung hingegen auf eine geringe Präzision der Messungen hin.

---

[1] In der Versuchsplanung (vgl. *Abschnitt 4.3*) wird die unabhängige Variable in der Regel mit dem Symbol $X$ und die abhängige Variable mit dem Symbol $Y$ bezeichnet. Um eine einheitliche Notation gegenüber den gängigen Statistik-Lehrbüchern zu wahren, verwenden wir hier das Symbol $\bar{x}$ für das arithmetische Mittel der gemessenen (abhängigen) Variablen.

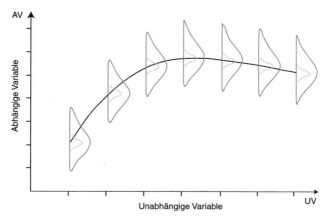

**Abbildung 8.3: Datenbeispiel für die deskriptiv-statistische Beurteilung eines Datentrends mit Fehlerstreuung (s): Messwerteverteilungen für sieben Stufen einer unabhängigen Variablen.** Die Annahme des Vorliegens eines statistisch zuverlässigen umgekehrt U-förmigen Trends lässt sich mit größerer Sicherheit nur im Falle einer relativ geringen Streuung vertreten.

Eine Hypothese über einen bestimmten realen Datentrend, z.B. den hier durch Verknüpfung der Mittelwerte angedeuteten umgekehrt U-förmigen Trend, lässt sich mit einiger Sicherheit nur unter der Bedingung einer geringen Streuung der Messwerte feststellen; bei einer großen Variationsweite der Messwerte lassen sich dagegen, wie die Abbildung ebenfalls veranschaulicht, viele verschiedene Trends einzeichnen, die den Datenverlauf alle gleich gut beschreiben. Die *Standardabweichung* stellt somit ein wichtiges Maß der Datenstreuung dar; sie gibt den mittleren Betrag an, um den die einzelnen Werte vom Mittelwert der Gesamtverteilung abweichen. Je stärker die Werte abweichen („streuen"), desto größer ist die Standardabweichung.

In der psychologischen Diagnostik werden die Leistungen, die Individuen in einem psychologischen Test erzielt haben, häufig durch *Standardwerte* ausgedrückt. Die Testwerte fallen gewöhnlich in einen Bereich, der von drei Standardabweichungen über dem Mittelwert bis zu drei Standardabweichungen unter dem Mittelwert reicht; nur einige wenige Werte liegen niedriger oder höher. Die Standardabweichung kann auf der Abszisse eines Koordinatensystems, in dem die Verteilung der Testwerte veranschaulicht wird, vom Schwerpunkt der Verteilung (Mittelwert) ausgehend, nach oben und unten abgetragen werden. Für jeden individuellen Standardwert kann auf diese Weise abgelesen werden, wie viel Prozent der Testwerte unterhalb dieses Wertes liegen. Alle Messwerte psychologischer Tests, z.B. der Intelligenzquotient (IQ), basieren auf Standardwerten.

Die Berechnung der verschiedenen Kennwerte der Streuung kann in entsprechenden Statistiklehrbüchern nachgeschlagen werden (z.B. Sedlmeier & Renkewitz, 2008, Kapitel 6).

Anhand der Standardabweichung lässt sich der sog. *Standardfehler* des Mittelwerts ($s_{\overline{x}}$) errechnen, der sich aus der Beziehung

$$\sigma_{\overline{x}} = \frac{\sigma}{\sqrt{N}}$$

ergibt. Er stellt die Standardabweichung der *Kennwerteverteilung von Stichprobenmittelwerten* dar und wird in der Regel aus *Stichprobenstreuung* ($s_x$) und *-umfang* (N) geschätzt.

Der besondere Wert dieser Beziehung liegt darin, dass sie es erlaubt, bei gegebenem Stichprobenumfang die Grenzen der Messwerteverteilung anzugeben, innerhalb derer der „wahre" Populationsmittelwert $\mu$ liegt (vgl. Sedlmeier & Renkewitz, 2008, Kapitel 11). Diese Information ist bei der Interpretation experimentell erhobener Messwerte von besonderem Interesse, wie in den weiteren Ausführungen noch gezeigt wird.

Neben der Charakterisierung durch Kennwerte der zentralen Tendenz und der Streuung werden Daten auch noch durch Angaben zur Verteilungsform beschrieben. Verwendet werden hierzu Angaben zur *Symmetrie* (*Schiefe*), zur *Wölbung* (*Exzess* oder *Kurtosis*) und zur Anzahl der Gipfel einer Datenverteilung. Die in *Abbildung 8.2* dargestellte Verteilung ist in diesem Sinne eine idealtypisch symmetrische, eingipflige (unimodale) Verteilung. Sind die Daten auf der rechten Seite einer Datenverteilung häufiger angeordnet als auf der linken, dann spricht man von einer linksschiefen (bzw. rechtssteilen) Verteilung; sind sie dagegen häufiger auf der linken Seite, dann spricht man von einer linkssteilen (bzw. rechtsschiefen) Verteilung.

Kennwerte der zentralen Tendenz und der Streuung finden sich typischerweise auch in den grafischen Darstellungen von Versuchsergebnissen. Zwei Diagrammtypen, das *Fehlerdiagramm* und der *Box-Whisker-Plot*, werden dabei besonders häufig verwendet. In *Abbildung 8.4* sind beispielhaft Altersmittelwerte einer männlichen und einer weiblichen Teilstichprobe in einem Fehlerdiagramm dargestellt. Die vom Mittelwert nach oben und unten abgehenden Fehlerbalken umfassen jeweils einen Standardfehler des Mittelwertes. Statt des Standardfehlers wird oft auch eine Konfidenzintervallbreite eingesetzt.

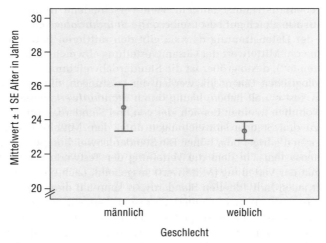

**Abbildung 8.4: Beispiel für die grafische Darstellung von Mittelwert und Standardfehler im Fehlerdiagramm.**

Alternativ lassen sich diese Ergebnisse auch mit einem Box-Whisker-Plot wiedergeben (s. *Abbildung 8.5*). Im Unterschied zum Fehlerdiagramm kann diese grafische Darstellung auch für Variablen auf Ordinalskalenniveau genutzt werden, da als statistische Kennwerte lediglich die Quartilinformationen einfließen. Die horizontalen Begrenzungen der Kästen („Box") entsprechen dabei den Quartilen (25%, 50% = Median, 75%), sodass unmittelbar ersichtlich ist, innerhalb welchen Wertebereichs die mittleren 50% der Daten liegen (Interquartilsabstand). Die von der Box nach oben und unten abgehenden T-Linien (Whisker[2]) begrenzen den Bereich der empirischen Daten auf das 1,5-fache des Interquartilabstands. Empirische Werte, die außerhalb dieses Bereichs liegen, werden als Ausreißer mit einem kleinen Kreis oder, sofern der tatsächliche Abstand zur Quartilsbegrenzung mehr als das 3-fache des Interquartilabstands beträgt, mit einem kleinen Stern gekennzeichnet. Gegenüber dem Fehlerdiagramm vermittelt dieses von Tukey (1977) eingeführte Diagramm neben Informationen zur zentralen Tendenz und Dispersion auch solche zur Verteilungsform und zu kritischen Extremwerten.

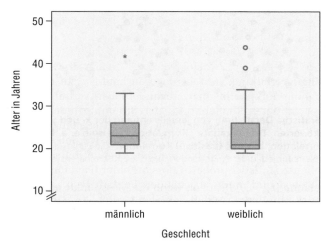

**Abbildung 8.5: Beispiel für die grafische Darstellung von Ergebnissen im Box-Whisker-Plot.**

## 8.2.3 Kennwerte bivariater Verteilungen

Die bisher dargestellten Kennwerte gelten für die Analyse einer einzigen (*AV-*) Variablen; d.h., damit werden so genannte univariate Verteilungen einer Zufallsvariablen beschrieben. In vielen Bereichen der Psychologie gilt das Forschungsinteresse aber besonders der Analyse von Zusammenhängen (*Korrelationen*) zweier (oder mehrerer) Variablen. Werden etwa zwei Variablen auf ihren Zusammenhang hin untersucht, so spricht man von der Betrachtung bivariater Zusammenhänge. Die korrelative Betrachtungsweise lässt sich auch auf die Analyse multivariater Datensätze ausdehnen.

Die Beziehung zwischen zwei Variablen wird durch den Zusammenhang der Messwert-Verteilungen (*Kovariation*) quantitativ beschrieben. Das Vorliegen einer kausalen Beziehung wird allerdings mit einer hohen Korrelation *nicht* belegt. Man kann vielmehr sagen: Wann immer ein kausaler Zusammenhang vorliegt, ergibt sich damit zwingend eine (hohe) Korrelation. Aber eine hohe Korrelation ist durchaus nicht immer auf eine kausale Beziehung zwischen den beiden betrachteten Variablen zurückzuführen. So lässt sich beispielsweise durchaus eine substanzielle Korrelation zwischen der Veränderung der Weißstorchenpopulation und der menschlichen Geburtenrate in Deutschland berechnen und dennoch wird niemand vernünftigerweise darin einen Beleg für die Annahme sehen, „Störche würden die Säuglinge bringen". Eine hohe Korrelation zwischen zwei Variablen ist also eine notwendige, aber keine hinreichende Bedingung für das Bestehen einer kausalen Beziehung. Solche Verteilungen lassen sich z.B. in *bivaria-*

---

2  Der englische Begriff „Whisker" steht für Schnurrbarthaar (z.B. bei der Katze).

ten *Streuungsdiagrammen* darstellen (siehe *Abbildung 8.6*). Diese vermitteln einen unmittelbaren Eindruck von der Enge des korrelativen Zusammenhangs zwischen je zwei Variablen.

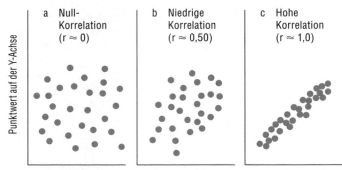

**Abbildung 8.6: Grafische Darstellung von jeweils entlang der x- und y-Achse verschieden stark streuenden Punktwerten: Drei bivariate „Korrelations"-Beispiele. a. Null-Korrelation; b. Niedrige (positive) Korrelation; b. Hohe (positive) Korrelation.** Die Punktwerte erhält man durch Eintragung eines Wertepaars für jeden der $N$ Probanden in das x-y-Koordinatensystem.

Eine Null-Korrelation ($r_{xy} = 0$) liegt vor, wenn die Messpunkte aller Probanden, die sich am Schnittpunkt ihrer jeweiligen Messwerte auf der x- und auf der y-Skala ergeben, eine kreisförmige Gestalt annehmen. Die Korrelation wird umso höher, je mehr sich die Messpunkte vom Kreis über eine Ellipse einer Geraden nähern. Nur in dem Fall einer vollständigen Korrelation kann der Messwert eines Probanden fehlerfrei aus der Kenntnis nur eines Skalenwerts für den jeweils anderen vorhergesagt werden; diese Korrelation wird dann quantitativ durch den Wert $r_{xy} = +1.0$ beschrieben. Besteht eine vollständige umgekehrte Beziehung (je höher der eine Wert, desto niedriger der andere), dann spricht man von einer vollständigen negativen Korrelation ($r_{xy} = -1.0$).

Der Korrelationskoeffizient $r$ erlaubt nicht unmittelbar eine Aussage darüber, wie viel Prozent der Messwert-Varianz zwei Variablen gemeinsam haben. Diese Aussage ist erst aufgrund des *Determinationskoeffizienten* möglich. Der Determinationskoeffizient $r^2$ ist der *quadrierte Korrelationskoeffizient*. Multipliziert man $r^2$ mit 100, erhält man einen Wert, der angibt, wie viel Prozent der Varianz die Werte der beiden korrelierenden Variablen gemeinsam haben.

Korrelationskoeffizienten werden je nach den zu analysierenden Daten durch unterschiedliche rechnerische Verfahren bestimmt. Eine Zusammenstellung der verschiedenen Korrelations- und Kontingenzmaße mit entsprechenden Beispielen findet sich bei Sedlmeier und Renkewitz (2008, Kapitel 7).

## Häufige Fehler bei der Datenanalyse: Deskriptive Statistik

Es gibt eine Reihe von typischen Fehlern („Artefakte") bei der statistischen Datenanalyse, die man vermeiden sollte. Dies gilt sowohl für eigene Datenerhebungen als auch im Zusammenhang mit der kritischen Lektüre von bereits publizierten Untersuchungen anderer (Krämer, 2011). Diese Fehler lassen sich nach der deskriptiven sowie nach der inferenziellen (siehe *Abschnitt 8.3*) Statistik anordnen. Im Folgenden werden sechs besonders häufig anzutreffende Fehler der deskriptiven Datenanalyse angeführt.

### Verzicht auf eine individuelle Rohdatenanalyse

Die Berechnung von Durchschnittswerten (arithmetisches Mittel, Median usw.) beruht auf der Grundannahme, dass *Durchschnittswerte* die jeweiligen individuellen Einzelwerte am besten repräsentieren. Obschon diese Annahme allgemein in den empirischen Wissenschaften gilt, gibt es gerade in der Psychologie wichtige Ausnahmen von dieser Regel.

Als Beispiel für eine fehlerhafte Verwendung von Durchschnittswerten enthält *Abbildung 8.7* zwei altersabhängige IQ-Verlaufstrends für zwei verschiedene Probanden (Pb 17 und Pb 234). Wie man sieht, wächst der IQ-Wert des einen Probanden (Pb 17) erheblich im Alter von 2 bis 12 Jahren, wohingegen genau das Umgekehrte für den anderen (Pb 234) gilt. Eine statistische Mittelung der Daten dieser beiden Einzeltrends würde zu sachlich irrepräsentativen Ergebnissen führen.

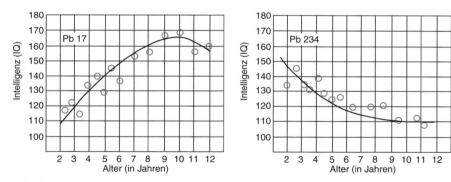

**Abbildung 8.7: Kann man von einem „allgemeinen" Anwachsen der Intelligenz mit dem Alter sprechen?** Altersabhängige IQ-Verlaufstrends für zwei verschiedene Probanden im Kindesalter. Während für Pb 17 vom 3. bis 12. Lebensjahr ein stetiges Anwachsen seiner IQ-Werte beobachtet wird, ergibt sich für Pb 234 ein abfallender IQ-Verlauf.

Fortsetzung

## Verzicht auf eine grafische Darstellung der Rohwerte

Es gehört zu den wichtigsten Grundregeln einer statistischen Datenanalyse, möglichst frühzeitig die Rohwerte zu prüfen und auch grafisch darzustellen, um einen ersten groben Gesamteindruck von der Datenverteilung zu erhalten (*data snooping*).

Die Bedeutung dieser Grundregel lässt sich am Beispiel der grafischen Darstellung von Einzeldaten belegen, die zum Zwecke von Korrelationsberechnungen erhoben werden. Soll eine Korrelation zwischen den beiden Variablen $x$ und $y$ berechnet werden, ist die Verwendung der üblichen Formeln ($r$, *Rho*) kontraindiziert, sobald ein nonlinearer Zusammenhang zwischen $x$ und $y$ besteht (siehe *Abbildung 8.8*). Denn in einem solchen Fall führt die Korrelationsberechnung zu einer Unterschätzung des wahren Zusammenhangs.

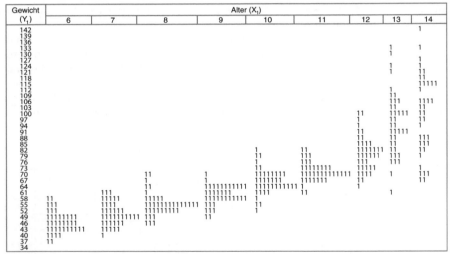

**Abbildung 8.8: Kurvilineare Beziehung zwischen dem Alter ($x_i$) und dem Gewicht ($y_j$) von $N = 360$ amerikanischen Kleinkindern (Alter in Monaten, Gewicht in pounds).** Neben der Kurvilinearität dieser Beziehung ist außerdem ein klarer Streuungszuwachs mit höherem Alter zu verzeichnen. Eine routinemäßige Berechnung des meist üblichen Korrelationskoeffizienten $r$ – ohne eine solche visuelle Dateninspektion – führt zu einer fehlerhaften Unterschätzung des wahren Zusammenhangs. (Modifiziert nach Lewis, 1960)

Fortsetzung

## Verzicht auf eine statistische Berechnung und grafische Veranschaulichung des Stichprobenfehlers ($\sigma_{\bar{x}}$)

Der Verzicht auf die Berechnung und grafische Veranschaulichung des *Stichprobenfehlers* (Standardfehlers) $\sigma_{\bar{x}}$ für den jeweiligen Mittelwert eines Datensatzes (siehe *Abbildung 8.9*) ist in der Forschungspraxis leider noch immer weit verbreitet.

Selbstverständlich ist ein und derselbe Mittelwerttrend anders zu beurteilen, wenn in dem einen Untersuchungsfall die Datenstreuung (Fehlerstreuung) *gering*, im anderen Fall hingegen *groß* ist. Dies gilt ganz unabhängig von der „statistischen" Signifikanz eines jeweiligen Mittelwerttrends; d.h., es wird mit dieser Frage das Problem der „praktischen" Signifikanz von statistisch signifikanten Mittelwertunterschieden berührt (Bredenkamp, 1970; Gigerenzer, 1998).

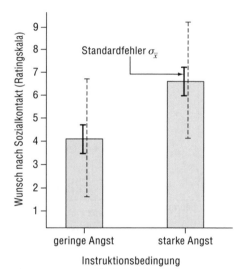

**Abbildung 8.9: Grafische Demonstration des „Standardfehlers" ($\sigma_{\bar{x}}$) am Beispiel der Versuchsdaten von Schachter (1959).** Je nach der Größe des Standardfehlers weist die Mittelwertdifferenz für die „Nicht"-Ängstlichen und die „Ängstlichen" einen hohen (---) oder aber einen niedrigen (—) Instruktionseffekt auf. (Modifiziert nach Sarris, 1999)

Fortsetzung

## Irrepräsentative Untersuchung von Streuungsbereichen

Bei diesem Untersuchungsfehler haben wir es streng genommen weniger mit einem „statistischen" Fehler als vielmehr mit einem „Versuchsplanung"-Artefakt zu tun. Allerdings hängen der Sache nach beide Aspekte („Statistik" und „Versuchsplanung") insofern zusammen, als nämlich häufig erst am Ende einer Untersuchung festzustellen ist, ob man die Datenerhebung statistisch repräsentativ oder aber irrepräsentativ vornahm. Als Beispiel für diesen Fehler sei die Untersuchung zwischen zwei Testvariablen $x$ („Intelligenz") und $y$ („Konzentration") genannt, wobei hierfür angenommen wird, dass die Untersuchung nur einen limitierten Datenbereich repräsentiert. In einem solchen Fall zeigt sich, dass man zu einer drastischen Fehlberechnung (hier: Unterschätzung) der eigentlich bedeutsamen statistischen Korrelation gelangt (siehe *Abbildung 8.10*).

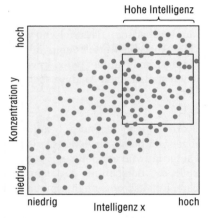

**Abbildung 8.10: Grafische Demonstration des Einflusses der Streuungsbreite der Messwerte auf die Höhe der Korrelation zwischen den beiden Variablen „Konzentration" ($y$) und „Intelligenz" ($x$).** Werden beispielsweise nur intelligente bis hochintelligente Probanden auf den fraglichen korrelativen Zusammenhang zwischen $x$ und $y$ untersucht, dann korrelieren die beiden Variablen nicht miteinander – im Vergleich zum umgekehrten Fall, dass Probanden sämtlicher Intelligenzstufen repräsentativ untersucht werden. (Modifiziert nach Sarris & Lienert, 1974)

Während dieses Beispiel der *korrelativen* Psychologie entnommen ist, muss beachtet werden, dass sich die Frage einer repräsentativen (generalisierbaren) Untersuchungsbasis auch im Laboratorium der *experimentellen* Psychologie immer wieder stellt. Fehlerhafte Schlussfolgerungen aus Experimenten können beispielsweise dadurch entstehen, dass – meist aus ökonomischen Gründen – zu wenige (oder auch irrepräsentative) Versuchsbedingungen überprüft werden. So suggeriert ein auf zwei Messzeitpunkten basierendes Resultat eine lineare Beziehung zwischen der *UV* und der *AV*, obwohl die beiden Messpunkte durch alle möglichen kurvilinearen Trends gleich gut angepasst werden können.

Fortsetzung

Ein anders gelagertes Beispiel für die mit der Wahl eines irrepräsentativen Datenbereichs bestehende Gefahr von artifiziellen Ergebnissen ist der sogenannte *Extremgruppenvergleich*. Es handelt sich hierbei um die experimentelle Testung von nur zwei Versuchsbedingungen, deren Abstufungen auf der betreffenden UV-Achse im extrem niedrigen sowie extrem positiven Messwertebereich liegen. Hier sind unabhängig von experimentellen Effekten Datenänderungen in den weniger extremen Bereich hinein wahrscheinlich (*statistische Regression*). Der Extremgruppenvergleich sollte nur dann eingesetzt werden, wenn es um die prinzipielle Erkundung einer experimentellen Wirkung in Abhängigkeit der Variation eines bestimmten Faktors geht („Pilot-Studie").

## Verzicht auf eine Überprüfung der statistischen Ausgangswerte für einen Vorher-Nachher-Versuchsplan

Die Zufallsgruppen-Versuchspläne mit Vorher-Nachher-Messung sehen die Bestimmung von *Ausgangswerten* vor einer unterschiedlichen Behandlung der betreffenden Gruppen vor. Nun kann es aber sein, dass sich die verschiedenen Gruppen rein zufällig im Hinblick auf ihre Ausgangswerte voneinander unterscheiden. Ein einfaches – in der Untersuchungspraxis immer wieder vernachlässigtes – Vorgehen besteht in der nachträglichen statistischen Analyse eben dieser Ausgangswerte.

## Berechnung von Indexkorrelationen

Grundsätzlich basieren Korrelationen rechnerisch auf den jeweiligen Rohwerten. Trotzdem kommt es häufiger vor, dass Korrelationsberechnungen nicht anhand der Ausgangsdaten, sondern aufgrund von abgeleiteten Daten erfolgen. Einen Extremfall dieser Vorgehensweise stellt die Berechnung sogenannter Indexkorrelationen dar, bei denen eine unmittelbare, inhaltsbezogene Interpretation nicht möglich ist. Auch hier sollte bedacht werden, dass statistische Datenanalysen nicht auf einer gedankenlosen Anwendung von „Kochrezepten" beruhen dürfen, sondern eine klare Beachtung ihrer mathematischen und inhaltlichen Voraussetzungen erfordern.

Bredenkamp, J. (1970). *Über Maße der praktischen Signifikanz. Zeitschrift für Psychologie, 177, 310-318.*

Gigerenzer, G. (1998). *We need statistical thinking, not statistical rituals. Behavioral and Brain Sciences, 21, 199-200.*

Krämer, W. (2011). *So lügt man mit Statistik. München: Piper Verlag..*

Lewis, D. (1960): *Quantitative methods in psychology. New York: McGraw-Hill.*

Sarris, V. & Lienert, G. A. (1974). *Konstruktion und Bewährung von klinisch-psychologischen Testverfahren. In: W. J. Schraml & G. Baumann (Hrsg.), Forschungsmethoden in der klinischen Psychologie II. Bern: Huber.*

Sarris, V. (1999). *Einführung in die experimentelle Psychologie: Methodologische Grundlagen. Lengerich: Pabst.*

Schachter, S. (1959). *The psychology of affiliation. Stanford: Stanford University Press.*

### 8.2.4 Stichprobenumfang

Für jede Untersuchung stellt sich naturgemäß die Frage nach der *Größe der zu untersuchenden Stichproben.* Das heißt, dem Untersucher ist in aller Regel bereits *vor* der Durchführung seines Experimentes daran gelegen zu wissen, wie viele Personen, Versuchstiere usw. er überhaupt testen muss, um – im Falle von real existierenden experimentellen Effekten – diese mittels eines Minimums an Erhebungsaufwand auch tatsächlich nachweisen zu können.

Die Antwort hierauf hängt von verschiedenen Faktoren ab, die im konkreten Fall unter Umständen nicht alle bekannt sind, sodass man für den jeweiligen Einzelfall nur approximative Richtwerte angeben kann. Die Bestimmung einer optimalen Stichprobengröße findet sich in der Statistik unter dem Begriff der *Teststärke-* oder *Poweranalyse,* mit der die Wahrscheinlichkeit, einen in der Population vorhandenen Unterschied durch den verwendeten statistischen Test aufzudecken, behandelt wird. Um vor einer Untersuchung den optimalen Stichprobenumfang zu ermitteln, werden die Effektgröße – also z.B. die Differenz zweier Mittelwerte –, der Fehler erster Art ($\alpha$-Fehler) und die Teststärke ($1 - \beta$-Fehler) des angezielten statistischen Tests zueinander in Beziehung gesetzt (vgl. *Abschnitt 8.3*). Da die Berechnungen in Abhängigkeit vom verwendeten inferenzstatistischen Test recht aufwendig sein können, greift man hier gerne auf entsprechende Tabellen von Cohen (1988) zurück oder nutzt verfügbare Computerprogramme, wie z.B. GPower (Faul, Erdfelder, Lang & Buchner, 2007; *http:// www.psycho.uni-duesseldorf.de/abteilungen/aap/gpower3).*

## 8.3 Inferenzstatistik

Die für die experimentalpsychologische Forschung vielleicht wichtigste Funktion der Statistik (Hypothesentestung auf entscheidungstheoretischer Basis) liegt darin, die so genannte inferenziell-statistischen („beweisführenden") Analysen anhand der zuvor mit den Verfahren der deskriptiven („beschreibenden") Statistik behandelten Ausgangsdaten durchzuführen.

### 8.3.1 Grundlagen der statistischen Entscheidung

Im Prinzip wird bei der statistischen Entscheidung danach gefragt, ob die statistischen Kennwerte, die zur Beschreibung der jeweiligen Stichproben berechnet worden sind, ein und derselben Population angehören, also auf einen gemeinsamen Parameter zurückgeführt werden können und somit nur zufällig voneinander verschieden sind. Diese Problemstellung ist ein Kernstück der Inferenzstatistik; sie wird bezüglich der Frage „Entstammen beide empirische Verteilungen derselben Population?" mit Hilfe von *Abbildung 8.11* verdeutlicht. In der Grafik sind zwei ideale Verteilungen von „Rohdaten" nebeneinander abgetragen:

Der Mittelwert der Verteilung der Gruppe 1 beträgt $\bar{x}_1$ (85); der Mittelwert der Gruppe 2 beträgt $\bar{x}_2$ (89). Unterscheiden sich die Gruppen voneinander statistisch *signifikant,* sodass der Schluss gerechtfertigt ist, bei den Messwerteverteilungen handele es sich nicht um Messwerte aus *einer* Population und der Unterschied könne nicht im Sinne der so genannten *Nullhypothese* interpretiert werden? – Die Nullhypothese lautet:

$$H_0 : \mu_1 = \mu_2 = \mu$$

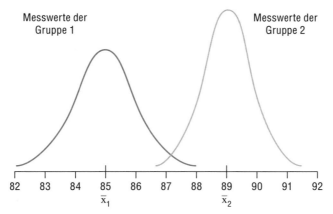

**Abbildung 8.11: Ist die Differenz zwischen den beiden Mittelwerten $\bar{x}_1$ und $\bar{x}_2$ statistisch signifikant?**

Es wird bei der Prüfung der Nullhypothese von der zu prüfenden *statistischen Hypothese* ausgegangen, die beiden Stichprobenkennwerte der zentralen Tendenz – die Mittelwerte $\bar{x}_1$ und $\bar{x}_2$ – seien Schätzungen desselben (Populations-)Parameters ($\mu$); folglich sei deren Differenz im statistischen Sinne nicht bedeutsam („Null", d.h. *insignifikant*), eben weil sie noch innerhalb der Zufallsgrenzen der Stichprobenauswahl liege. Die Gültigkeit dieser „Null-Hypothese kann nur über die Wahrscheinlichkeitsverteilung der Zufallsvariablen, die jedem Wert eine bestimmte Wahrscheinlichkeit zuordnet, entschieden werden. Die Entscheidung über die tatsächliche Bedeutung dieses Unterschiedes ist also mit einem gewissen Fehlerrisiko belastet.

## Risiken bei der Entscheidung über Nullhypothesen

Bei der Prüfung statistischer Hypothesen wird grundsätzlich die Frage nach der Gültigkeit der Nullhypothese gestellt. Ihr wird eine sog. *Alternativhypothese $H_1$* (die eigentliche Forschungs- bzw. Arbeitshypothese) gegenübergestellt. Deren Gültigkeit kann aber in der Regel nicht „direkt" geprüft werden, da die Parameter ihrer Wahrscheinlichkeitsverteilung unbekannt sind. Im obigen Beispiel meint die Alternativhypothese das Folgende:

$$H_1 : \mu_1 \neq \mu_2$$

Die Gültigkeit dieser „zweiseitig" (d.h. ungerichtet) formulierten Hypothese kann nach der Logik mathematisch-statistischer Tests nicht absolut bewiesen werden. Sie wird allerdings dann wahrscheinlich, wenn sich die Ergebnisse mit der durch die $H_0$ formulierten Annahme kaum vereinbaren lassen, d.h., wenn die Wahrscheinlichkeit für das zufällige Auftreten eines solchen (oder noch extremeren) Unterschieds nur sehr gering ist. Daher wird auch grundsätzlich nur die Nullhypothese „beibehalten" oder „verworfen". In der Forschungspraxis führt das Verwerfen der Nullhypothese zur Annahme der Gültigkeit der Alternativhypothese. Welche Risiken dabei durch eine falsche Entscheidung entstehen, wird mit Hilfe von *Abbildung 8.12* veranschaulicht.

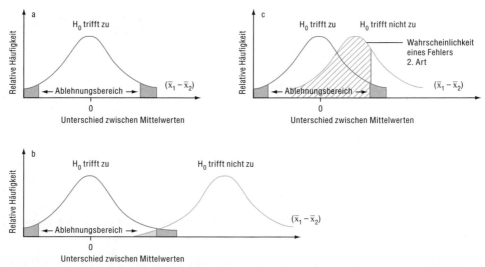

**Abbildung 8.12: Hypothetische Verteilungen von Mittelwertdifferenzen $(\overline{x}_1 - \overline{x}_2)$ für die Nullhypothese und für die Alternativhypothese in drei möglichen Situationen: (a) kein Effekt, (b) großer Effekt und (c) geringer Effekt der unabhängigen Variablen ($UV$) auf die abhängige Variable ($AV$).** (Modifiziert nach Wood, 1974)

In den hypothetischen Fällen wird unter (a) eine Verteilung dargestellt, die der Voraussage gemäß der Nullhypothese entspricht, wonach zwischen den Mittelwerten kein Unterschied besteht. Die beiden dunklen Enden der Verteilung kennzeichnen die Ablehnungsbereiche der Nullhypothese. Nur Verteilungen, deren Mittelwerte in diese Bereiche fallen, führen zum Verwerfen der Nullhypothese. Dies ist im Beispiel (b) der Fall, wo der Verteilungsmittelwert weit außerhalb der Verteilung der Messwerte unter der Nullhypothese liegt. Es handelt sich also um ein *signifikantes* Ergebnis; d.h., die Nullhypothese wird verworfen. Im Fall (c) liegt ebenfalls ein Effekt der unabhängigen Variablen vor. Allerdings haben beide Verteilungen noch erhebliche Gemeinsamkeiten. Der schraffiert gezeichnete Bereich gibt die Wahrscheinlichkeit an, einen sog. *Fehler 2. Art (β-Fehler)* zu begehen. Dieser Fehler besteht darin, dass die Nullhypothese beibehalten wird, obwohl sie falsch ist. Dieser Gefahr kann nicht – wie aus der Abbildung leicht zu erschließen ist – dadurch begegnet werden, dass etwa noch schärfere Signifikanzgrenzen errichtet werden; denn das würde zwar den *Fehler der 1. Art (α-Fehler)* – $H_0$ wird verworfen, obwohl sie gilt – verringern, gleichzeitig aber die Wahrscheinlichkeit des Fehlers der 2. Art (β-Fehlers) – die schraffierte Fläche würde noch weiter anwachsen – erheblich erhöhen. Dieser reziproke Zusammenhang zwischen dem Fehler 1. Art und dem Fehler 2. Art ist schematisch in *Tabelle 8.1* dargestellt.

**Tabelle 8.1**

**Gegenüberstellung von Fehler 1. Art ($\alpha$-Fehler) und Fehler 2. Art ($\beta$-Fehler) mit den damit verbundenen statistischen Entscheidungsrisiken.**

| | Tatsächlicher Sachverhalt (Population) | |
|---|---|---|
| **Entscheidung (Untersucher)** | **Kein Unterschied: Nullhypothese ($H_0$) ist korrekt** | **Realer Unterschied: Forschungshypothese ($H_1$) ist korrekt** |
| „Daten belegen die Nullhypothese" ($H_0$) | Korrekte Entscheidung (kein Fehler) | Fehler 2. Art ($\beta$-Fehler) |
| „Daten belegen die Forschungshypothese" ($H_1$) | Fehler 1. Art ($\alpha$-Fehler) | Korrekte Entscheidung (kein Fehler) |

Eine Lösung für dieses Dilemma kann es nur im Sinne eines Kompromisses geben. Eine plausible Lösung dieses Konflikts liegt daher häufig in der Wahl eines mittleren statistischen Signifikanzniveaus für die Ablehnung der H0 von $p = .05$.

## Häufige Fehler bei der Datenanalyse: Inferenzielle Statistik

Im Folgenden werden vier verschiedene Fehler („Artefakte") angeführt, die bei der inferenziellen Datenanalyse häufig anzutreffen sind. Auch diese Beispiele decken – wie bereits einleitend vermerkt – den Bereich möglicher Fehlerquellen keineswegs ab. Sie sollen aber als eine weitere Warnung vor einem unkritischen Gebrauch des statistischen Methodenapparats dienen. Dieser Hinweis gilt hier umso mehr, als im Rahmen dieses Lehrbuchs der Experimentalpsychologie – schon aus Raumgründen – meist nur schematische Auswertungshinweise erfolgen.

### Verzicht auf Prüfung der Voraussetzungen inferenzstatistischer Testverfahren

Eine sinnvolle Interpretation der Ergebnisse inferenzstatistischen Testverfahren ist häufig an bestimmte Voraussetzungen der erhobenen Daten gebunden. So verlangt der $t$-Test für unabhängige Stichproben, dass die verarbeiten Daten intervallskaliert sind, aus normalverteilten Grundgesamtheiten entnommen wurden und für die unabhängigen Stichproben Varianzhomogenität besteht. Obwohl der Test relativ robust gegenüber Verletzungen der Voraussetzungen ist, sind bei umfangreicheren Voraussetzungsverletzungen Fehlentscheidungen nicht auszuschließen. Dies gilt für komplexere statistische Testverfahren umso stärker.

Fortsetzung

## Sukzessive Anwendung von *t*-Tests anstelle einer Varianzanalyse (bzw. Trendanalyse)

Im Statistikunterricht für Studenten der Psychologie, Pädagogik, Medizin usw. wird üblicherweise der sog. Zweistichprobenfall (siehe *Abbildung 8.15* und *Abbildung 8.16*) bei Weitem genauer und umfangreicher behandelt als der sachlich übergeordnete – grundsätzlich diffizilere – Mehrstichprobenfall. Im Extremfall führt dies dazu, dass dem Studenten selbst am Ende eines zweisemestrigen Kurses in statistischer Methodenlehre nicht (bzw. nur ungenügend) klar geworden ist, dass eine sog. Varianzanalyse (Mehrfachstichprobenfall) im Prinzip nichts anderes darstellt als den auf den Mehrstichprobenfall erweiterten *t*-Test (Zweistichprobenfall). Die mehrfache Anwendung eines *t*-Tests (Zweistichprobenfall) auf Mittelwertvergleiche für mehrere Stichproben ($p > 2$ Stichproben) – anstelle der Durchführung einer tatsächlich indizierten Varianzanalyse (Mehrstichprobenfall) – akkumuliert die Wahrscheinlichkeit des Fehlers 1. Art und kann damit falsche Entscheidungen nach sich ziehen.

## Wahl eines einfachen „Trendtests" anstelle eines „Trenddifferenztests" bei der Überprüfung von quantitativen Modellen

Wie im Einführungsteil (*Abschnitt 2.4*) dargestellt, kommt der Modellmethode im Rahmen der psychologischen Theorienbildung eine besonders große methodologische Bedeutung zu. Dabei hat das mathematische Modell den speziellen Vorteil der exakten „Vorhersage" von Verhaltensausprägungen, die entsprechend mit den empirischen Befunden sehr genau konfrontiert werden können.

Wie testet man einen Modelltrend? – Die Antwort lautet: mit einem sog. „Trenddifferenztest", also nicht mit einem einfachen Trendtest. Die Bedeutung der Unterscheidung zwischen diesen beiden wichtigen statistischen Überprüfungsansätzen zeigt das folgende Beispiel:

Angenommen es soll die umgekehrt U-förmige Beziehung zwischen „Motivationshöhe" (*UV*) – mit drei experimentellen Stufen – und „Leistungseffektivität" (*AV*) untersucht werden. Dabei erhalte man den in *Abbildung 8.13* wiedergegebenen (fiktiven) Datensatz, und zwar in zweifacher Darstellungsweise: Während auf der linken Seite dieses Schemas eine einfache Regressionsgerade durch die drei Durchschnittswerte gelegt ist, gibt die rechte Seite dieselben Punkte wieder, diesmal aber durch einen umgekehrt U-förmigen Kurvenzug angepasst. Welche Kurvenanpassung (*curve fitting*) ist nun die sachlich angemessenere? Die Beantwortung dieser Frage ist nach zwei verschiedenen Schritten zu geben. Zunächst ist zu wiederholen, dass hier ein Trenddifferenztest – anstelle eines einfachen Trendtests – angezeigt ist, weil gemäß der Yerkes-Dodson-Modellhypothese eine klare Trend-Vorhersage getroffen wird (umgekehrt U-förmiger Trendverlauf). Es werden folglich die Differenzen zwischen den empirischen und den theoretischen Werten zufallskritisch zu untersuchen sein. – Im Falle, dass etwa das Yerkes-Dodson-Gesetz (vgl. Orig 8.1) unbekannt wäre und daher auch keine Vorhersage hätte getroffen werden können, wäre umgekehrt der sog. einfache Trendtest zu benutzen gewesen („modellfreie" Trendtestung). In einem solchen Fall wäre sukzessive inferenzstatistisch auf einen Trend 1. Ordnung (linear), 2. Ordnung (quadratisch), 3. Ordnung, ..., *n*. Ordnung zu testen (siehe z.B. Bortz & Schuster, 2010, Kapitel 13.1.4).

Fortsetzung

Was kann nun passieren, wenn ein Untersucher diese Testindikationen nicht genügend kennt, er aber beide Trendtests aufgrund seiner Daten „ausprobiert" und dabei – zu seiner Überraschung – feststellen muss, dass je nach Trendtestwahl das eine Mal eine lineare Beziehung, das andere Mal aber eine quadratische (umgekehrt U-förmige) Trendkomponente nachgewiesen wird? Genau dieser Fall, der bei bestimmten Streuungsverhältnissen (Fehlerstreuungen) eintreten kann, ist in *Abbildung 8.13* dargestellt (die senkrechten Balken stellen die Standardfehler-Werte dar).

Ganz allgemein gilt die Regel, dass die inferenzstatistischen Überprüfungsverfahren nicht etwa wie „Kochrezepte" mehr oder weniger gedankenlos verwendet werden dürfen, sondern – im Gegenteil – nach inhaltlichen und methodologischen (hier: modelltheoretischen) Gesichtspunkten einzusetzen sind.

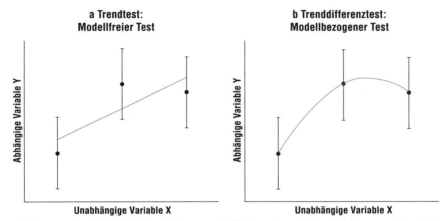

**Abbildung 8.13: Unterscheidung eines „modellfreien" Trendtests (links) gegenüber einem „modellbezogenen" Trenddifferenztest (rechts) bei ein und denselben Mittelwerten und Standardfehlern.** Die Wahl des für diesen (fiktiven) Datensatz angemessenen statistischen Prüfverfahrens muss hier nach theoretisch-inhaltlichen Gesichtspunkten erfolgen. (Modifiziert nach Sarris & Stolze, 1980)

## Wahl einer „korrelativen" anstelle einer „varianzanalytischen" Modellprüfung

Den nachfolgenden *Abbildung 8.16* (S. 162) und *Abbildung 8.18* (S. 163) lässt sich entnehmen, dass die Varianzanalyse jenes inferenzstatistische Auswertungsverfahren darstellt, welches zur Testung von zwei- oder mehrfaktoriellen Modellen grundsätzlich geeignet ist. In der Forschungspraxis finden sich jedoch immer wieder fragwürdige „Testungen" der Modellgüte aufgrund der Berechnung von Korrelationskoeffizienten (Birnbaum, 1973, 1974). Das in der *Abbildung 8.13* wiedergegebene (fiktive) Datenbeispiel kann auch im vorliegenden Zusammenhang als Verdeutlichung herangezogen werden. Insofern man nämlich die theoretischen Vorhersagewerte mit den empirischen Daten korreliert, ergibt sich – z.B. für den umgekehrt U-förmigen Trendverlauf – eine sehr hohe Korrelation (nahe bei 1).

Fortsetzung

Die Signifikanz einer solchen Korrelation besagt aber keineswegs, dass das Modell den Daten genügt. Es könnte nämlich sein, dass bei einer varianzanalytischen (hier: trenddifferenzanalytischen) Modelltestung statistisch signifikante Abweichungen zwischen Modellwerten und empirischen Daten nachgewiesen werden. Bei der Wahl einer „korrelativen" Modelltestung wird man in aller Regel ein Modell sehr viel weniger leicht widerlegen können als im zweiten – dem eigentlich korrekt angesetzten – Untersuchungsfall.

Auch dieses Beispiel macht deutlich, dass der Einsatz von „Statistik" – in der Hand des Experten – sicherlich zu einer der großen Errungenschaften der biomedizinischen sowie sozialwissenschaftlichen Disziplinen zählt, dass aber derselbe Methodenapparat in der Hand des Unkundigen leicht zu falschen Ergebnissen und Schlussfolgerungen führt.

*Birnbaum, M. H. (1973). The devil rides again: Correlation as an index of fit. Psychological Bulletin, 79, 239-242.*

*Birnbaum, M. H. (1974.). Reply to the devils advocates: Don't confound model testing and measurement. Psychological Bulletin, 81, 854-859.*

*Bortz, J. & Schuster, C. (2010). Statistik für Human- und Sozialwissenschaftler (7. Aufl.). Berlin: Springer.*

*Sarris, V. & Stolze, G.(1980). Theorie und Experiment in der Psychophysik: Kontexteffekte, psychophysikalische Gesetze und psychologische Bezugssystemmodelle. In W. Lauterbach & V. Sarris (Hrsg). Beiträge zur psychologischen Bezugssystemforschung. Bern: Huber.*

## 8.4 Inferenzstatistische Testverfahren

Nachdem sich Poppers (1984) wissenschaftslogisches Postulat der indirekten Erkenntnisvermehrung durch das Prinzip der *Falsifikation* (nicht: Verifikation!) von Hypothesen und Theorien in sämtlichen empirischen Wissenschaften durchgesetzt hat, kommt der methodologisch gebotenen Beachtung der statistischen *Nullhypothese* im vorliegenden Zusammenhang eine entsprechend große Bedeutung zu. Denn wie oben gezeigt werden wissenschaftlich-inhaltliche Hypothesen zum Zwecke ihrer Prüfung stets als Nullhypothesen formuliert und dann so getestet, dass nur durch deren *Zurückweisung* hypostasierte Unterschiede oder Korrelationen indirekt bestätigt werden können. Damit entspricht die Benutzung von statistischen Prüfverfahren in ihrem Kern dem allgemeinen wissenschaftstheoretischen Prinzip der empirischen Forschungsarbeit.

Da in sämtlichen Bereichen der Psychologie mehr oder weniger große inter- und intraindividuelle Datenstreuungen eher die Regel als die Ausnahme sind, ist die Beurteilung von zufallskritischen Effekten infolge von *UV*-Variationen nur durch den Einsatz von *inferenziellen* („beweisführenden") Tests möglich. Daher stellen die statistischen Prüftests die sachlogisch und praktisch wichtigste Entscheidungsinstanz für das Beibehalten oder für die Ablehnung von zuvor gestellten (Forschungs-) Hypothesen dar. Darüber hinaus kommt dem Einsatz der Statistik aber auch noch eine weitere – vielfach übersehene – Bedeutung gerade in der psychologischen Forschung zu, nämlich die, dass erst durch deren regelmäßigen Gebrauch eine gewisse Standardisierung des methodischen Denkens und Arbeitens erreicht wird. Damit wird die Frage der Beliebigkeit in der Psychologie heutzutage viel besser als etwa noch vor rund 30 oder mehr

Jahren beantwortet. Dies gilt unbeschadet des Umstands, dass ein übertriebener und unreflektierter Gebrauch der Statistik zu Recht auf Kritik gestoßen ist (Nickerson, 2000; Stanley, Jarrell & Doucouliagos, 2010).

## 8.4.1 Indikation statistischer Prüfverfahren

Es gibt verschiedene Gesichtspunkte, nach welchen ein Ordnungssystem für die zahlreichen Prüfverfahren aufgebaut sein kann. Ein wesentlicher Aspekt ist hierbei die Prüfung der im Exkurs angesprochenen messtheoretischen Voraussetzungen. In vielen Bereichen der empirischen Psychologie werden sogenannte *parametrische* (verteilungsgebundene) Prüfverfahren eingesetzt, die voraussetzen, dass Mittelwerte und Varianzen berechnet werden können. Wie wir gesehen haben, sind diese jedoch erst bei Messungen auf Intervallskalenniveau sinnvoll interpretierbar. Liegen solche Messungen nicht vor, so sollte der Anwender auf sogenannte *nicht-parametrische* (verteilungsfreie) Prüfverfahren ausweichen, welche sowohl für nominalskalierte als auch ordinalskalierte Variablen verfügbar sind.

Wir möchten hier lediglich auf die gebräuchlichsten Verfahren hinweisen und verweisen im Übrigen auf Sedlmeier und Renkewitz (2008, Teil III und Teil IV). Eine vertiefende Darstellung varianzanalytischer Techniken findet sich auch bei Moosbrugger und Reiß (2010). Um dem unerfahrenen Anwender die Wahl eines angemessenen inferenzstatistischen Prüfverfahrens zu erleichtern, verwenden wir ein Flussdiagramm, welches als „Wegweiser" systematisch die Kriterien für diese Wahl durchläuft. Dazu ist anzumerken, dass zwangsläufig nur eine kleine Auswahl von inferenzstatistischen Tests dargestellt werden kann; z.B. sind einige wichtige andere klassische Prüfverfahren, wie etwa die sogenannten Anpassungs- oder *goodness of fit*-Tests, welche zur Prüfung der Abweichungen empirischer von theoretischen Verteilungen verwendet werden (vgl. „Häufige Fehler bei der Datenanalyse: Inferenzielle Statistik"), nicht angeführt. Der Kolmogorov-Smirnov-Test wie auch der $\chi^2$-Anpassungstest gehören zu dieser Verfahrensgruppe.

*Abbildung 8.14* verdeutlicht, dass zunächst eine Entscheidung über die Art der Fragestellung zu treffen ist. Wird in der Hypothese ein Zusammenhang zweier (oder mehrerer) Variablen formuliert, dann sind korrelations- und/oder regressionsanalytische Methoden angemessen. Wird dagegen nach Unterschieden in Datenstichproben gefragt, ist zunächst zu klären, ob diese in ihren Wertausprägungen voneinander unabhängig oder abhängig sind (z.B. weil wiederholte Messungen an denselben Personen vorliegen).

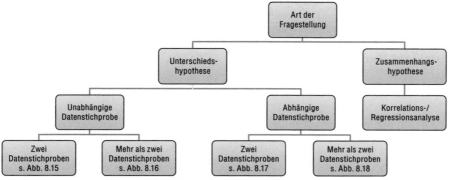

**Abbildung 8.14: „Wegweiser" zur Wahl eines angemessenen inferenzstatistischen Prüfverfahrens – Fragestellung und Stichprobenart.**

Liegen zwei unabhängige Datenstichproben vor, dann lässt sich anhand von *Abbildung 8.15* in Abhängigkeit vom Skalenniveau das angemessene inferenzstatistische Prüfverfahren bestimmen.

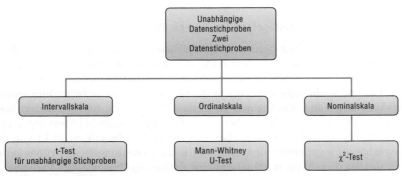

**Abbildung 8.15: „Wegweiser" zur Wahl eines angemessenen inferenzstatistischen Prüfverfahrens – zwei unabhängige Datenstichproben.**

Analog hierzu kann aus *Abbildung 8.16* das angemessene inferenzstatistische Prüfverfahren für mehr als zwei unabhängige Datenstichproben bestimmt werden.

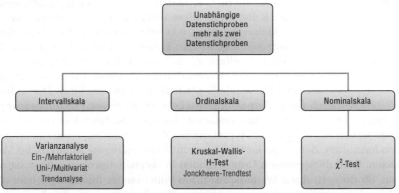

**Abbildung 8.16: „Wegweiser" zur Wahl eines angemessenen inferenzstatistischen Prüfverfahrens – mehr als zwei unabhängige Datenstichproben.**

Liegen zwei abhängige Datenstichproben vor, vermitteln die *Abbildung 8.17* und *Abbildung 8.18* in Abhängigkeit vom Skalenniveau die angemessenen inferenzstatistischen Prüfverfahren.

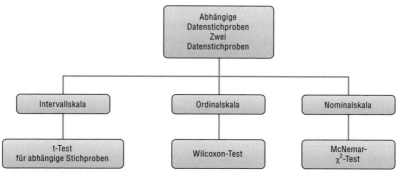

**Abbildung 8.17:** „Wegweiser" zur Wahl eines angemessenen inferenzstatistischen Prüfverfahrens – zwei abhängige Datenstichproben.

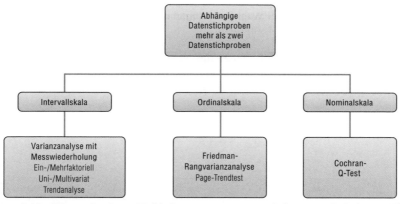

**Abbildung 8.18:** „Wegweiser" zur Wahl eines angemessenen inferenzstatistischen Prüfverfahrens – mehr als zwei abhängige Datenstichproben.

Abschließend soll nicht versäumt werden darauf hinzuweisen, dass auch in der psychologischen Grundlagenforschung zunehmend komplexere multivariate statistische Prüfverfahren, wie Mehrebenenanalysen, Faktoren- und Clusteranalysen, Diskriminanzanalysen und lineare Strukturgleichungsmodelle Verbreitung finden. Im Einzelnen setzen diese Verfahren jedoch vertiefte Kenntnisse voraus, die das Ausbildungsniveau für das Bachelorstudium im Fach Psychologie überschreiten (s. z.B. Backhaus, Erichson & Weiber, 2011; Tabachnick & Fidell, 2007).

## 8.5 Demonstrationsbeispiel

Ein in der Psychologie intensiv untersuchtes Thema ist die Verarbeitung und Speicherung von Informationen im Gedächtnis. Atkinson und Shiffrin (1968) vermuteten, dass drei verschiedene Speichersysteme an einer aktiven Verarbeitung von Informationen beteiligt sind: das so genannte *Sensorische Register*, welches modalitätsspezifische Information nur sehr kurzfristig bewahrt, das *Kurzzeitgedächtnis*, das für kurzfristiges Verarbeiten von Information verantwortlich ist, und schließlich das *Langzeitgedächtnis*, in dem Information längerfristig gespeichert wird.

Posner und Mitarbeiter führten mehrere Experimente zum Kurzzeitgedächtnis durch (z.B. Posner, Boies, Eichelman & Taylor, 1969). Als unabhängige Variable wurden einerseits die Zeit zwischen dem Erscheinen von zwei Buchstaben (Inter-Stimulus-Intervall) und andererseits der Buchstabentypus (zwei physisch identische Buchstaben, zwei semantisch identische Buchstaben – einer großgeschrieben, der andere kleingeschrieben –, verschiedene Buchstaben) variiert. Die Probanden sollten mittels Reaktionstastatur entscheiden, ob die beiden präsentierten Buchstaben semantisch gleich waren. Die Studien zeigten, dass die bei sehr kurzem Inter-Stimulus-Intervall beobachtbaren Reaktionszeitunterschiede zwischen den drei Buchstabentypen mit wachsendem Inter-Stimulus-Intervall verschwanden.

An Versuchsdaten dieses zweifaktoriellen, trendanalytischen Versuchsplans mit Wiederholungsmessung auf beiden Faktoren sollen einige grundlegenden deskriptiv- und inferenzstatistische Analysen demonstriert werden.

Nach der Dateneingabe in ein statistisches Analyseprogramm, wie ausschnittweise in *Abbildung 8.19* für das Programm SPSS (siehe z.B. Bühl, 2009) dargestellt, sind zunächst Überlegungen zum Skalenniveau und der Verteilung der erhobenen Variablen anzustellen.

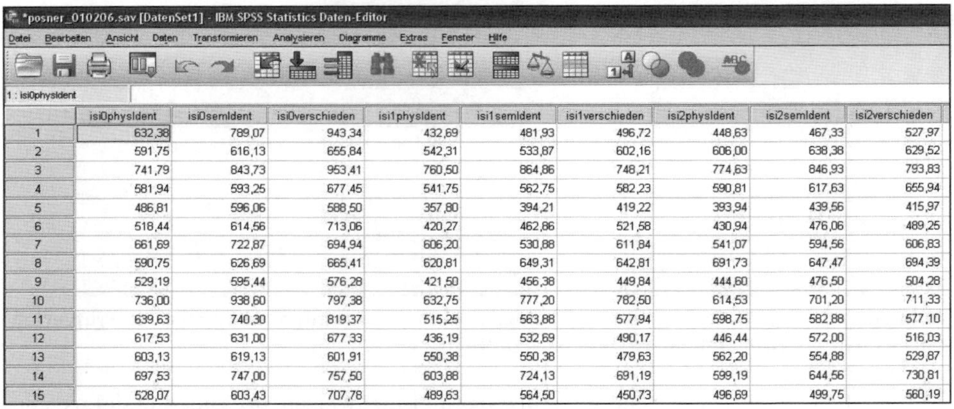

| | isi0physldent | isi0semldent | isi0verschieden | isi1physldent | isi1semldent | isi1verschieden | isi2physldent | isi2semldent | isi2verschieden |
|---|---|---|---|---|---|---|---|---|---|
| 1 | 632,38 | 789,07 | 943,34 | 432,69 | 481,93 | 496,72 | 448,63 | 467,33 | 527,97 |
| 2 | 591,75 | 616,13 | 655,84 | 542,31 | 533,87 | 602,16 | 606,00 | 638,38 | 629,52 |
| 3 | 741,79 | 843,73 | 953,41 | 760,50 | 864,86 | 748,21 | 774,63 | 846,93 | 793,83 |
| 4 | 581,94 | 593,25 | 677,45 | 541,75 | 562,75 | 582,23 | 590,81 | 617,63 | 655,94 |
| 5 | 486,81 | 596,06 | 588,50 | 357,80 | 394,21 | 419,22 | 393,94 | 439,56 | 415,97 |
| 6 | 518,44 | 614,56 | 713,06 | 420,27 | 462,86 | 521,58 | 430,94 | 476,06 | 489,25 |
| 7 | 661,69 | 722,87 | 694,94 | 606,20 | 530,88 | 611,84 | 541,07 | 594,56 | 606,83 |
| 8 | 590,75 | 626,69 | 665,41 | 620,81 | 649,31 | 642,81 | 691,73 | 647,47 | 694,39 |
| 9 | 529,19 | 595,44 | 576,28 | 421,50 | 456,38 | 449,84 | 444,80 | 476,50 | 504,28 |
| 10 | 736,00 | 938,60 | 797,38 | 632,75 | 777,20 | 782,50 | 614,53 | 701,20 | 711,33 |
| 11 | 639,63 | 740,30 | 819,37 | 515,25 | 563,88 | 577,94 | 598,75 | 582,88 | 577,10 |
| 12 | 617,53 | 631,00 | 677,33 | 436,19 | 532,69 | 490,17 | 446,44 | 572,00 | 516,03 |
| 13 | 603,13 | 619,13 | 601,91 | 550,38 | 550,38 | 479,63 | 562,20 | 554,88 | 529,87 |
| 14 | 697,53 | 747,00 | 757,50 | 603,88 | 724,13 | 691,19 | 599,19 | 644,56 | 730,81 |
| 15 | 528,07 | 603,43 | 707,78 | 489,63 | 564,50 | 450,73 | 496,69 | 499,75 | 560,19 |

**Abbildung 8.19: SPSS-Datenmatrix zum Demonstrationsexperiment.**

Da es sich bei den erhobenen Daten um millisekundengenaue Reaktionszeiten handelt, können wir von intervallskalierten Variablen ausgehen und folgerichtig arithmetische Mittel sowie Varianzen berechnen und grafisch darstellen. *Abbildung 8.20* vermittelt in Form eines Fehlerdiagramms die Mittelwerte und Standardfehler der ermittelten Reaktionszeiten in Abhängigkeit vom Buchstabentypus und dem Inter-Stimulus-Intervall.

Aus der Abbildung lassen sich die oben formulierten Befunde von Posner et al. (1969) auch an den vorliegenden Daten im Wesentlichen nachvollziehen: Die bei paralleler Darbietung beobachtbaren Reaktionszeitunterschiede zwischen den drei Buchstabentypen verringern sich mit wachsendem Inter-Stimulus-Intervall!

Soll diese, aus den Befunden von Posner et al. (1969) abgeleitete Hypothese inferenzstatistisch geprüft werden, so stellen wir anhand des Flussdiagrammes in *Abbildung 8.14* fest, dass wir eine Unterschiedshypothese bezogen auf mehr als zwei abhängige Datenstichproben vorliegen haben. *Abbildung 8.18* empfiehlt in diesem Fall für intervallskalierte Variablen eine Varianzanalyse, genauer, eine zweifaktorielle (Buchstabentypus und Inter-Stimulus-Intervall) Varianzanalyse mit Messwiederholung (s. Sedlmeier

& Renkewitz, 2008, Kapitel 15; Moosbrugger & Reiß, 2010). Die bei Varianzanalysen geforderte Normalverteilung der Variablen wurde im Vorgriff auf die eigentliche Analyse mittels Kolmogrov-Smirnov-Tests überprüft und erbrachte keine statistisch bedeutsamen Abweichungen der empirischen Daten von einer Normalverteilung. Damit lässt sich die Varianzanalyse beispielsweise mit SPSS berechnen und interpretieren. Im vorliegenden Beispiel mit einem zweifaktoriellen Design werden im Zuge der Varianzanalyse zwei Haupteffekte sowie ein Wechselwirkungseffekt berechnet (vgl. *Abschnitt 5.2*, Exkurs „Wechselwirkungseffekte"). Gemäß unserer inhaltlichen Hypothese interessiert uns vor allem der Wechselwirkungseffekt: Die Reaktionszeitunterschiede zwischen den drei Buchstabentypen verringern sich mit wachsendem Inter-Stimulus-Intervall!

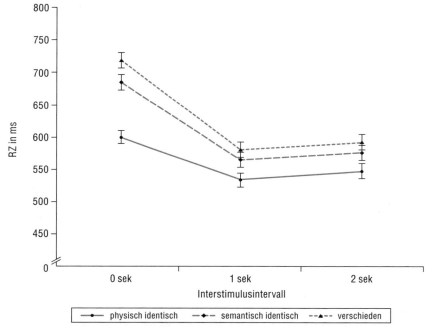

**Abbildung 8.20: Experimente zum Kurzzeitgedächtnis.** Mittelwerte und Standardfehler der Reaktionszeiten in Abhängigkeit vom Stimulustyp und Inter-Stimulus-Intervall.

In *Tabelle 8.2* sind die Ergebnisse unserer Varianzanalyse zusammengefasst. Für die Bewertung unserer Hypothese ist die Wechselwirkungshypothese in der untersten Zeile relevant: In der mit p bezeichneten Spalte finden wir eine Wahrscheinlichkeit von kleiner 0,01 dafür, dass die gefunden Unterschiede unter Zufallsbedingungen auftreten. Wir können also mit großer Sicherheit davon ausgehen, dass sich die Reaktionszeitunterschiede zwischen den drei Buchstabentypen mit wachsendem Inter-Stimulus-Intervall verringern.

Wie sind nun die weiteren Ergebnisse der Tabelle zu interpretieren? Wie bereits anhand *Abbildung 8.20* zu vermuten, erweisen sich auch die beiden Haupteffekte als hochsignifikant: Damit bestehen sowohl über die zusammengefassten Inter-Stimulus-Intervalle überzufällige Unterschiede zwischen den Buchstabentypen als auch über die zusammengefassten Buchstabentypen überzufällige Unterschiede zwischen den Inter-Stimulus-Intervallen.

**Tabelle 8.2**

**Ergebnisse der Varianzanalyse zum Demonstrationsexperiment.**
**QS = Quadratsumme; df = degrees of freedom**
(Freiheitsgrade); F=F-Statistik; p=Irrtumswahrscheinlichkeit/Signifikanz.

| Varianzquelle | QS | df | F | p |
|---|---|---|---|---|
| Inter-Stimulus-Intervall | 1559496,58 | 2 | 152,31 | <.01 |
| Buchstabentypus | 574012,43 | 2 | 143,87 | <.01 |
| Inter-Stimulus-Intervall × Buchstabentypus | 137373,05 | 4 | 25,91 | <.01 |

Wären wir auch daran interessiert, wie sich die oben betrachteten Effekte über die drei Messzeitpunkte verändern (z.B. linearer oder quadratischer Verlauf), dann könnten wir im Zuge der Varianzanalyse eine Trendanalyse durchführen (s. Sedlmeier & Renkewitz, 2008, Kapitel 16; Moosbrugger & Reiß, 2010; Bortz & Schuster, 2010).

## Zusammenfassung

Statistik dient dazu, Merkmalsstrukturen übersichtlich zu beschreiben und beweiskräftige Schlussfolgerungen in Bezug auf die Ausgangshypothesen einer Untersuchung zu ziehen. Um festzustellen, ob diese – zufälligen Einflüssen unterliegenden – Merkmalsstrukturen einer Stichprobe für eine Population verallgemeinerbar sind, werden Wahrscheinlichkeitsverteilungen für Zufallsstichproben herangezogen. Für die Beschreibung von Merkmalsstrukturen verwendet die Deskriptivstatistik verschiedene Kennwerte, beispielsweise solche zur Beschreibung der zentralen Tendenz von Daten einer Stichproben oder Kennwerte der Streuung, wobei immer auch die Skalenqualität (Messskala) der zu analysierenden Rohdaten mit zu berücksichtigen ist. Analysen beschränken sich nicht nur auf eine Variable (univariater Fall), sondern können auch zwei oder mehr Variablen (multivariater Fall) umfassen. Soll deren Zusammenhang untersucht werden, so spricht man von der Betrachtung bivariater bzw. multivariater Zusammenhänge und beschreibt die Beziehung zwischen den Variablen quantitativ durch Kovariationsmaße (z.B. Korrelation). Das Ziel der inferenzstatistischen (beweisführenden) Datenanalyse ist es, beweiskräftige Schlussfolgerungen in Bezug auf die Ausgangshypothesen eines Experiments zu ziehen. Dabei sind vor allem die elementaren Entscheidungsprinzipien der inferenziellen Statistik (Null- vs. Alternativhypothesen, Signifikanzniveau, $\alpha$- und $\beta$-Fehler) und die inferenzstatistischen Tests hervorzuheben, d.h. die parametrischen und nichtparametrischen Prüfverfahren. Um Fehler in der Datenanalyse zu vermeiden, darf die Statistik nicht gedankenlos eingesetzt werden, sondern sie muss sorgfältigen inhaltlichen und methodologischen Überlegungen folgen.

## Wichtige Fachbegriffe

| | |
|---|---|
| Alternativhypothese | Signifikanztest |
| Deskriptivstatistik | Signifikanzniveau |
| Fehler erster Art ($\alpha$-Fehler) | Skalenniveau |
| Fehler zweiter Art ($\beta$-Fehler) | Standardabweichung (Streuung) |
| Inferenzstatistik | Standardfehler des Mittelwertes (Mittelwertfehler) |
| Kurvenanpassung | Stichprobenkennwerteverteilung |
| Normalverteilung | Stichprobenumfang |
| Nullhypothese | Trendtest |
| Parametrische Tests | Varianzanalyse |
| Population | Wahrscheinlichkeitsverteilung |
| Poweranalyse | Zufallsstichprobe |

## Lernzielkontrolle

**1** Durch welche Parameter wird eine Wahrscheinlichkeitsfunktion hinreichend beschrieben?

**2** Wann ist eine Entscheidung für das arithmetische Mittel als Kennwert der zentralen Tendenz sinnvoll?

**3** Welche Skalenniveaus werden üblicherweise bei der Messung von Variablen unterschieden?

**4** Warum besteht bei der experimentellen Testung im sogenannten Extremgruppenvergleich die Gefahr von artifiziellen Ergebnissen?

**5** Welche Fehler werden häufiger im Zuge der deskriptivstatistischen Datenanalyse begangen?

**6** Welche Voraussetzungen müssen gegeben sein, damit die Ergebnisse eines *t*-Tests für unabhängige Stichproben guten Gewissens interpretiert werden können?

# Stadium 6 – Dateninterpretation, Schlussfolgerungen und Kommunikation

**9**

ÜBERBLICK

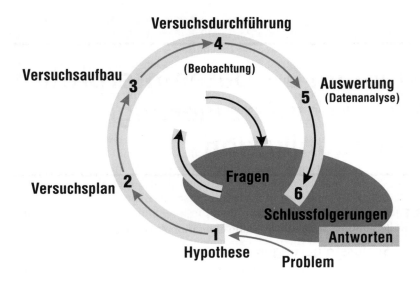

## Lernziele

Im Anschluss an die Datenanalyse (Stadium 5) erfolgt die *Dateninterpretation* in Verbindung mit den *Schlussfolgerungen* (Stadium 6). Dieses Stadium des Forschungsprozesses markiert das – vorläufige – Ende einer experimentellen Untersuchung, an die sich üblicherweise der Versuchsbericht bzw. die Phase der wissenschaftlichen Kommunikation der Untersuchungsergebnisse anschließt.

Das Kapitel

- geht auf die wesentlichen Erfordernisse einer befriedigenden Interpretation der eigenen Versuchsdaten ein (*Abschnitt 9.1*);
- behandelt die allgemeinen Merkmale der Schlussfolgerungen aus dem Experiment mit etwaigen Vorschlägen für weitere Versuchsvorhaben (*Abschnitt 9.2*) und
- erläutert die typischen Arten der wissenschaftlichen Kommunikation in Theorie und Praxis und erklärt die Bestandteile eines experimentellen Versuchsberichts (*Abschnitt 9.3*).

## 9.1   Dateninterpretation

Jede gute *Dateninterpretation* bezieht sich notwendigerweise auf das Ausgangsstadium der Hypothesenbildung (Stadium 1), und das in Verbindung mit der sachkritischen Bewertung der „Zwischenstadien" (Stadium 2 bis 5). Im Falle einer rein schematisch erfolgten Dateninterpretation würde der Untersucher einer sach- und methodenunkritischen Bewertung und Nutzung seiner Datensätze unterliegen. In dem obigen Schema des Stadienmodells verweisen auch Pfeile auf die erforderliche Vernetzung der vorangehenden kritischen Bewertungsschritte für das „Schluss"-Stadium eines Experiments. So ist beispielsweise die Operationalisierung der Fragestellung in unabhängige und abhängige Variablen wie auch das im jeweiligen Versuch verwendete Design bei der Dateninterpretation zu berücksichtigen (s. Exkurs „Hypothesenrelevante Operationalisierungen").

Grundsätzlich ist die Frage zu stellen, ob die in der abhängigen Variablen gemessenen Effekte eindeutig auf die Variation der unabhängigen Variablen zurückzuführen sind? So sollte sichergestellt sein, dass die Ergebnisse – obwohl statistisch korrekt ausgewertet – nicht durch die Instrumentierung (z.B. Boden- oder Deckeneffekte im Messinstrument) oder die Auswahl der Versuchsteilnehmer bzw. -gruppen (z.B. Auswahlverzerrung oder statistische Regression) bedingt sein können (s. *Abschnitt 5.3*, Exkurs „Validitätsbedrohung (quasi-experimentelles Designing)").

Typischerweise basieren experimentelle Untersuchungen auf eher kleinen Stichprobenumfängen. Im vorausgehenden Kapitel haben wir das Erkenntnisschema der Statistik kennengelernt, welches es uns ermöglicht, von der Untersuchungsstichprobe auf deren Grundgesamtheit zu verallgemeinern. Wir müssen uns jedoch vor Augen führen, dass dieser Schluss mit einer Irrtumswahrscheinlichkeit behaftet ist (vgl. *Abschnitt 8.3.1*). Es kann also sein, dass in unserem Experiment einer jener unwahrscheinlichen Fälle aufgetreten ist, in dem die Daten einen Effekt suggerieren, der in der Grundgesamtheit tatsächlich nicht existiert. *Versuchsreplikationen* gehören daher zu den grundsätzlichen Prinzipien experimentellen Arbeitens. Lassen sich die gefundenen Effekte unter den gleichen Versuchsbedingungen, aber an anderen Teilnehmerstichproben erneut feststellen, erhöht sich das Vertrauen in die experimentelle Reliabilität unseres Ursache-Wirkungs-Modells (vgl. *Kapitel 2*).

---

## Exkurs: Hypothesenrelevante Operationalisierung

Am Beispiel einer bekannten gedächtnis- und entwicklungspsychologischen Untersuchung (Tulving, 1962) ist die methodenkritische Frage entstanden, ob und inwieweit Kinder verschiedener Altersstufen ein bestimmtes Lernmaterial in unterschiedlichem Maße „organisieren". Die Kinder sollten im Anschluss an einen kindgerecht gestalteten Versuch aus dem Gedächtnis diejenigen Bildmotive angeben, an die sie sich noch erinnern konnten.

Jeder Teilgruppe dieses entwicklungspsychologischen Experiments wurde dieselbe Lernreihe insgesamt viermal dargeboten, allerdings in wechselnder *Motiv*-Reihenfolge. Nach jeder dieser vier Darbietungen wurde die Nennung der jeweils erinnerten Bildmotive verlangt. Der Grad der *Organisation* des Lernmaterials wurde auf folgende Weise ermittelt (Sarris, 1995):

Es wurde festgelegt, wie häufig in aufeinanderfolgenden Reproduktionen gleiche Motivpaare auftraten; es kam darauf an festzustellen, in welchem Ausmaß ein Kind eine bestimmte Reihenfolge bei der Wiedergabe der Motive in aufeinanderfolgenden Durchgängen beibehielt. Der Grad einer solchen *subjektiven Organisation* des Lernmaterials wurde nach einer Formel von Tulving (1962) bestimmt. Ein Vergleich der Altersgruppen bzgl. des Ausmaßes der so ermittelten subjektiven Organisation erbrachte keine klare Beziehung zum Alter der Versuchsteilnehmer (*Abbildung 9.1a*). Dieser Befund steht im Widerspruch zu den Befunden anderer Autoren, die einen sehr deutlichen Anstieg im Ausmaß subjektiver Organisation mit dem Alter feststellten. Lawrence (1966) sowie Sternberg und Tulving (1978) gingen dieser Diskrepanz mit der Vermutung nach, dass eine unterschiedliche Form der *Operationalisierung* von subjektiver Organisation in den einzelnen Experimenten die Ursache für die zum Teil widersprüchlichen Ergebnisse sei. Es zeigte sich bei Benutzung einer anderen Auswertungstechnik (Operationalisierung) eine deutliche Abhängigkeit des Ausmaßes subjektiver Organisation vom Alter der Kinder (s. *Abbildung 9.1b*).

Fortsetzung

Das Ergebnis unterstreicht in eindrucksvoller Weise die Forderung nach einer genauen Beachtung der verschiedenen Operationalisierungen psychologischer Konstrukte. Ferner zeigt die Anschlussarbeit von Lawrence (1966), dass es eigentlich dieser experimentell ausgetragenen Kontroverse gar nicht bedurft hätte, um die vermeintliche „Diskrepanz" zu früheren einschlägigen Arbeiten zu klären, wäre nämlich das Stadium 6 der Schlussfolgerungen – rechtzeitig – fehlerfrei genutzt worden.

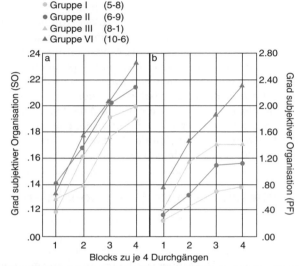

**Abbildung 9.1: Verschiedene – einander scheinbar widersprechende – Versuchsergebnisse, veranschaulicht am Beispiel zweier verschiedener Datensätze zur altersspezifischen „subjektiven Organisation" von Lernmaterialien, bei denen die Operationalisierung der AV jeweils eine andere war.** A: (links) Datensätze für vier Altersgruppen in vier aufeinanderfolgenden Versuchsabschnitten nach Tulving (1962); B: (rechts) Datensätze für dieselben Altersgruppen und Versuchsabschnitte nach Lawrence (1966). (Nach Sternberg & Tulving, 1977)

Lawrence, M. W. (1966). Age differences in performance and subjective organization in the free recall learning of pictorial material. Canadian Journal of Psychology, 20, 388-399.

Sternberg, R. J. & Tulving, E. (1977). The measurement of subjective organization in free recall. Psychological Bulletin, 84, 539-556.

Tulving, E. (1962). Subjective organization in free recall of "unrelated" words. Psychological Review, 69, 344-354.

## 9.2  Schlussfolgerungen

Die Interpretation der Ergebnisse eines Experiments wird, sofern dies möglich ist, in größere theoretische Zusammenhänge eingearbeitet. Nicht selten stellen nämlich die Befunde eines Versuchs, die eine bestimmte Theorie unterstützen, gleichzeitig eine Herausforderung für eine andere Theorie dar. Aus theoriebezogenen Ergebnissen resultieren also in der Regel neue Fragen.

Beispielsweise stehen die viel beachteten Befunde des Experiments von Schachter und Singer (1962), nach denen eine empfundene physiologische Erregung je nach kognitiver Bewertung durch den Versuchsteilnehmer entweder als positive oder aber als negative Emotion erlebt werden kann, im Gegensatz zu früheren Emotionstheorien, nach denen die physiologische Erregung die einzig verursachende Grundlage emotionalen Geschehens ist. Zwar wird die Möglichkeit physiologischer Differenzen zwischen verschiedenen Emotionen nicht ausgeschlossen, aber die kognitive Bedingtheit der emotionalen Qualitäten ist für sie doch entscheidend (Schachter, 1964; s. Erdmann & Janke, 1978).

Ganz besonders sind es die wissenschaftlichen Kontroversen, durch welche weitere Forschungsarbeiten angeregt werden. So sind im Zusammenhang mit den oben genannten Arbeiten sehr viele kontroverse Untersuchungen mit zum Teil großem Gewinn durchgeführt worden. Übrigens stützt die heutige wissenschaftliche Diskussion einer hinreichenden Erklärung der Emotionen beide Ansätze – den psychophysiologischen und den kognitionspsychologischen Ansatz.

Besonders wenn im Falle einer streng experimentellen Versuchsplanung die interindividuellen Unterschiede verhältnismäßig sehr hoch sind und sich diese in Beziehung zu Persönlichkeitsmerkmalen (Organismusfaktoren) setzen lassen, ist die Fortführung der Untersuchung auf der Basis eines „semiexperimentellen" Designing zu erwägen (s. *Abschnitt 5.2*; Orig *9.1*; vgl. Exkurs „Semiexperimentelles Designing").

Im Zusammenhang mit dem Stadium (5) der Dateninterpretation und den Schlussfolgerungen sollten die in *Tabelle 9.1* wiedergegebenen Fehlerquellen sorgfältig überprüft werden.

**Tabelle 9.1**

### Typische Mängel bei der Dateninterpretation und den Schlussfolgerungen (Stadium 6).

| | |
|---|---|
| 1 | Es bleiben die während der vorangegangenen Stadien gemachten Fehler unbemerkt bzw. unkorrigiert (s. *Kapitel 4* bis *8*). |
| 2 | Die Dateninterpretation konzentriert sich einseitig auf die Perfektion bestimmter Untersuchungsstadien, z.B. nur auf das der statistischen Datenanalyse. |
| 3 | Es erfolgt keine abschließende konzeptuelle Neubewertung der für das Experiment benutzten Operationalisierungen von $UV$ und $AV$. |
| 4 | Es wird die Frage der Generalisierbarkeit der Befunde auf andere Populationen, Situationen und Variablen nicht in Form von Schlussfolgerungen für neue Untersuchungen diskutiert. |
| 5 | Die Herleitung neuer Fragestellungen orientiert sich nicht bzw. unzureichend an einer systematischen Re-Analyse der Befunde im Zusammenhang mit den vorangegangenen Stadien (1) bis (5). |
| 6 | Es unterbleibt die für dieses Stadium (6) relevante wissenschaftliche Kommunikation (s. *Abschnitt 9.3*). |

## Exkurs: Semiexperimentelles Designing

Unter einem sog. *semiexperimentellen* Versuchsplan versteht man ein besonderes Mischdesign, nämlich ein zumindest zweifaktorielles Design mit einem streng experimentellen Faktor A und einem korrelativen Faktor B (Organismusvariable *O*). Das semiexperimentelle Design entspricht der Logik der modernen experimentell-korrelativen Forschung, in der die zusätzliche Berücksichtigung einer *Persönlichkeitsvariablen* die psychologisch inhaltliche Bedeutung einer experimentellen Untersuchung ergänzt bzw. bereichert (*Abbildung 9.2*).

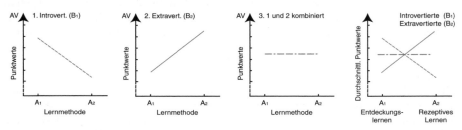

**Abbildung 9.2: Schematische Darstellung der Resultate eines Versuchs auf semiexperimenteller Basis (Einbeziehung eines Persönlichkeitsfaktors, z.B. „Extraversion-Introversion"): Untersuchungsergebnisse eines Experiments zur Erforschung des Zusammenhangs von „Persönlichkeit" und „Lehrmethode".** Die Verwendung des semiexperimentellen *RO*-Designs ergab differenzielle Effekte (rechts) des zweistufigen Lehrmethoden-Faktors (*R*-Designing; Abszisse; A1, A2) infolge der disordinalen Wechselwirkung mit dem zweistufigen Persönlichkeitsfaktor (*O*-Designing; B1, B2). Die Teilabbildungen 1, 2 und 3 beziehen sich auf drei verschiedene hypothetische Versuchssituationen: 1 = Untersuchung nur von Introvertierten (spezifische Subpopulation); 2 = Untersuchung nur von Extravertierten (spezifische Subpopulation); 3 = Datenkombination (gestrichelter Paralleltrend): Diese führt zu einem falschen Befund (statistisches Mittelungsartefakt). (Modifiziert nach Leith, 1974) aus Sarris, 1992.

Man beachte grundsätzlich die beiden folgenden Eigenschaften eines *semiexperimentellen Designing:*

Der einfache einfaktorielle Designtyp, welcher der allgemeinpsychologischen Fragestellung dient, entspricht dem streng experimentellen Untersuchungsfall, hingegen die Mitberücksichtigung der Organismusvariablen dem Ansatz der Persönlichkeitspsychologie (Cronbach, 1975; Eysenck, 1984). Ohne diese Mitberücksichtigung von Organismusvariablen kann ein Experiment unter Umständen zu einem Artefakt führen, wie das obige Versuchsbeispiel – drastisch – illustriert (s. ferner Demo *9.1*, Orig *9.2*).

Cronbach, L. J. (1975). Beyond the two disciplines of scientific psychology. *American Psychologist, 30, 116-127.*

Eysenck, H. J. (1984). The biology of individual differences. In V. Sarris & A. Parducci (Eds.), *Perspectives in psychological experimentation: Toward the year 2000* (pp. 179-195). Hillsdale, N. J.: Erlbaum. (Deutsch: München: Psychologie Verlags Union, 2. Aufl., 1987).

Leith, G. O. (1974). Individual differences in learning: Interactions of personality and teaching methods. *Personality and Academic Progress Proceedings.* London: Association of Educational Psychologists. (Zit. nach H. J. Eysenck, 1984).

### 9.2.1 Neue Versuchskonzepte

In diesem Stadium kann bzw. sollte der Weg für die Planung von weiteren Forschungsstudien bereitet werden. Dabei ist die Entfaltung von kreativen bzw. originellen Überlegungen von besonderem Interesse. Die Wissenschaftsgeschichte enthält eine Fülle von Beispielen – aus allen möglichen Fachdisziplinen – für die Bedeutung von kreativen Einfällen in der Forschung (Illu 9.1).

Gelegentlich kann ein völlig unerwarteter Befund zu einem neuen Gedankengang sowie einem veränderten Versuchskonzept führen. Allerdings hat dazu bereits der französische Chemiker und Mikrobiologe Louis Pasteur (1822-1895) einschränkend bemerkt, dass typischerweise bahnbrechende Entdeckungen aufgrund von sogenannten zufälligen Einfällen nur dem bereits forschungserfahrenen Kopf gelingen („Dans les champs de l'observation, le hasard ne favorise que les esprits prepares."): In diesem Sinne ergänzen systematisches Untersuchen und einfallsreiches bzw. kreatives Problemdenken einander. Mithilfe einer Veranschaulichung der vielen Schwierigkeiten, die dem Untersucher in der Forschungswelt begegnen können, wird das damit Gemeinte auf humorvolle Weise illustriert (*Abbildung 9.3*).

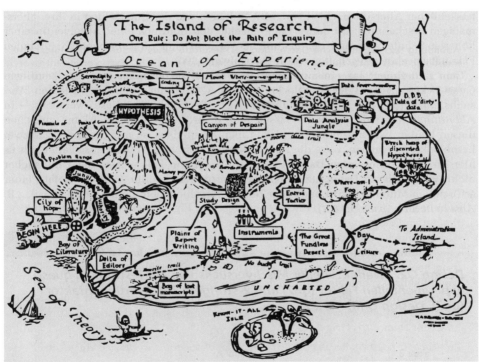

**Abbildung 9.3: Die dornige Inselwelt der Forschung („The Island of Research") – eine humorvolle Darstellung aus der Sicht eines der international weitverbreiteten Einführungstexte in der Psychologie.** Die Abbildung illustriert, wie der Forschungsalltag als „Puzzle"-Forschung in der Praxis tatsächlich aussehen mag. – Man beachte dabei auch die Grundregel für Wissenschaftler: „Do not block the path of inquiry". (Aus Zimbardo & Schmeck, 1971)

## Entwickeln von Anschlussfragen

Der für den Alltag der Forschungsarbeit charakteristische Fall bezieht sich auf eine sogenannte „Puzzle"-Forschung (*puzzle research*), die aus der methodenorientierten

Kleinarbeit des experimentell Arbeitenden besteht. Dabei werden im Stadium (6) der Dateninterpretation und Schlussfolgerungen typischerweise solche Überlegungen entwickelt, die offengebliebene methodische und inhaltliche Fragen klären sollen.

Gelegentlich, wenn experimentalpsychologische Untersuchungen nicht das gewünschte Ergebnis erbringen, ist man darüber enttäuscht, weil man sich als Forscher meistens viel Mühe bei der Planung, Durchführung und Auswertung seiner Untersuchung gemacht hat. Es ist aber die Frage, welche Konsequenzen der Experimentator daraus ziehen kann. Das folgende – zum Teil amüsante – Untersuchungsbeispiel, das zu solcher Art Enttäuschung Anlass geben könnte, wird hier modifiziert nach McGuigan (1996, Kapitel 12) referiert.

Bei der Durchführung eines einfachen Lernexperiments wurden zwei verschiedene Versuchsleiter (Vl1, Vl2) eingesetzt:

Der erste Versuchsleiter war eine junge Dame, attraktiv, mit sanfter Stimme und zurückhaltend im Umgang, etwa mittelgroß und feingliedrig. Der zweite Versuchsleiter war eine sehr männliche Gestalt, 1 Meter 85 groß, mit einem Gewicht von schätzungsweise 110 Kilo; er hatte viele Züge eines unbeherrschten Charakters, wie man sie bei einem Bauern oder einem Schiffskapitän erwarten mag. Vielleicht wichtiger noch als ihr tatsächlicher Altersunterschied von etwa 12 Jahren war der Unterschied in ihrer altersmäßigen Erscheinung: Die junge Dame machte den Eindruck einer Absolventin einer höheren Schule, während der männliche Versuchsleiter oft versehentlich für einen Fakultätsangehörigen gehalten wurde (McGuigan, 1996).

Dem Experiment lag ein zweifaktorieller Mischversuchsplan mit dem 7-stufigen Quasi-Faktor „Anzahl der Lernblöcke" (A1 bis A7) und der 2-stufigen Variablen „Versuchsleiter" (B1, B2) zugrunde (*Tabelle 9.2*). Die Ergebnisse dieses Versuchs – in *Abbildung 9.4* wiedergegeben – lassen eine disordinale Wechselwirkung zwischen diesen beiden Faktoren erkennen. Hätte man beispielsweise nur drei oder gar zwei Lernblöcke vorgegeben, wäre die Dateninterpretation völlig anders ausgefallen, als es hier für den vorliegenden Datensatz zutrifft. In jedem Fall wusste der Untersucher nicht, wie er diesen Datensatz konklusiv interpretieren sollte. (Vor der Gefahr einer artifiziellen Mittelung wird in diesem Text an verschiedenen Stellen gewarnt; vgl. z.B. *Abschnitt 5.2, Abschnitt 8.2*)

**Tabelle 9.2**

***Design Q2. Zweifaktorieller Mischversuchsplan mit 7-stufigem quasi-experimentellen Faktor (q=7) und 2-stufigem Zufallsgruppenfaktor (p=2). Design Q (R) – 7 x 2.***

| | | $Q$ | |
|---|---|---|---|
| | Faktor B<br>„Versuchsleiter" | Faktor A<br>„Anzahl der Lernabschnitte"<br>$A_1$ $A_2$ .......... $A_7$ | |
| $R$ | $B_1$<br>„weibl. Vl" | $\overline{x}_{1.1}$ $\overline{x}_{1.2}$ ...... $\overline{x}_{1.7}$ | |
| | $B_2$<br>„männl. Vl" | $\overline{x}_{2.1}$ $\overline{x}_{2.2}$ ...... $\overline{x}_{2.7}$ | |

Es kann sein – aber es sollte keineswegs so sein –, dass man als Untersucher angesichts paradoxer, scheinbar nicht interpretierbarer Ergebnisdaten die Segel streicht und sich dann in weiterem Experimentieren nicht mehr versucht (s. etwa „Canyon of Despair", *Abbildung 9.3*). Wie jedoch das Beispiel zeigt, ist gerade die systematische Ausweitung („Extension") der experimentellen Ausgangssituation ein wichtiges (Heil-) Mittel für den weiteren Erkenntnisgewinn.

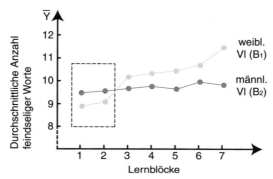

**Abbildung 9.4: Ergebnisse eines Lernexperiments zum Nachweis des Einflusses der „Anzahl der Lernabschnitte" (Faktor A) und zweier verschiedener „Versuchsleiter" (Faktor B) auf die Anzahl feindseliger Worte (AV).** (Der gestrichelte Ausschnitt bezieht sich auf die beiden Anfangslernabschnitte.) – (Modifiziert nach McGuigan, 1996)

## 9.3  Wissenschaftliche Kommunikation

### 9.3.1  Aufgaben und Funktion wissenschaftlicher Kommunikation

Der Stand einer Wissenschaft bezieht sich auf das Wissen und die Erkenntnisse aller darin arbeitenden Wissenschaftler. An der Kommunikation der jeweiligen Forschungsinteressen und -ergebnisse ist naturgemäß eine breite wissenschaftliche und auch nichtwissenschaftliche Öffentlichkeit interessiert (s. auch unten „Soziale Akzeptanz von Forschungsdaten"). Dabei dient diese Kommunikation der nationalen und internationalen Verbreitung – und Weiterentwicklung – psychologischer Erkenntnisse. Dies erfordert eine klare und prinzipiell jedermann zugängliche Organisationsstruktur des wissenschaftlichen Gedankenaustausches (Arbeitstagungen und Fachkongresse sowie Fachzeitschriften und Fachbücher).

Wissenschaft ist heute ein internationales Anliegen und, wie in vielen Forschungsdisziplinen, so dominiert auch in der experimentalpsychologischen Forschung die englische Sprache die Kommunikation. Die weltweite gemeinsame Sammlung von Fakten und Einsichten bedarf eines regelmäßigen Informationsaustausches. Erst durch die Möglichkeit, sich gegenseitig über neue Untersuchungsergebnisse, Methoden und theoretische Ansätze zu unterrichten, kann sich eine Wissenschaft kontinuierlich entwickeln. Auf dieser kommunikativen Grundlage können sich anspruchsvolle experimentelle Forschungsteams bilden, lassen sich Forschungsvorhaben gemeinsam realisieren und können Forschungsstrategien entwickelt werden. Die Grundregeln und Aufgaben der wissenschaftlichen Kommunikation sollten den Studierenden möglichst frühzeitig im Studium vermittelt werden.

### 9.3.2 Formen der wissenschaftlichen Kommunikation

Im Folgenden sind die wesentlichen Anlässe wissenschaftlicher Kommunikation von empirischen Untersuchungen dargestellt.

#### „Zusammenfassung" für die Untersuchungsteilnehmer

Zwecks Kommunikation von eigenen Untersuchungsanliegen empfiehlt es sich, dem zu untersuchenden Probandenkreis eine Zusammenfassung der Ziele, Methoden und Verwendungszwecke der Datenerhebung möglichst frühzeitig zur Verfügung zu stellen. Dadurch lässt sich u.a. das Vertrauen zum experimentierenden Psychologen – häufig schon im Vorfeld – leichter herstellen. Nach Abschluss einer Untersuchung sollte man ohnehin deren Hauptergebnisse den Probanden zusammengefasst bekannt machen.

#### Arbeitstagungen und Fachkongresse

Wissenschaftliche Kongresse, Konferenzen oder Arbeitstagungen – wobei der Begriff Kongress meist für Veranstaltungen mit sehr großen Teilnehmerzahlen (häufig über 1000) und die übrigen Begriffe für kleinere Teilnehmerzahlen gebräuchlich sind – finden auf regionaler bzw. nationaler und international breiter Ebene statt. Deren Ziel ist der Austausch von Erfahrungen zu neuen wissenschaftlichen Fragestellungen, Methoden und aktueller Forschungsergebnisse. Arbeitstagungen werden in der Regel jährlich oder alle zwei Jahre durchgeführt. In Deutschland findet beispielsweise jedes Frühjahr die „Tagung für experimentell arbeitende Psychologen" an jeweils einem anderen deutschen Universitätsort statt. Ferner veranstaltet die Deutsche Gesellschaft für Psychologie (DGPs), die Vereinigung der in Forschung und Lehre tätigen Psychologen und Psychologinnen Deutschlands, im zweijährigen Turnus, sowohl einen Kongress als auch Tagungen der verschiedenen Fachgruppen der Gesellschaft. Wissenschaftliche Kongresse haben die Aufgabe, einen breiteren bzw. größeren Kreis von Fachkollegen über den neuesten Stand der Psychologie – möglichst übergreifend – zu informieren. Im Übrigen referieren auch hier die Experten aus den verschiedenen Bereichen der Psychologie über aktuelle Entwicklungen aus ihrem jeweiligen Spezialgebiet.

Die auf Arbeitstagungen behandelten Forschungsergebnisse stellen häufig das Ausgangsmaterial für die in den einschlägigen Fachzeitschriften zu publizierenden Aufsätze dar. Demselben Anliegen dient vielfach auch das sogenannte *Kolloquium*, unter dem man eher institutsinterne Veranstaltungen mit mehr oder weniger informellem Charakter versteht. Hier tauschen Wissenschaftler, aber auch Diplomanden und Doktoranden ihre Erfahrungen zu neuen Forschungsinhalten, -techniken, -methoden und -ergebnissen aus.

Die Vorstellung der eigenen Forschung findet auf solchen Veranstaltungen im Wesentlichen in Form von Vorträgen und Posterpräsentationen statt.

#### Posterpräsentation

Wissenschaftliche Poster visualisieren die Fragestellung, die Methode und die Ergebnisse einer empirischen Untersuchung in Form eines Plakates (in der Regel DIN A0 Hochformat). Auf Tagungen werden für die Präsentation der Poster meist gesonderte Präsentationszeiten angesetzt, zu denen die Posterautoren für Fragen und Diskussionen vor ihrem Poster bereitstehen. Es ist üblich, dass Handouts der Posterbeiträge zur Verfügung gestellt werden.

Für das Erstellen von Postern mithilfe von Computerprogrammen sind vielfach Gestaltungsempfehlungen verfügbar. Nicht wenige Universitäten stellen auch Vorlagen bereit, die dem sogenannten Corporate Design der Institution folgen. Wenn Sie ein wissenschaftliches Poster erstellen, beachten Sie grundsätzlich folgende Kriterien:

■ Erzeugt das Poster Aufmerksamkeit?

■ Sind die Darstellungen übersichtlich und anschaulich?

■ Sind Fragestellung, methodische Umsetzung und Ergebnisse nachvollziehbar?

## Vortrag

Vorträge (Referate) vor anderen gehören nicht nur zum beruflichen Alltag des Wissenschaftlers, sondern sind in vielen Berufen von nicht zu unterschätzender Bedeutung. Um die Menge der Beiträge zu bewältigen, sind auf wissenschaftlichen Tagungen die Vortragszeiten üblicherweise auf 15 bis 20 Minuten begrenzt. Da die Einhaltung der Vortragszeit durch die Leitung der jeweiligen Vortragsgruppe kontrolliert wird, sollte das eigene Zeitmanagement kritisch überprüft werden. Darüber hinaus erleichtert die Beachtung einiger elementarer Regeln die Aufnahmefähigkeit aufseiten der Zuhörer:

■ Der Vortrag soll gut gegliedert und die inhaltlichen Informationsteile schlüssig aufgebaut sein. Die Gliederung folgt dabei der Gliederung eines Versuchsberichts (s. *Abschnitt 9.3.3*).

■ Die Inhalte sollen auf das Wesentliche beschränkt werden.

■ Es soll eine möglichst einfache Ausdrucksweise gewählt werden. Komplexe Satzstrukturen, Fremdwörter und Fachausdrücke erschweren das Verständnis.

■ Veranschaulichungen (z.B. Abbildungen, Grafiken, u.a.) sollen sinnvoll in den Vortrag eingebunden werden.

In diesem Zusammenhang kann auf eine umfangreiche einschlägige Literatur verwiesen werden. Letztlich sei jedoch betont, dass ganz im Sinne des Kirchenvaters Augustinus – „In Dir muss brennen, was Du in anderen entzünden willst." – die Leidenschaft für das eigene Forschungsthema die beste Voraussetzung für einen guten Vortrag ist.

## Publikation in Fachzeitschriften und Fachbüchern

Publikationen in Fachzeitschriften und Fachbüchern stellen das wohl bedeutsamste wissenschaftliche Kommunikationsmittel dar. Die Autoren und Herausgeber sowie die von den Herausgebern bzw. Verlagen herangezogenen Gutachter entscheiden über die Annahme einer zur Veröffentlichung eingereichten Arbeit. Diese berücksichtigen neben formalen und sprachlichen Aspekten insbesondere das wissenschaftliche, d.h. das methoden- und erkenntniskritische Niveau des Beitrags.

Als Konsequenz der stark angewachsenen „Flut" von Publikationen wurden von psychologischen Fachverbänden Regeln aufgestellt, nach denen wissenschaftliche Forschungsberichte prägnant, überschaubar und möglichst einheitlich zu gestalten sind (z.B. DGPs, 2007, *Richtlinien zur Manuskriptgestaltung* oder APA, 2010, *Publication Manual*). Solche Regeln sollen einen formal identischen Aufbau von Berichten gewährleisten, um so dem Leser eine gezielte Informationsaufnahme und -verarbeitung zu ermöglichen. Mit der Entwicklung des Internets verbreitete sich in den letzten Jahren auch die Herausgabe von elektronischen Fachzeitschriften, sogenannten E-Journals. In der Mehrzahl handelt es sich dabei um Online-Versionen einer gedruckten Ausgabe, während ausschließliche Online-Zeitschriften noch deutlich seltener zu finden sind.

Zwar erhalten erfahrungsgemäß nur wenige Studierende die Gelegenheit zur Publikation von eigenen Untersuchungsergebnissen, jedoch werden die Publikationsrichtlinien meist auch für Qualifikationsarbeiten (Diplomarbeiten, Bachelor- und Masterarbeiten) angewendet, sodass diese den Studierenden möglichst frühzeitig vermittelt werden sollten.

## Soziale Akzeptanz von Forschungsdaten

Hier wird auf das häufiger anzutreffende Problem der kontroversen Kommunikation in der Psychologie hingewiesen. Dabei handelt es sich unter anderem um die Frage der sozialen Akzeptanz von Forschungsbefunden, die weder innerhalb noch außerhalb der Gemeinschaft der Wissenschaftler ins richtige Bild zu passen scheinen, weil nämlich bestimmte Forschungsresultate unser Menschenbild gefährden könnten.

Man erinnere sich an die Schicksale solcher Forschungsergebnisse auch in anderen Disziplinen, z.B. an manche bahnbrechende Ergebnisse der Physik oder auch der Biologie während der vergangenen zwei und mehr Jahrhunderte. Auch hier „bedrohten" – bzw. „zerstörten" – gewisse Entdeckungen (z.B. Darwins) das Bild des Menschen und seiner Welt. So ist die leidvolle Überwindung des Ptolemäischen Weltsystems durch das heliozentrische – Galileis Credo: „Und sie (die Erde) bewegt sich doch ...!" – eines der klassischen Beispiele für den Kampf um die soziale Akzeptanz von Neuentdeckungen; ein anderes ist die Durchsetzung der Darwin`schen Abstammungslehre des Menschen am Ende des 19. Jahrhunderts. In vielen Fällen haben sich die soziale und auch die religiöse Akzeptanz von wissenschaftlichen Erkenntnissen nur sehr langsam entwickelt – in der Bevölkerung, in der Kirche und selbst in den Wissenschaften.

In der Psychologie sind naturgemäß gerade solche Themenbereiche – bis heute – stark ideologiebelastet, welche die Fragen der Vererbung versus Umwelteinfluss, ferner solche der entwicklungspsychologischen Grundlagen der Erziehung oder auch der Verursachung von sozialen Aggressionen betreffen (Kagan, 1998). Zum Beispiel haben die ebenso bekannten wie auch herausragenden Befunde der nordamerikanischen Sozialwissenschaftler Stanley Milgram (1974) und Philip G. Zimbardo (1975, 2008) in der Fachwelt und auch in der nicht-akademischen Öffentlichkeit Betroffenheit ausgelöst (*Abbildung 9.5, Abbildung 9.6*; s. Orig *9.3*). Die Befunde dieser Arbeiten unterstützen die Vermutung, zu wie viel Bösem der Mensch selbst in einer objektiv ungefährlichen Umwelt – in einem sicherlich harmlosen Versuchslabor – gegenüber seinem Mitmenschen fähig ist (vgl. dazu allerdings auch die abnehmende Auswirkung der „Fernraum"-Bedingung, *Abbildung 9.6*). Unbeschadet der hohen internen und externen Validität der Befunde dieser sozialpsychologischen Laborversuche ist die Frage der sozialen Akzeptanz der dabei erzielten Befunde sehr kontrovers diskutiert worden (Gerrig & Zimbardo, 2008, Kapitel 17). Übrigens sind gemäß den heutigen ethischen Richtlinien des psychologischen Experimentierens derlei „entlarvende" Versuche kaum noch durchführbar (vgl. *Abschnitt 1.4*).

Fortsetzung

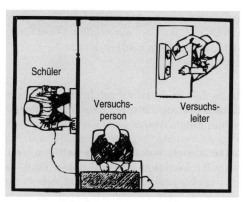

**Abbildung 9.5: Elektroschock"-Experiment von S. Milgram (fiktive Versuche).** Schematische Darstellung der Versuchsbedingung „Fernrückkopplung": Der eigentliche Proband sowie das vermeintliche „Opfer", ein Mitspieler des Versuchsleiters, befinden sich in getrennten Räumen (Fernraum"). Vgl. Orig 9.4. (Nach Milgram, 1974)

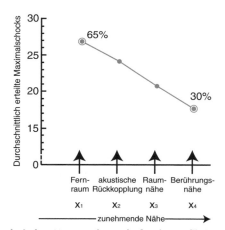

**Abbildung 9.6: Trendanalytischer Untersuchungsbefund zum fiktiven „Elektroschock"-Experiment von S. Milgram: Mit zunehmender Entfernung zum vermeintlichen „Opfer" verringert sich die Gehorsamkeitsbereitschaft der Probanden.** (Nach Milgram, 1974)

Kagan, J. (1998). Three seductive ideas. Cambridge: Harvard University Press.

Milgram, S. (1974). Obedience to authority: An experimental view. New York: Harper & Row.

Gerrig, R. J. & Zimbardo, P. G. (2008). Psychologie. München: Pearson.

Zimbardo, P. G. (1975). On transforming experimental research into advocacy for social change. In M. Deutsch & H. Hornstein (Eds.), Applying social psychology: Implications for research, practice, and training (pp. 33-66). Hillsdale, NJ: Erlbaum.

### 9.3.3 Aufbau und Struktur eines Forschungsberichts

Im Folgenden sollen die „Bausteine" eines experimentalpsychologischen Forschungsberichts dargestellt werden. Dabei wollen wir uns auf der Grundlage des bereits erwähnten Publikationsmanuals der DGPs (2007) vor allem auf die Gestaltungsmerkmale eines sachlich angemessenen *Praktikumsberichts* konzentrieren.

> Demo 9.1
>
> Ein solcher exemplarischer Praktikumsbericht für das bereits im vorausgehenden Kapitel gewählte Demonstrationsbeispiel zum Kurzzeitgedächtnis (*Abschnitt 8.5*) findet sich auf der Companion Website.

Ein Forschungsbericht setzt sich aus verschiedenen Abschnitten zusammen. Jeder Abschnitt hat eine besondere Funktion und soll dieser Funktion gemäß gestaltet werden. Die erste Seite des Berichts enthält den Titel der Arbeit, der – in knapper Form – das allgemeine Thema oder die Fragestellung der Arbeit erkennen lässt. Ebenso erscheinen die Autorennamen in alphabetischer Reihenfolge und die Institution, für die die Autoren tätig sind.

Die wesentlichen Abschnitte eines Berichts sind:

- Zusammenfassung
- Einleitung
- Methode
- Ergebnisse
- Diskussion
- Literatur

### Zusammenfassung

Zusammenfassungen, im englischen Sprachgebrauch *abstract*, stellen eine wissenschaftliche Arbeit stark gekürzte, aber höchst prägnant und wertungsfrei dar. Sie werden standardmäßig eingefordert, sei es, dass ein Beitrag auf einer Tagung angemeldet werden soll oder eine Arbeit zur Publikation eingereicht wird. Der Umfang solcher Zusammenfassungen wird üblicherweise auf 150 bis 250 Wörter begrenzt und stellt damit eine Herausforderung für sich dar.

Selbstverständlich wird auch einem wissenschaftlichen Bericht stets eine Zusammenfassung vorangestellt. In ihr werden die bedeutsamsten Informationen aller Einzelabschnitte des Berichts so knapp als möglich, aber dennoch klar und verständlich dargestellt. Die Informationen in der Zusammenfassung werden demzufolge in die Darstellung des allgemeinen Problems, die Beschreibung der Stichprobe, die Angaben zur Versuchsanordnung, Hinweise zum Versuchsablauf, die Benennung des zentralen Ergebnisses und die Andeutung der wichtigsten Diskussionspunkte aufgegliedert.

## Einleitung

Die Einleitung soll das allgemeine Problem in einem weiteren Rahmen beschreiben, aus dem sich die speziellen Hypothesen und Methoden der Untersuchung logisch stringent ableiten lassen. Üblicherweise beginnt man mit der Einbettung des Problems in den übergreifenden Zusammenhang, gibt Hinweis auf die Theorien, die für das Problem relevant sind, und beschreibt Untersuchungen, an die sich die Fragestellung anlehnt. Insbesondere werden deren methodisches Vorgehen, die Ergebnisse und die zentralen Schlussfolgerungen in gestraffter Form erläutert. Nach einer Kurzzusammenfassung des gegenwärtigen Wissensstands in dem jeweiligen Problembereich werden in der Regel Anknüpfungspunkte der eigenen Fragestellung herausgearbeitet. Am Ende einer Einleitung werden die Versuchshypothesen in Form eines oder mehrerer *experimenteller Sätze* (Operationalisierung der *UV* und der *AV*, s. *Abschnitt 4.2*) aufgestellt, welche auf den zuvor erörterten früheren theoretischen und/oder empirischen Befunden basieren.

Im Gegensatz zu den hier im Vordergrund des Interesses stehenden Praktikumsberichten wird in einem Forschungsbericht auf die explizite Ausformulierung eines experimentellen Satzes häufig verzichtet, und zwar deshalb, weil für den wissenschaftlichen Autor unterstellt wird, dass der Kontext der Einleitung den jeweiligen zu überprüfenden „experimentellen Satz" hinreichend verdeutlicht. In Abweichung von dieser vereinfachenden Kommunikationsform unter Wissenschaftlern empfiehlt es sich für Studierende jedoch, in der Einleitung des Praktikumsberichts eine klare Trennung zwischen *theoretischen* und *experimentellen* (operational festgelegten) Sätzen vorzunehmen.

## Methode

Im Methoden-Abschnitt eines Forschungsberichts sollen alle relevanten Verfahrensdetails beschrieben werden. Die Angaben müssen ausreichen, um den Versuch in der ursprünglichen Weise wiederholen zu können. Bei der Abfassung des Methodenabschnitts eines Praktikumsberichts empfiehlt sich eine Untergliederung, welche Informationen zu den Versuchsteilnehmern (*Stichprobe*), zum *Versuchsmaterial*, zum *Versuchsablauf* und zum *Versuchsplan* (Design) berichtet.

Im *Stichprobenabschnitt* werden das Verfahren der Stichprobenauswahl, wie auch wesentliche Merkmale der Versuchsteilnehmer (z.B. Alter und Geschlecht) und deren Teilnahmemotiv beschrieben.

Es schließt sich eine detaillierte Beschreibung des verwendeten *Versuchsmaterials* an, welche beispielsweise die wesentlichen Informationen der Versuchsinstruktion und -Exploration, eventuell verwendete Fragebögen sowie den gesamten (apparativen) Versuchsaufbau (z.B. Materialanordnung, Sitzanordnung von Versuchsteilnehmer und Versuchsleiter) beinhaltet. Abbildungen, Fotos und Zeichnungen können helfen, den Versuchsaufbau zu veranschaulichen.

Im Abschnitt *Versuchsablauf* wird das Prozedere von der Versuchsinstruktion bis zur abschließenden Versuchsexploration erläutert. Es werden die räumlichen und zeitlichen Versuchsbedingungen beschrieben und ebenso, ob eine Einzel- oder eine Gruppenuntersuchung stattfand.

Während in Forschungsberichten der *Versuchsplan* meist in den Versuchsablauf integriert wird, empfiehlt sich im Praktikumsbericht zur Verständnisvertiefung eine eigenständige Darstellung. In diesem Abschnitt erfolgt eine Erläuterung der experimentellen und nicht-experimentellen Versuchsbedingungen unter genauer Angabe der einzelnen empirisch relevanten Variablen sowie die Beschreibung der Kontrolle möglicher Störvariablen (Randomisierung, Blockbildung usw.).

Die Beschreibung der einzelnen Methodenschritte sollte möglichst konkret gehalten sein, um so dem Leser ein klares Bild von dem Versuchsaufbau und der Versuchsdurchführung zu vermitteln.

## Ergebnisse

Im *Ergebnisteil* werden die statistisch verarbeiteten Hauptbefunde im Hinblick auf die der Einleitung zu entnehmende(n) Fragestellung(en) bzw. Hypothese(n) dargestellt. Rohdaten wie auch Ergebnisausdrucke des Praktikumsversuchs werden nicht hier, sondern – wenn überhaupt – in einem Anhang beigefügt. Häufig müssen die individuellen Rohdaten aber für die Analysen aufbereitet werden, z.B. dann, wenn Mittelwerte aus vielen Testwiederholungen unter einer experimentellen Bedingung gebildet oder Skalensummenwerte aus Fragebögen errechnet werden. Diese sogenannte Datenaggregation muss jedoch genauestens beschrieben werden, um die Sinnhaftigkeit der in die statistischen Analysen einfließenden Werte beurteilen zu können. Die statistischen Analysen und ihre Abhandlung im Ergebnisteil sollten immer konsequent und gedanklich stringent entlang der in der Einleitung formulierten Hypothesen erfolgen. Dabei werden stets die deskriptivstatistischen Kennwerte berichtet, z.B. zur *zentralen Tendenz* (s. *Abschnitt 8.2.1*) und zur *Streuung* (s. *Abschnitt 8.2.2*). Grafische Darstellungen oder Tabellen werden genutzt, um das Verständnis und die Übersichtlichkeit der Befunde zu fördern. Sie müssen ausreichend beschriftet sein, also eine selbst erklärende Legende enthalten. Gemäß den *Richtlinien zur Manuskriptgestaltung* (DGPs, 2007) haben Tabellen eine Überschrift und Abbildungen eine Bildunterschrift. Der Bericht der inferenzstatistischen Ergebnisse erfolgt unter Angabe der verwendeten statistischen Verfahren und führt die Teststatistiken (z.B. $t$- und $F$-Werte usw.) sowie Irrtumswahrscheinlichkeiten ($p$-Werte) auf (vgl. *Abschnitt 8.5*).

Genauso wie in dem Methodenteil eines Untersuchungsberichts sollte auch in dem Ergebnisteil eine nüchterne, aber prägnante Darstellungsweise angestrebt werden, welche die Unvoreingenommenheit (Sachlichkeit, Neutralität) des Verfassers erkennen lässt.

## Diskussion

Die Diskussion soll im Wesentlichen den Kommentar des Autors zu seinen Ergebnissen beinhalten und dabei auch ersichtlich machen, worin er – im Vergleich mit anderen Forschungsarbeiten – den besonderen wissenschaftlichen Beitrag seiner Untersuchung sieht. Bei der Abfassung eines Praktikumsberichts sollte die Diskussion mit einer kritischen Zusammenfassung der hypothesenbezogenen Hauptbefunde beginnen und diese mit anderen Untersuchungen verglichen werden. Es sollte ein psychologisch sinnvoller Erklärungsansatz für die Hauptbefunde eingebracht werden und die Ergebnisse im Hinblick auf alternierende oder konkurrierende Erklärungsversuche diskutiert werden. Gegebenenfalls müssen mögliche Gründe dafür, dass die Ergebnisse die Hypothesen nicht bzw. nur ansatzweise, d.h. tendenziell bestätigen, angeführt werden. Am Ende einer Diskussion können Vorschläge für etwaige Verbesserungen der Versuchsanordnung im Falle einer nochmaligen Durchführung des Experiments gemacht werden und ebenso Vorschläge für weitere wichtig erscheinende Untersuchungsansätze, soweit diese in einem konkreten Zusammenhang mit dem eigenen Experiment gesehen werden können.

Bei der Abfassung der Diskussion zu einem Bericht sollte man beachten, dass jedes Experiment im Prinzip niemals zu endgültigen Aussagen bezüglich komplexer psychologischer Fragestellungen gelangen kann: Im besten Falle führt ein gut durchdachtes und solide durchgeführtes Experiment zu relativ gut gesicherten singulären Aussagen, welche ihrerseits zu neuen Fragestellungen Anlass geben.

## Literatur

Das Literaturverzeichnis bildet den Abschluss des Forschungsberichts. Ein wissenschaftlicher Text bezieht sich nahezu ausnahmslos auf bereits vorliegende Veröffentlichungen. Diese müssen exakt zitiert werden und durch Angaben der Bezugsquellen im Literaturverzeichnis aufgeführt werden. Eine Darstellung der Zitierrichtlinien würde den hier gesetzten Rahmen sprengen, weshalb auf die *Richtlinien zur Manuskriptgestaltung* der DGPs (2007) verwiesen wird.

Eine exemplarische Darstellung von Kriterien für die Bewertung eines Forschungsberichts findet sich auf der Companion Website (Illu 9.2).

Abschließend möchten wir nicht versäumen, auf ein leidiges Thema hinzuweisen, dass in letzter Zeit die Wissenschaft und auch die Öffentlichkeit beschäftigen: Gemeint ist das Plagiat, d.h. die Verwendung fremden geistigen Eigentums im eigenen Werk ohne Verweis auf den Urheber. Wie vorausgehend erwähnt, integrieren wissenschaftliche Texte zumeist bereits vorliegende Veröffentlichungen in die eigene Arbeit. Es sollte eine Selbstverständlichkeit sein, diese Quellen korrekt zu zitieren. Die heute verfügbaren technischen Möglichkeiten (z.B. das Internet) vereinfachen den Zugang zu Informationen beträchtlich, was möglicherweise dazu führen kann, diese unreflektiert und ohne Kennzeichnung in eigene Arbeiten zu integrieren. Dieses wissenschaftliche Fehlverhalten beschädigt das Vertrauen in die Wissenschaft ebenso wie die Fälschung von Daten. Wir möchten unseren Lesern daher empfehlen, sich mit den „Vorschlägen zur Sicherung guter wissenschaftlicher Praxis" der Kommission *Selbstkontrolle in der Wissenschaft* (1998) zu befassen.

## Zusammenfassung

Um fehlerhafte Schlussfolgerungen zu vermeiden, muss eine gute Dateninterpretation immer das Ausgangsstadium der Hypothesenbildung – insbesondere auch die Operationalisierung der beteiligten psychologischen Konstrukte – sowie die anschließenden weiteren Stadien kritisch mit bewerten. Sofern dies möglich ist, soll die Interpretation der Ergebnisse in übergeordnete theoretische Zusammenhänge erfolgen, was häufig neue Fragen aufwirft und zu weiteren Forschungsarbeiten anregt.

Theoriengestützte und experimentell abgesicherte Erkenntnisse sind Inhalte von Arbeitstagungen und Kongressen und werden in wissenschaftlichen Fachzeitschriften und Fachbüchern kommuniziert. Da die Themenbereiche der Psychologie das Selbstverständnis des Menschen unmittelbar berühren, haben Forschungsbefunde mitunter mit dem Problem der sozialen Akzeptanz zu kämpfen. Dies darf aber nicht zu einer Beschränkung der wissenschaftlichen Kommunikation führen. Mangelnde wissenschaftliche Kommunikation signalisiert das Fehlen einer gemeinsamen methodologischen Grundlage wissenschaftlichen Denkens und Arbeitens. Demgegenüber dient eine jede effektive Kommunikationsbemühung der sozialen Akzeptanz von potenziell relevanten Forschungsergebnissen. Dies zeigt auch das Beispiel von ethische Prinzipien berührenden Untersuchungen.

Forschungsberichte tragen wesentlich zur wissenschaftlichen Kommunikation bei. Die große Anzahl von Publikationen erfordert Regeln, nach denen wissenschaftliche Forschungsberichte sachlich angemessen und möglichst einheitlich zu gestalten sind. Deren Aufbau und Struktur werden im Text detailliert erläutert. Abschließend wird auf das Problem des Plagiats und die Empfehlungen der Kommission *Selbstkontrolle in der Wissenschaft* verwiesen.

## Wichtige Fachbegriffe

| | |
|---|---|
| Abstract | Menschenbild |
| Arbeitstagungen | Publikation |
| Forschungsbericht | Posterpräsentation |
| Hypothesenrelevante Operationalisierung | Semiexperimenteller Versuchsplan |
| Kommunikation | Soziale Akzeptanz |
| Konferenzen | Vortrag |
| Manuskriptgestaltung | Wissenschaftliche Kongresse |

## Lernzielkontrolle

**1** Welche Fehlerquellen sollten im Stadium der Dateninterpretation und der Schlussfolgerungen sorgfältig überprüft werden?

**2** Was versteht man unter dem sogenannten semiexperimentellen Designing?

**3** Welche beiden nordamerikanischen Sozialwissenschaftler haben mit ihren Experimenten eine kontroverse Diskussion um ethische Grenzen psychologischen Experimentierens angestoßen?

**4** Welcher Aufgabe und Funktion dient die wissenschaftliche Kommunikation?

**5** Aus welchen wesentlichen Abschnitten besteht ein Forschungsbericht („Versuchsbericht")?

**6** An welcher Publikation können Sie sich bei Fragen zur korrekten Zitierweise in einem psychologischen Forschungsbericht („Versuchsbericht") orientieren?

# Anhang

**ÜBERBLICK**

**A**

Die Einteilung der Versuchspläne (Designs) erfolgt in der Systematik der Versuchspläne nach folgenden Typen (s. *Kapitel 5.1*):

- Vorexperimentelle Designs
- Strenge experimentelle Designs
- Quasi-experimentelle Designs
- Ex post facto-Designs
- Korrelative Designs

# A.1 Systematik der Versuchspläne

Die englische Design-Bezeichnung erfolgt in Anlehnung an die Werke von Matheson et al. (1978) und Yaremko et al. (1982). Eine ausführliche Darstellung einzelner Designs, deren jeweiligen Vor- und Nachteilen und illustrierenden Beispielen findet sich auf der *Companion-Website (CWS)* des Pearson-Verlages unter *http://www.pearson-studium.de*.

**Tabelle 1.1**

| lfd. Design-Nr. | Numerische Design-Klassifikation | Bezeichnung des Designs deutsch | englisch |
|---|---|---|---|
| 1 | *0.1* | Vorexperimentelle („ungültige") Versuchsanordnung: Einmalige Nachher-Messung an einer einzigen Versuchsgruppe | One „shot" case study |
| 2 | *0.2* | Vorexperimentelle („ungültige") Versuchsanordnung: Vorher-Nachher-Messung an einer einzigen Versuchsgruppe | One group before-after design |
| 3 | *0.3* | Vorexperimentelle Versuchsanordnung: Vergleich von mehreren vorgegebenen, experimentell behandelten Gruppen mit einmaliger Nachher-Messung | After-only multi-group design |
| 4 | *1.0* | Zufallsgruppenversuchsplan: Zweigruppen-Design ohne Vorher-Messung | Randomized two-group design |
| 5 | *1.1* | Zufallsgruppenversuchsplan: Zweigruppen-Design mit Vorher-Nachher-Messung | Randomized before-after two group design |
| 6 | *1.2* | Unifaktorieller Zufallsgruppenversuchsplan: Mehrgruppen-Design | Randomized multi-group design: Unifactorial layout |
| 7 | *1.3* | Zweifaktorieller Zufallsgruppenversuchsplan: Mehrgruppen-Design mit Randomisierung auf Faktor $A$ und Faktor $B$ | Randomized two-factorial multigroup design |
| 8 | *2.0* | Versuchsplan mit Wiederholungsmessungen: Unifaktorieller Eingruppenversuchsplan mit wiederholten Messungen auf dem Faktor $X$ für zwei Treatments | Two-level design with repeated measures on the same subject |

| lfd. Design -Nr. | Numerische Design-Klassifikation | Bezeichnung des Designs deutsch | englisch |
|---|---|---|---|
| 9 | 2.1 | Versuchsplan mit Wiederholungsmessungen: Unifaktorieller Eingruppenversuchsplan mit wiederholten Messungen auf dem Faktor $X$ für mehrere Treatments | Multilevel design with repeated measures on the same subject |
| 10 | 2.2 | Versuchsplan mit Wiederholungsmessungen: Zweifaktorieller Eingruppenversuchsplan mit wiederholten Messungen auf den beiden Faktoren $A$ und $B$ | Twofactorial design with repeated measures on both factors |
| 11 | 2.3 | Versuchsplan mit Wiederholungsmessungen: Dreifaktorieller Versuchsplan mit wiederholten Messungen auf allen drei Faktoren $A$, $B$ und $C$ | Threefactorial design with repeated measures on all three factors |
| 12 | 3.0 | Unifaktorieller Blockversuchsplan: Zweigruppen-Design mit Probandenpaaren, homogenisiert durch Matchingverfahren | Randomized two-group blocks design |
| 13 | 3.1 | Unifaktorieller Blockversuchsplan: Mehrgruppendesign mit $p$ experimentellen Stufen und $n$ Blöcken mit $q$ gematchten Probanden | Match by correlated criterion design |
| 14 | 4.1 | Zweifaktorieller Mischversuchsplan: Faktor $A$ mit Zufallsgruppenbildung und Faktor $B$ als Organismusvariable mit statischer Gruppenbildung | Twofactorial multi-group mixed design |
| 15 | 4.2 | Zweifaktorieller Mischversuchsplan: Faktor $A$ mit Zufallsgruppenbildung und Faktor $B$ mit wiederholten Messungen | Twofactorial multi-group mixed design |
| 16 | 4.3 | Dreifaktorieller Mischversuchsplan: Faktor $A$ mit Zufallsgruppenbildung auf den Faktoren $A$, $B$ und $C$ | Randomized three-factorial design |
| 17 | 4.4 | Dreifaktorieller Mischversuchsplan: Faktor $A$ mit Zufallsgruppenbildung, Faktor $B$ als Organismusvariable und Faktor $C$ mit wiederholten Messungen | Threefactorial multi-group mixed design |
| 18 | 4.5 | Dreifaktorieller Mischversuchsplan: Faktor $A$ mit wiederholten Messungen sowie Faktor $B$ und $C$ mit Zufallsgruppenbildung | Threefactorial multi-group mixed design |
| 19 | Q.1 | Quasi-experimenteller Versuchsplan: Vergleich von mehreren vorgegebenen, experimentell ($X$) behandelten Versuchsgruppen aufgrund von Vorher-Nachher-Messungen | Before-after static multigroup comparison design |

| lfd. Design-Nr. | Numerische Design-Klassifikation | Bezeichnung des Designs deutsch | englisch |
|---|---|---|---|
| 20 | Q.2 | Quasi-experimenteller Versuchsplan: Zeitreihenversuchsplan mit mehreren vorgebenen, experimentell ($X$) behandelten Versuchsgruppen aufgrund von mehreren Vorher-Nachher-Messungen | Static multigroup time series design |
| 21 | Q.3 | Quasi-experimenteller Einzelfall-Versuchsplan ($ABAB$-Abfolge): Zeitreihenversuchsanordnung mit mehreren Messabschnitten [mit ($B$) und ohne ($A$) Treat-ment] | Single-subject time series design |
| | Q.3a | Quasi-experimenteller Einzelgruppen-Versuchsplan ($ABAB$-Abfolge): Zeitreihenversuchsanordnung mit mehreren Messabschnitten mit ($B$) und ohne ($A$) Treatment | Single-group time series design |
| 22 | Q.4 | Quasi-experimenteller Einzelfall-Versuchsplan ($ABAB$-Abfolge): Zweiprobanden-Zeitreihenversuchsanordnung mit mehreren Messabschnitten und mit $Pb_1$ unter Treatment $X_1$ und $Pb_2$ unter Treatment $X_2$ bzw. $X_0$ (Zufallsaufteilung) | Randomized two-subject time series design |
| | Q.4a | Quasi-experimenteller Zwei- oder Mehrgruppen-Versuchs-plan ($ABAB$-Abfolge): Zeitreihenversuchsanordnung mit zwei oder mehreren Zufallsgruppen | Randomized multi-group time series design |
| 23 | E.1 | Ex post facto-Versuchsanordnung: Vergleich von mehreren vorgegebenen, experimentell nicht behandelten Versuchs-gruppen ohne Vorher-Messung | Ex post facto design |
| 24 | K.1 | Korrelative Versuchsanordnung: Eine einfache 2x2-Chi$^2$-Versuchsanordnung | Simple 2x2-chi square design |
| 25 | K.2 | Korrelative Versuchsanordnung: Eine allgemeine zweidimensionale Chi$^2$-Versuchsanordnung: sog. zweidimensionale Kontingenztafel | General chi-square contingency design |
| 26 | K.3 | Korrelative Versuchsanordnung: Eine allgemeine mehrdimensionale Kontingenztafel | Multidimensional chi-square contingency design |
| 27 | K.4 | Korrelative (multivariate) Versuchsanordnung: Eine allgemeine Interkorrelationsmatrix bestehend aus den paarweisen Korrelationskoeffizienten $r_{ij}$ zwischen je zwei Variablen $I$ und $J$ | General multi-dimensional matrix of pairwise correlations |

# A.2 Glossar

## A

**Abhängige Variable**
Merkmal, das in einem (Quasi-)Experiment erfasst wird, um zu überprüfen, wie sich systematisch variierte unabhängige Variablen auswirken.

**Alternativ-hypothese**
Die Alternativhypothese ist die Gegenhypothese $H_1$ zur Nullhypothese $H_0$ beim statistischen Test. Sowohl $H_0$ als auch $H_1$ sind Aussagen über die Grundgesamtheit, die in einem statistischen Test überprüft werden sollen.

**Apparat**
Technisches Hilfsmittel/Werkzeug zur Durchführung einer experimentellen Untersuchung. Die Reliabilität einer Untersuchung kann durch die Verwendung von Apparaturen u.U. erhöht werden.

**Arithmetisches Mittel (Mittelwert)**
Derjenige Wert (Durchschnittswert), der sich ergibt, wenn die Summe aller Werte einer Verteilung durch ihre Gesamtzahl ($n$) geteilt wird.

## B

**Behaviorismus**
Eine historische Schulrichtung, welche psychologische Untersuchungen auf *beobachtbares* Verhalten beschränkt.

**Biopsychologie**
Die Biopsychologie beschäftigt sich in den Schwerpunkten Psychophysiologie, Psychopharmakologie und Neuropsychologie mit den Zusammenhängen zwischen biologischen und psychologischen Prozessen.

**Blockbildung (Parallelisierung)**
Versuchsplanungsstrategie zur Erhöhung der internen Validität bei *Kleingruppen*-Experimenten. Zur Erstellung von Blöcken wird die Gesamtmenge der Versuchsteilnehmer in möglichst ähnliche Paare gruppiert; die beiden Untergruppen werden anschließend so zusammengestellt, dass jeweils der eine Paarling zufällig der einen Gruppe, der andere Paarling der anderen Gruppe zugeordnet wird.

## C

**Computer-steuerung**
Die Steuerung von Untersuchungsapparaturen erfolgt auf der Basis eines Computer-Datenverarbeitungsprogrammes.

**Computer-Tomographie (CT)**
Bei diesem diagnostischen Verfahren handelt es sich um eine Röntgenuntersuchung, bei der Schichten des Körpers oder eines Körperabschnittes nacheinander durchleuchtet und mit Hilfe eines Computers als dreidimensionales Bildes dargestellt werden.

| | |
|---|---|
| **Cross-over Design** | In einem Cross-over Design erfährt jeder Versuchsteilnehmer im Verlaufe des Experiments fortlaufend zwei oder mehr experimentelle Behandlungen. Dieses Design ist so definiert, dass zwei Behandlungen (*A* und *B*) in umgekehrter Reihenfolge vorgegeben werden, wobei die Zuteilung der Versuchsteilnehmer zu den Abfolgen zufällige erfolgt. |

**D**

| | |
|---|---|
| **Deduktive Logik** | Form des Denkens, bei der eine Schlussfolgerung logisch aus zwei oder mehr Annahmen oder Prämissen resultiert, d.h. vom Allgemeinen wird auf Spezielles geschlossen. |
| **Deskriptiv-statistisik** | Die Deskriptivstatistik hat die Aufgabe, empirisch gewonnene Daten von qualitativen und quantitativen Merkmalen zu ordnen, durch bestimmte Maßzahlen zusammenzufassen und graphisch oder tabellarisch darzustellen. |
| **Doppelblind-versuch** | Experimentelle Technik, bei welcher artifizielle Erwartungseffekte eliminiert werden sollen. Weder der Versuchsleiter noch die Versuchsteilnehmer erhalten Informationen darüber, unter welchen Versuchsbedingungen und bestimmte Aufgaben eines Experiments zu bearbeiten sind. |

**E**

| | |
|---|---|
| **E-Learning** | Bezeichnet Lernen und Lehren unter Einsatz von Informations- und Kommunikationstechnik (es wird vielfach als ein zentrales Instrument beim Übergang zur Wissens- und Informationsgesellschaft verstanden). |
| **Empirische Wissenschaft** | Gegenstand der empirischen Wissenschaften oder *Erfahrungswissenschaften* sind *beobachtbare Objekte und Sachverhalte der Welt.* In der Psychologie werden z.B. das Erleben und Verhalten von Menschen und Tieren durch Experimente, Beobachtung oder Befragung untersucht. |
| **Experiment** | Ein systematischer Beobachtungsvorgang, aufgrund dessen der Versuchsleiter das jeweils interessierende Phänomen planmäßig erzeugt und variiert sowie gleichzeitig systematische und/oder unsystematische Störfaktoren durch hierfür geeignete Techniken kontrolliert. |
| **Experimentelle Methode** | Verfahren, welches die Manipulation einer oder mehrerer unabhängiger Variable(n) impliziert, um die Effekte dieser Manipulation auf eine oder mehrere abhängige Variable(n) zu bestimmen. |
| **Experiment-Generator-Programm** | Eine spezifische Verfahrensweise, welche den Einsatz von Computern in der Versuchssteuerung erleichtert. |

| | |
|---|---|
| Experimentell-korrelativer Forschungsansatz | Forschungslogik, welche dem allgemein- und persönlichkeits-psychologischen Forschungsansatz gerecht wird. Mit der Kombination von streng experimentellen und einer oder mehreren (korrelativen) Organismusvariablen werden sachrepräsentative sowie artefaktfreie Datenanalysen bezweckt. |
| Exploration | Befragung im Anschluss an ein Experiment zur nachträglichen Erfassung von möglichen Störquellen. |
| Ex post facto-Anordnung | Bei der Ex post facto-Versuchsanordnung liegt keine Manipulation seitens des Untersuchers vor; es wird von korrelativen Datensätzen lediglich auf eine oder mehrere hypothetische „Verursachungen" zurückgeschlossen. |
| Externe Validität | Liegt vor, wenn das Ergebnis einer Untersuchung über die untersuchte Stichprobe und die Untersuchungsbedingungen hinaus generalisierbar ist. |

## F

| | |
|---|---|
| Faktor | Eine unabhängige Variable mit zwei oder mehr Stufen, deren Bedeutung für die Daten einer abhängigen Variablen überprüft wird. |
| Falsifikation | Wissenschaftliche Theorien können nach Karl R. Popper grundsätzlich nicht verifiziert werden, da man nie sicher sein kann, ob im jeweiligen Fall die Wahrheit gefunden wurde; deswegen soll nicht der Beweis bzw. die Verifikation von Theorien gefordert, sondern im Gegenteil die Widerlegung bzw. Falsifikation angestrebt werden. Als vorläufig wahr gilt, was bisher trotz angemessener Anstrengung nicht falsifiziert ist. |
| Fehler erster Art (alpha-Fehler) | In der statistischen Entscheidungstheorie die fälschliche Entscheidung zugunsten der Geltung der Alternativhypothese ($H_1$), d.h. man nimmt an, die Alternativhypothese sei richtig, obwohl in Wirklichkeit die Nullhypothese $H_0$ richtig ist. |
| Fehler zweiter Art (beta-Fehler) | In der statistischen Entscheidungstheorie die fälschliche Entscheidung zugunsten der Nullhypothese ($H_0$), d.h. man nimmt an, die Nullhypothese sei richtig, obwohl in Wirklichkeit die Alternativhypothese ($H_1$) richtig ist. |
| Fehlervarianz | Systematische oder/und unsystematische inter- und intraindividuelle Datenvarianz. |
| Feldexperiment | Experimentelle Untersuchung, die in einem natürlichen Umfeld stattfindet. |
| F-Test | Statistischer Signifikanztest, der zwei Stichprobenvarianzen auf Homogenität prüft. |

| | |
|---|---|
| **Funktionelle Magnetresonanz-Tomographie (fMRT bzw. engl. fMRI)** | Dieses diagnostische Verfahren verwendet keine Röntgenstrahlen, sondern ein starkes Magnetfeld und Radiowellen. Ein Computer setzt die magnetischen Signale in grau abgestufte Schichtbilder des untersuchten Körpers (Körperteils) um. |

### G

| | |
|---|---|
| **Grundgesamtheit (Population)** | Alle potentiell untersuchbaren Einheiten, die ein gemeinsames Merkmal aufweisen. (*Beispiel:* Bewohner einer Stadt, Frauen eines Landes, dreisilbige Substantia einer Sprache). |

### H

| | |
|---|---|
| **Halo-Effekt** | Ein für die Personwahrnehmung typischer Schätzfehler, der aus der subjektiven Überschätzung von vermeintlichen Zusammenhängen resultiert. – *Beispiel:* Als „ordentlich" eingestufte Personen werden typischerweise zu stark auch als eher „arbeitsmotiviert" eingeschätzt. |
| **Häufigkeitsverteilung** | Statistische Übersicht, die zeigt, wie häufig die auftretenden Ergebnisse in einem Datensatz vorkommen. |
| **Hypothese** | Experimentell zu prüfende Tatsachenbehauptung bzw. präzise Angabe über die Art der erwarteten Abhängigkeitsbeziehung. Sie enthält die exakte Festlegung der variierten Bedingungen und der erwarteten Veränderungen, d.h. eine möglichst präzise Aussage (Vorhersage) über die empirische Beziehung zwischen Ereignissen (*UV, AV*). |

### I

| | |
|---|---|
| **Induktive Logik** | Form des Denkens, bei welchem eine Schlussfolgerung aus vorangegangenen Erfahrungen und Indizien resultiert. Vom Einzelnen wird auf Allgemeines geschlossen. |
| **Inferenzstatistik** | Statistik, die auf der Basis von Stichprobenergebnissen induktiv allgemeingültige Aussagen anstrebt. Zur Inferenzstatistik zählen die Schätzung von Populationsparametern und die statistische Signifikanzprüfung von Hypothesen. |
| **Instruktion** | Die Instruktion – Versuchsanweisung – soll den Versuchsteilnehmer in die Lage versetzen, seine Aufgaben im Versuchsgeschehen optimal zu verstehen. |
| **Instruktionsgebung** | Die Instruktionsgebung sollte dem Instruktionsinhalt und dem Versuchsteilnehmer angepasst sein. Divergenzen zwischen dem, wie sich ein Versuchsleiter verhält, und dem was er sagt, sind zu vermeiden. |

| | |
|---|---|
| **Instruktions-typen** | Man unterscheidet zwischen Instruktion mit vollständiger Information, Instruktion mit unvollständiger Information und Instruktion mit Falschinformation. |
| **Instrumen-tierung** | Gesamtheit der in einer experimentellen Untersuchung verwendeten technischen Hilfsmittel. |
| **Interindividuell** | Zwischen Individuen ablaufend; mehrere Individuen betreffend. |
| **Interne Validität** | Liegt vor, wenn das Ergebnis einer Untersuchung eindeutig interpretierbar ist. Die interne Validität sinkt mit der Anzahl plausibler Alternativerklärungen für das erhaltene experimentelle Ergebnis. |
| **Intervallskala** | Bei intervallskalierten Merkmalen lassen sich die Abstände zwischen den verschiedenen Merkmalsausprägungen exakt bestimmten und in äquidistanten Maßzahlen auf der Skala abtragen. |
| **Intraindividuell** | Innerhalb eines Individuums, ein einzelnes Individuum betreffend. |

## K

| | |
|---|---|
| **Kognitions-psychologie** | Eine Forschungsrichtung, welche sich mit der Untersuchung höherer mentaler Prozesse beschäftigt (z.B.: Wahrnehmung, Aufmerksamkeit, Sprache, Gedächtnis und Problemlösen.). |
| **Kognitive Neurowissen-schaften** | Forciert durch die Verbreitung bildgebender und elektrophysiologischer Verfahren, wird in dem Bereich der kognitive Neurowissenschaft versucht, allgemeingültige Aussagen zu den neuronalen Grundlagen psychischer Vorgänge und damit zur Informationsverarbeitung durch das Gehirn zu machen. |
| **Konstrukt** | Theoretischer Begriff für eine hypothetisch angenommene Eigenschaft, welche sich nur indirekt – unter Zuhilfenahme operationaler Definitionen – erfassen lässt. |
| **Konstrukt-validität** | Betrifft die Güte der Operationalisierung der *UV* und *AV* hinsichtlich ihrer zugrundeliegenden theoretischen Konzeption. |
| **Korrelative Designs** | Nicht-experimentelle Datenanordnungen, die typischerweise nur den wechselseitigen Zusammenhang (Korrelation) zwischen zwei oder mehreren Variablen betreffen. |
| **Kovarianz-analyse** | Statistisches Verfahren zur Überprüfung der Bedeutsamkeit einer Moderatorvariablen (Zusatzvariablen); der Einfluss dieser Zusatzvariablen wird „neutralisiert". |
| **Kurven-anpassung** | Eine Menge von Datenpunkten wird durch eine mathematisch-statistische Funktion beschrieben. |

## L

**Laborexperiment**
Experiment, welches in einem Labor durchgeführt wird, d.h. in einer Umgebung, die der Experimentator systematisch gestalten kann; s. *Max-Kon-Min*-Prinzip.

**Law of parsimony**
s. Occam's Razor

## M

**Magnetresonanz-Tomographie (MRT)**
Die Magnet-Resonanz-Tomographie (MRT), auch Kernspin-Tomographie genannt, ist eine diagnostische Technik zur Darstellung der inneren Organe und Gewebe mit Hilfe von Magnetfeldern und Radiowellen.

**Max-Kon-Min-Prinzip**
Forschungsstrategie in der Versuchsplanung, der zufolge die experimentelle Varianz (Primärvarianz) zu *maximieren*, hingegen die systematische Fehlervarianz (Sekundärvarianz) zu *kontrollieren* sowie die unsystematische Fehlervarianz (Zufallsvarianz) zu *minimieren* sind.

**Menschenbild**
Das Menschenbild einer wissenschaftlichen Disziplin betrifft die ethisch-moralischen Grundannahmen ihres Vorgehens in Theorie und Praxis.

**Messen**
Zuordnung von Zahlen zu Objekten oder Ereignissen gemäß bestimmten formalen Regeln.

**Methodenmyopia/Methodenkurzsichtigkeit**
Sach- und methodenunkritische Bewertung und Nutzung von Datensätzen.

**Modell**
Dient unter Zuhilfenahme vereinfachender Analogien einer koordinierenden Generierung und Prüfung von experimentellen Hypothesen; wesentliches Bindemittel zwischen Theorienbildung und empirischer Einzelprüfung.

**Morgan's Canon**
s. Occam's Razor

## N

**Normalverteilung**
Wichtigste Verteilung der Statistik, die durch die Paramter $\mu$ (Erwartungswert) und $\sigma$ (Streuung) definiert ist; d.h. glockenförmig, symmetrisch, zwischen den beiden Wendepunkten liegen ca. 68% der gesamten Verteilungsfläche (Standardnormalverteilung).

**Nullhypothese**
Bei inferenzstatistischen Tests eine mathematisch formulierte These („$H_0$-Hypothese"), die besagt, dass der von der Alternativhypothese postulierte Unterschied bzw. Zusammenhang nicht besteht bzw. dass der in der Stichprobe gefundene Effekt auf die zufallsabhängige Streuung zurückzuführen und damit in der Grundgesamtheit nicht vorhanden ist.

## O

**Objektivität**  Grad, in dem die Ergebnisse eines Tests unabhängig vom Untersucher sind („interpersonelle Übereinstimmung" der Untersucher).

**Occam's Razor**  Allgemeines Gütekriterium, welches besagt, dass bei sonst gleichem Voraussage- bzw. Erklärungswert einfachere Grundannahmen solchen vorzuziehen sind, die eine kompliziertere und damit oft auch spekulativere Basis der Hypothesenbildung haben.

**Operationale Definition**  Die Definition eines Ereignisses oder Konstrukts in Form der Prozeduren (Operationen) zur empirischen Konstitution der *UV* und *AV*.

**Operationalisierung**  Umsetzung einer abstrakten Variablen bzw. eines theoretischen Konstrukts in ein konkret messbares Merkmal. Wichtig ist, dass die operationalisierte Variable die abstrakte Variable tatsächlich widerspiegelt.

**Ordinalskala**  Bei einer ordinalskalierten Variablen sollen die Zahlen die Rangordnung der Untersuchungseinheiten bezüglich der gemessenen Eigenschaft abbilden.

**Organismusvariable**  Eigenschaft, welche an die individuelle Person gebunden ist und das Messergebnis beeinflussen kann.

## P

**Permutation**  Werden in einem Zufallsexperiment (z.B. Urne, Kartenspiel, Computergenerierung) alle Objekte bzw. Ereignisse gezogen und nicht zurückgelegt, bezeichnet man die dabei aufgetretene Reihenfolge der Ereignisse als eine „Permutation"; bei $n$ Ereignissen gibt es $n!$ Permutationen.

**Population**  s. Grundgesamtheit.

**Positronen-Emissions-Tomographie (PET)**  Die Positronen-Emissions-Tomographie bezeichnet ein nuklearmedizinisches Verfahren, mit dem Stoffwechselprozesse des Körpers auf molekularer Ebene in einer Untersuchung erforscht und in ihrer räumlichen Verteilung mittels Computer sichtbar gemacht werden können. Hierbei wird die Verteilung radioaktiv markierter Substanzen (Tracer) im menschlichen Körper mit einer PET-Kamera aufgezeichnet.

**Poweranalyse**  Sie gibt Aufschluss darüber, mit welcher Chance ein in der Population vorhandenen Unterschied durch den verwendeten statistischen Test an Stichprobendaten tatsächlich nachgewiesen werden kann.

**Primärvarianz**  Diejenige Datenfluktuation, die allein auf die Variation der experimentellen Bedingungen zurückzuführen ist („experimentelle Varianz"); s. *Max-Kon-Min*-Prinzip.

| | |
|---|---|
| **Proto-Wissenschaft** | Eine erst im Entstehen begriffene, vorwissenschaftliche Disziplin, die noch Schwierigkeiten hat, von bereits etablierten wissenschaftlichen Disziplinen anerkannt zu werden. |
| **Psychophysik** | Teilbereich der Psychologie, der sich mit den quantitativen Gesetzesbeziehungen zwischen physikalischen Reizen und den durch sie hervorgerufenen Empfindungen bzw. Wahrnehmungen befasst; d.h. es sollen allgemeingültige Aussagen über die Beziehung zwischen objektiver und subjektiver Wirklichkeit gemacht werden. |
| **„Puzzle"-Forschung** | Dieser Begriff beschreibt die aus der methodenorientierten Kleinarbeit bestehende Forschungstätigkeit. |
| **Pygmalion-Effekt** | s. Rosenthal-Effekt. |

## Q

| | |
|---|---|
| **Quasi-Experiment** | Untersuchung, bei der z.B. auf Randomisierung verzichtet werden muss, weil natürliche bzw. bereits bestehende Gruppen untersucht werden. |

## R

| | |
|---|---|
| **Randomisierung (R)** | Zufallsbildung, z.B. zufällige Zuordnung der Versuchsteilnehmer zu den Versuchsbedingungen. |
| **Reaktive Messwerte** | Versuchsartefakte, die aufgrund der dynamischen Interaktion von einer besonderen Versuchsleiter- Versuchsperson- Versuchssituation die eigentlich intendierten Resultate beeinträchtigen. |
| **Reliabilität** | Grad der Genauigkeit eines Tests, mit dem dieser ein Merkmal erfasst, und zwar unter (vorläufiger) Absehung des Umstandes, ob es sich dabei auch um dasjenige Merkmal handelt, dessen Erfassung intendiert ist. |
| **Rosenthal-Effekt** | Artefakt, d.h. Datenverzerrung; entsteht, wenn die Erwartung eines Versuchsleiters bezüglich des Verhaltens der Versuchsteilnehmer einen unbeabsichtigten Einfluss auf deren tatsächliches Verhalten hat. |

## S

| | |
|---|---|
| **Sekundärvarianz** | Systematischer Fehler, der auf die Wirkung von unkontrollierten Störfaktoren zurückzuführen ist. |
| **Semiexperimenteller Versuchsplan** | Mischdesign – zumindest zweifaktoriell – mit einem streng experimentellen und einem korrelativen Faktor (Organismusvariable). |

| | |
|---|---|
| Signifikanznivau | Beim Hypothesentesten wird das Signifikanzniveau bzw. der kritische Wert zum Entscheidungskriterium über die Annahme oder die Zurückweisung der Nullhypothese. Ist die Wahrscheinlichkeit für das Auftreten eines im Inferenztest ermittelten Wertes gleich oder kleiner als das a priori festgesetzte Signifikanznivau (z.B. 5%), gilt das Ergebnis als statistisch signifikant und die Nullhypothese wird verworfen. |
| Signifikanztest | Er ermöglicht nach bestimmten Regeln eine Entscheidung darüber, ob eine wissenschaftliche Hypothese über die zu untersuchende Grundgesamtheit (Alternativhypothese) anhand von Daten aus einer Stichprobe akzeptiert werden kann oder verworfen werden muss. |
| Skalenniveau | Das Skalenniveau einer gemessenen Variablen gibt an, welche Interpretationen die Ausprägungen des entsprechenden Merkmals zulassen. Es bestimmt die mathematischen Operationen und Transformationen, die mit einer entsprechend skalierten Variablen zulässig sind, ohne Information zu verändern. |
| Standardabweichung (Streuung) | Wurzel aus der Varianz; symbolisiert als s für Stichproben, und $\sigma$ für theoretische Verteilungen (z.B. Population). |
| Standardfehler des Mittelwertes (Mittelwertsfehler) | Streuung einer Stichprobenkennwerteverteilung; sie informiert darüber, wie unterschiedlich („variabel") Stichprobenkennwerte (z.B. Mittelwerte) von Stichproben aus einer Population bei einem gegebenen Stichprobenumfang sein können. Wichtig ist der Standardfehler für die Deskriptiv- und Inferenzstatistik. |
| Statistik | Beinhaltet die Methoden zur Analyse quantitativer Informationen mit deren Hilfe empirische Daten beschrieben (*deskriptive Statistik*) und Schlüsse von einer Stichprobe auf die zugrunde liegende Grundgesamtheit getroffen werden können (*inferenzielle Statistik*). |
| Stichprobe | Zufallsbedingte Ereignisse von einer in der Regel zufällig ausgewählten Personengruppe, die als Grundlage für inferenzstatistische Schlüsse dienen soll. |
| Stichprobenkennwerteverteilung | Beruhend auf der Annahme der Gültigkeit der Nullhypothese werden Voraussagen über einen Stichprobenkennwert gemacht. Die Stichprobenkennwerteverteilung ergibt sich, wenn man (theoretisch) unendlich viele Stichproben des Umfangs $n$ aus der Population zieht und jedes Mal diesen Kennwert berechnet. Sie gibt also an, mit welcher Wahrscheinlichkeit alle möglichen Stichprobenergebnisse jeweils auftreten. |
| Störvariable | Merkmal, das bei einer Untersuchung nicht kontrolliert bzw. mitberücksichtigt wird, und somit die Werte der abhängigen Variablen verfälscht. |

| | |
|---|---|
| **Streuung** | s. Standardabweichung |
| **Suggestivfragen** | Suggestivfragen sind wertende Fragen, die Antworten einer bestimmten Richtung nahe legen. |

**T**

| | |
|---|---|
| **Tachistoskop** | Mit dem Tachistoskop können optische Reize millisekunden-genau präsentiert werde |
| **Testnaivität** | s. Wissentlichkeit |
| **Theorie** | Ein System von Definitionen, Annahmen und Schlußssfolgerungen, welches einen Ordnungs- und Erklärungsversuch für ein oder mehrere Phänomene darstellt. |
| **Trendhypothese** | Durch eine Trendhypothese wird eine Richtungsvorhersage („Trend") auf Grund der Rangfolge der Treatment–Stufen (Abstufungen) getroffen. |

**U**

| | |
|---|---|
| **Unabhängige Variable** | Merkmal, das in einem Experiment systematisch variiert wird, um seine Auswirkung auf eine oder mehrere abhängige Variable zu untersuchen. |
| **Un-/Wissent-lichkeit** | Zwischen den beiden Polen der maximalen „Unwissentlichkeit" und der vollständigen „Wissentlichkeit" lassen sich verschiedene Grade der Unwissentlichkeit der Versuchsteilnehmer voneinander unterscheiden (s. auch Wissentlichkeit). |

**V**

| | |
|---|---|
| **Validität** | Grad der Genauigkeit, mit dem ein Experiment bzw. Test das Merkmal, das erfasst bzw. gemessen werden soll, auch tatsächlich erfasst. |
| **Variable** | Ein Merkmal bzw. Faktor, welches(r) durch Veränderlichkeit (qualitativer und/oder quantitativer Art) charakterisiert ist (s. auch abhängige und unabhängige V.). |
| **Variablen-konfundierung** | Liegt dann vor, wenn mit der Manipulation der *UV* gleichzeitig unabsichtlich weitere systematische (Stör-) Bedingungen geschaffen werden, so dass eine bedingungsanalytische valide Interpretation des beobachteten Geschehens unmöglich wird. |
| **Varianz** | Summe der quadrierten Abweichungen aller Messwerte einer Verteilung vom Mittelwert, dividiert durch die Anzahl aller Messwerte. |
| **Varianzanalyse** | Testverfahren (Signifikanztest), welches den Einfluss verschiedener Bedingungen auf eine abhängige Variable untersucht. Die Bedingungen werden auch Faktoren und ihre Ausprägungen (Faktor-)Stufen genannt. |

| | |
|---|---|
| **Versuchs-anweisung (Instruktion)** | Die Versuchsanweisung bzw. Instruktion ist ein wesentliches Mittel, einen Versuchsteilnehmer in einer psychologischen Untersuchung zu einem bestimmten *aufgabenspezifischen* Verhalten zu veranlassen. |
| **Versuchsaufbau** | Der Versuchsaufbau ist durch die Instrumentierung des Versuchs, welche die Instruktion der Versuchsteilnehmer und die Rekrutierung der Versuchsteilnehmer bestimmt. |
| **Versuchsplan** | Ein standardisiertes, routinemäßig anwendbares (Versuchsplanungs-)Schema, das dem Aufbau, der Kontrolle und der methodologischen Bewertung einer empirischen Untersuchung von unabhängigen und abhängigen Variablen zugrunde liegt. |
| **Versuchsteil-nehmer-Effekt** | Diese Art von reaktiven Messeffekten beinhalten entweder einen unmittelbaren Einfluss von Eigenheiten der Versuchsteilnehmer auf die experimentellen Daten, oder sie leiten sich indirekt aus den Fehlreaktionen des Versuchsleiters ab, der sich durch bestimmte Versuchsteilnehmer-Merkmale beeinflussen lässt. |

## W

| | |
|---|---|
| **Web-Server** | Computer, der seine Dokumente mit anderen Computern teilt und mittels Software, so genannten Browsern, den Zugang zu einem Netzwerk, z.B. dem World Wide Web (WWW), ermöglicht. |
| **Wechselwirkung (Interaktion)** | In der Statistik meint Wechselwirkung (Interaktion) den gemeinsamen Effekt, den unabhängige Variablen (*UV*) über ihre Einzeleffekte hinaus auf eine abhängige Variable (*AV*) haben. Man unterscheidet zwischen *ordinaler*, *disordinaler* und *hybrider Interaktion* (Varianzanalyse). Eine *ordinale Interaktion* liegt vor, wenn sich eine UV auf verschiedenen Stufen der anderen *UV* verschieden stark auf die *AV* auswirkt und umgekehrt; eine *disordinale Interaktion* ist gegeben, wenn sich die Rangfolge der Werte der *AV* für eine *UV* auf den verschiedenen Stufen der anderen *UV* umkehrt. Eine *hybride* oder *semiordinale Interaktion* liegt dann vor, wenn sich der Interaktionstypus abhängig von dem auf der Abszisse abgetragen Faktor unterscheidet. |
| **Wiederholungs-messung** | An einer Stichprobe wird dasselbe Merkmal bei jedem Versuchsteilnehmer mehrmals gemessen (z.B. zu zwei Zeitpunkten, *Vorher-Nachher*); solche Stichproben bezeichnet man als „abhängig". |
| **Wissen-schaftliche Kommunikation** | Wissenschaftliche Kommunikation dient der Verbreitung und damit der Weiterentwicklung von psychologischen Erkenntnissen. Sie umfasst Arbeitstagungen und Fachkongresse ebenso wie Fachbücher, Fachzeitschriften und elektronische Fachpublikationen. |

| | |
|---|---|
| **Wissentlichkeit** | Um die Unvoreingenommenheit von Versuchsteilnehmern zu gewährleisten wird in Experimenten in der Regel *Testnaivität* der Versuchsteilnehmer verlangt. Bezogen auf Versuchsintruktionen lassen lassen sich verschiedene Grade der (Un-) Wissentlichkeit der Versuchsteilnehmer voneinander unterscheiden: Instruktion mit unmittelbarer und umfassender Aufklärung über das Versuchsziel, Instruktion mit unmittelbarer, jedoch unvollständiger Aufklärung über das Versuchsziel und Instruktion mit falschen Angaben über das eigentliche Versuchsziel. |

## Z

| | |
|---|---|
| **Zentrale Tendenz** | Charakterisiert die „Mitte" bzw. das „Zentrum" einer statistischen Datenverteilung. Bei intervallskalierten Daten wird die zentrale Tendenz durch das arithmetische Mittel, bei ordinalen Daten durch den Median und bei nominalen Daten durch den Modalwert beschrieben. |
| **Zufallsfehler** | Unsystematischer Fehler (Zufallsfluktuation); s. *Max-Kon-Min*-Prinzip. |
| **Zufallsgruppen-Design** | Ein Versuchsplan, in welchem die Versuchsteilnehmer zufällig den experimentellen Bedingungen zugeordnet werden. |
| **Zufalls-stichprobe** | Eine solche liegt vor, wenn jedes Element in der Grundgesamtheit die gleiche Chance (Wahrscheinlichkeit) hat, in die Stichprobe aufgenommen zu werden, und die Stichprobenentnahme der einzelnen Elemente unabhängig voneinander erfolgt. |

# Literaturverzeichnis

Alt, J. A. (2001*). Karl R. Popper.* (3. Aufl.) Frankfurt/M.: Campus.

Anderson, N. H. (1970). Averaging model applied to the size-weight illusion. *Perception and Psychophysics*, 8, 1-4.

Andreasen, N. (2002). *Brave new brain: Geist, Gehirn, Genom.* Heidelberg: Springer.

Aserinsky, E. & Kleitman, N. (1953). Regularly occurring periods of eye motility, and concomitant phenomena, during sleep. *Science*, 118 , 273-274.

Atkinson, R. C. & Shiffrin, R. M. (1968). Human memory: A proposed system and its control processes. In Spence, K. W. and Spence, J. T. (Eds.). *The psychology of learning and motivation (Volume 2).* New York: Academic Press. pp. 89–195.

Backhaus, K., Erichson, B., Plinke, W. & Weiber, R. (2011). *Multivariate Analysemethoden (12. Aufl.).* Berlin: Springer.

Barber, T. X., Calverley, D. S., Forgione, A., McPeake, J. D., Chaves, J. F. & Brown, B. (1969). Five attempts to replicate the experimenter bias effect. *Journal of Consulting and Clinical Psychology*, 33, 1-6.

Barber, T. X., & Silver, J. J. (1968). Fact, fiction, and the experimenter bias effect. *Psychological Bulletin Monograph Supplement*, 70, 1-29.

Barrett, L. F. (2009). The future of psychology: Connecting mind to brain. *Perspectives in Psychological Science*, 4, 326-339.

Birnbaum, M. H. (1973). The devil rides again: Correlation as an index of fit. *Psychological Bulletin,* 79, 239-242.

Birnbaum, M. H. (1974.). Reply to the devils advocates: Don't confound model testing and measurement. *Psychological Bulletin*, 81, 854-859.

Birnbaum, M. H. (Ed.) (2000). *Psychological experiments on the internet.* San Diego: Academic Press.

Boesch, E. E. & Eckensberger, L. H. (1969). Methodische Probleme des interkulturellen Vergleichs. In: C. F. Graumann (Hrsg.), *Handbuch der Psychologie.* Göttingen: Hogrefe.

Boring, E. G. (1950). *A history of experimental psychology.* New York: Appleton Croft Century.

Bortz, J. & Schuster, C. (2010). *Statistik für Human- und Sozialwissenschaftler (7. Aufl.).* Berlin: Springer.

Bredenkamp, J. (1970). *Über Maße der praktischen Signifikanz.* Zeitschrift für Psychologie, 177, 310-318.

Bredenkamp, J. (1980). *Theorie und Planung psychologischer Experimente.* Darmstadt: Steinkopff.

Brickenkamp, R. (Hrsg.) (1986). *Handbuch apparativer Verfahren in der Psychologie.* Göttingen: Hogrefe.

Bringmann, W. G., Lück, H. E., Miller, R. & Early, C. E. (Eds.). (1997). *A pictorial history of psychology.* Chicago: Quintessence Publishing.

Bühl, A. (2009). *SPSS 18. Einführung in die moderne Datenanalyse.* 12. Auflage. München: Pearson Studium.

Bühler, K. (1927). Die Krise der Psychologie. In: A. Eschbach und J. Kapitzky (Hrsg.), 2000: *Karl Bühler Werke Band 4.* Weilerswist: Velbrück.

Bunge, M. (1983). *Exploring the world.* Dordrecht: Reidel.

Bunge, M. & Ardila, R. (1990). *Philosophy of psychology.* New York: Springer.

Campbell, D. T. & Stanley, J. C. (1966). *Experimental and quasi-experimental designs for research.* Chicago: Rand-McNally. (Deutsch: Experimentelle und quasi-experimentelle Anordnungen in der Unterrichtsforschung. In: K. H. Ingenkamp (Hrsg.), Handbuch der Unterrichtsforschung I. Weinheim: Beltz, 1970).

Chapin, F. S. (1965). Das Experiment in der soziologischen Forschung. In: R. König, *Beobachtung und Experiment in der empirischen Sozialforschung* (3. Aufl.). Köln: Kiepenheuer & Witsch.

Christiansen, H. F. (1938). *The relations of school progress, measured in terms of the total amount of school attendance or course completion to subsequent economic adjustment.* University of Minnesota Library, M.A. Thesis (Zit. nach Chapin, 1965).

Cochran, W. G., Moses, L. E. & Mosteller, F. (1983). *Planning and analysis of observational studies.* New York: John Wiley & Sons.

Cohen, J. (1988): *Statistical power analysis for the behavioral sciences (2nd ed.).* Hillsdale: Lawrence Erlbaum Associates.

Cook, T. D. & Campbell, D. T. (1979). *Quasi-experimentation: Design and analysis issues for social settings.* Chicago: Rand McNally.

Cronbach, L. J. (1975). Beyond the two disciplines of scientific psychology. *American Psychologist*, 30, 116-127.

Dement, W. (1974). *Some must watch while some must sleep.* San Francisco: Freeman.

Düker, H. (1999). Möglichkeiten und Grenzen des Experiments in der Psychologie. In: L. Tent (Hrsg.), *Heinrich Düker – ein Leben für die Psychologie und für eine gerechte Gesellschaft.* Lengerich: Pabst Science Publisher.

Erdmann, G. & Janke, W. (1978). Interaction between physiological and cognitive determinants of emotional state: Experimental studies on Schachter's theory of emotions. *Biological Psychology*, 6, 61-74.

Ekman, P. & Friesen, W. V. (1960). Status and personality of the experimenter as a determinant of verbal conditioning. *American Psychologist*, 15, 430.

Elashoff, J. D. & Snow, R. E. (1971). *Pygmalion reconsidered.* Belmont: Wadsworth. (Deutsch: Pygmalion auf dem Prüfstand. München: Kösel, 1972).

Erdfelder, E. & Bredenkamp, J. (1994). Hypothesenprüfung. In: T. Herrmann & W. H. Tack (Hrsg.), *Methodologische Grundlagen der Psychologie* (Enzyklopädie der Psychologie, Themenbereich B, Serie I, Band 1, S. 604- 648). Göttingen: Hogrefe.

Eysenck, H. J. (1984). The biology of individual differences. In: V. Sarris & A. Parducci (Eds.), *Perspectives in psychological experimentation: Toward the year 2000.* Hillsdale: Erlbaum. (Deutsch: München: Psychologie Verlags Union, 2. Aufl., 1987).

Feyerabend, P. K. (1970). Against method: Outline of an anarchistic theory of knowledge. In: H. Radner & S. Winokur (Eds.). *Analysis of theories and methods of physics and psychology.* Minneapolis: University of Minnesota Press.

Gazzaniga, M. S., Ivry, R. B. & Mangun, G. R. (1998, 2nd ed., 2008). *Cognitive neuroscience: The biology of the mind.* New York: Norton.

Gerrig, R. J. & Zimbardo, P. G. (2008). *Psychologie.* 8. Auflage. München: Pearson Studium.

Gigerenzer, G. (1998). We need statistical thinking, not statistical rituals. *Behavioral and Brain Sciences*, 21, 199-200.

Gillis, J. S. (1976). Participants instead of subjects. *American Psychologist*, 31, 95-97.

Heron, W. (1957). The pathology of boredom. *Scientific American*, 196, 52-56.

Hofstätter, P. R. (1972). *Psychologie.* (Fischer-Lexikon). Frankfurt/M.: Fischer.

Holzkamp, K. (1964). *Theorie und Experiment in der Psychologie.* Berlin: de Gruyter.

Jones, F. P. (1964). Experimental method in antiquity. *American Psychologist*, 19, 419.

Jovanovič, U. J. (1978). Traumforschung. In: L. J. Pongratz (Hrsg.), *Handbuch der Psychologie.* Göttingen: Hogrefe.

Kagan, J. (1998). *Three seductive ideas.* Cambridge: Harvard University Press.

Kerlinger, F. N. (1973). *Foundations of behavioral research* (2nd ed.). New York: Holt, Rinehart & Winston. (Deutsch: Grundlagen der Sozialwissenschaften. Weinheim: Beltz).

King, B. D. & Wertheimer, Mich (2005). *Max Wertheimer & Gestalt Theory.* Transaction Publishers: New Brunswick.

Krämer, W. (2011). *So lügt man mit Statistik.* München: Piper.

Kraemer, H. C. & Thiemann S. (1987). *How many subjects? Statistical power analysis in research.* Newbury Park, CA: Sage.

Krech, D. (1935). Measurement of tension. Paper read at symposium on topological psychology. Bryn Mawr College. In: D. Krech, R. S. Crutchfield, N. Livson, W. A. Wilson & A. Parducci. (Ed.). *Elements of psychology (4th ed.).* New York: Knopf (Deutsch: Weinheim: Beltz, 1985).

Lashley, K. S. (1930). The mechanism of vision: I. A method for rapid analysis of pattern vision in the rat. *Journal of Genetic Psychology*, 37, 453-460.

Lawrence, M. W. (1966). Age differences in performance and subjective organization in the free recall learning of pictorial material. *Canadian Journal of Psychology*, 20, 388-399.

Leith, G. O. (1974). Individual differences in learning: Interactions of personality and teaching methods. *Personality and Academic Progress Proceedings.* London: Association of Educational Psychologists. (Zit. nach H. J. Eysenck, 1984).

Lewin, M. (1979). *Understanding psychological research: The student researcher's handbook.* New York: Wiley. (Deutsch: Berlin: Springer, 1986).

Lewis, D. (1960). *Quantitative methods in psychology.* New York: McGraw-Hill.

Lienert, G. (1987). *Schulnoten-Evaluation.* Frankfurt/M.: Athenäum.

Lienert, G. A. & Raatz, U. (1994). *Testaufbau und Testanalyse.* (5. Aufl.). Weinheim: Beltz.

Lüer, G. (1991). Psychologie im Spiegel ihrer wissenschaftlichen Gesellschaft: Historische Fakten, Entwicklungen und ihre Konsequenzen. In D. Frey (Hrsg.), *Bericht über den 37. Kongreß der Deutschen Gesellschaft für Psychologie in Kiel 1990.* Bd. 2 (30-43). Göttingen: Hogrefe.

Mandler, G. (2007). *A history of modern experimental psychology: From James and Wundt to cognitive science.* Cambridge, MA: MIT Press.

Mandler, G. (2011) From association to organization. *Current Directions in Psychological Science*, 20, 232-235.

Masling, J. (1959). The effects of warm and cold interaction on the administration and scoring of an intelligence test. *Journal of Consulting and Clinical Psychology*, 23, 336-341.

McConnell, J. V. (1974). *Understanding human behavior*. New York: Holt, Rinehart & Winston.

McGuigan, F. J. (1996). *Experimental psychology. Methods of research. (7th Edition)*. Englewood Cliffs: Prentice-Hall.

Meehl, P. E. (1978). Theoretical risks and tabular asterisks: Sir Karl, Sir Ronald, and the slow progress of soft psychology. *Journal of Consulting and Clinical Psychology*, 46, 806-834.

Milgram, S. (1974). *Obedience to authority: An experimental view*. New York: Harper & Row.

Moosbrugger, H. & Reiß, S. (2010). Mehrfaktorielle Varianzanalyse und Varianzanalyse mit Messwiederholung. In H. Holling und B. Schmitz (Hrsg.), *Handbuch Statistik, Methoden und Evaluation*. Göttingen: Hogrefe.

Morgan, C. T. (1906). *An introduction to comparative psychology*. (2nd Ed.) London: Scott

Musahl, H.-P., Stolze, G. & Sarris, V. (1995). *Experimentalpsychologisches Praktikum: Arbeitsbuch*. (2. Aufl.) Lengerich: Pabst.

Nickerson, R. S. (2000). Null hypothesis significance testing: A review of an old and continuing controversy. *Psychological Methods*, 5, 241-301.

Orne, M. T. (1962). On the social psychology of the psychological experiment: With particular reference to demand characteristics and their implications. *American Psychologist*, 17, 776-783.

Popper, K. R. (1974). Replies to my critics. In: P. A. Schilpp (Ed.), *The philosophy of Karl Popper*. Vol. 2 (pp. 959-1197). La Salle: Open Court Press.

Popper, K. R. (1984). *Logik der Forschung*. (8. Aufl.) Tübingen: Mohr.

Popper, K. R. (2001). *Die Welt des Parmenides: Der Ursprung des europäischen Denkens*. München: Piper.

Posner, M. I., Boies, S. J., Eichelman, W. H. & Taylor, R. L. (1969). Retention of visual and name codes of single letters. *Journal of Experimental Psychology*, 79, 1-16.

Prinz, W. & Müsseler, J. (Hrsg.)(2002). *Lehrbuch Allgemeine Psychologie*. Heidelberg: Spektrum Akademischer Verlag. (2. Aufl., 2007).

Reips, U.-D. (2000). Das psychologische Experimentieren im Internet. In: B. Batinic (Hrsg.), *Internet für Psychologen*. (2. Aufl.). Göttingen: Hogrefe.

Rosenthal, R. (1966). *Experimenter effects in behavioral research*. New York: Appleton-Century-Crofts.

Rosenthal, R. & Fode, K. L. (1963). The effect of experimenter bias on the performance of the albino rat. Behavioral *Science*, 8, 183-189.

Rosenthal, R. & Rosnow, R. L. (1969). The volunteer subject. In: R. Rosenthal & R. L. Rosnow (Eds.), *Artifact in behavioral research*. New York: Academic Press.

Royce, J. R. (Ed.) (1970). Towards unification in psychology. *The first Banff conference on theoretical psychology*. Toronto: University of Toronto Press.

Runco, M. A. & Albert, R. S. (2010). Creativity research. In J. C. Kaufman and R. J. Sternberg (Eds.). *The Cambridge handbook of creativity*. Cambride: Cambridge University Press.

Sarnoff, I. & Zimbardo, P. G. (1961). Anxiety, fear, and social affiliation. *Journal of Abnormal and Social Psychology*, 62, 356-363. (Deutsch: Angst, Furcht und soziale Gesellung. In: M. Irle (Hrsg.). Texte aus der experimentellen Sozialpsychologie. Neuwied: Luchterhand, 1969).

Sarris, V. (1987). Max Wertheimer in Frankfurt – über Beginn und Aufbaukrise der Gestaltpsychologie(I). Zeitschrift für Psychologie, 195, 283-310.

Sarris, V. (1992). *Methodologische Grundlagen der Experimentalpsychologie*. Bd. 2. München: Reinhardt.

Sarris, V. (1995). *Experimentalpsychologisches Praktikum: Grundversuche und Arbeitsprojekte*. (3 Bde, 2. Aufl.). Lengerich: Pabst.

Sarris, V. (1999). *Einführung in die experimentelle Psychologie: Methodologische Grundlagen*. Lengerich: Pabst.

Sarris, V. (2006). *Relational psychophysics: a comparative – developmental approach*. London: Psychology Press.

Sarris, V. & Heineken, E. (1976). An experimental test of two mathematical models applied to the size-weight illusion. *Journal of Experimental Psychology: Human Perception and Performance*, 2, 295-298.

Sarris, V. & Lienert, G. A. (1974). Konstruktion und Bewährung von klinisch-psychologischen Testverfahren. In: W. J. Schraml & G. Baumann (Hrsg.), *Forschungsmethoden in der klinischen Psychologie II*. Bern: Huber.

Sarris, V. & Parducci, A. (Eds.)(1984). *Perspectives in psychological experimentations: Toward the year 2000*. Hillsdale, NJ: Lawrence Erlbaum Associates. (In Deutsch: Die Zukunft der experimentellen Psychologie. (2. Aufl.) Deutscher Verlag der Wissenschaften, (1987) Berlin.)

Sarris, V. & Stolze, G. (1980). Theorie und Experiment in der Psychophysik: Kontexteffekte, psychophysikalische Gesetze und psychologische Bezugssystemmodelle. In: W. Lauterbach & V. Sarris (Hrsg.). *Beiträge zur psychologischen Bezugssystemforschung*. Bern: Huber.

Sarris, V. & Zoeke, B. (1985). Tests of a quantitative frame-of-reference model: Practice effects in psychophysical judgments with different age-groups. In: G. d'Ydewalle (Ed.), *Cognition, information processing, and motivation*. Amsterdam: North-Holland.

Schachter, S. (1959). *Psychology of affiliation*. Stanford, CA: Stanford University Press.

Schachter, S. & Singer, J. E. (1962). Cognitive, social, and physiological determinants of emotional state. *Psychological Review*, 69, 379-399.

Schönpflug, W. (2000). *Geschichte und Systematik der Psychologie. Ein Lehrbuch für das Grundstudium*. Weinheim: PsychologieVerlagsUnion.

Sedlmeier, P. (2002). Planung, Durchführung und Auswertung empirischer Studien. In: D. Janetzko, H. A. Meyer & M. Hildebrandt (Hrsg.), *Das Experimentalpsychologische Praktikum im Labor und WWW*. Göttingen: Hogrefe.

Sedlmeier, P. & Renkewitz, F. (2008). *Forschungsmethoden und Statistik in der Psychologie*. München: Pearson Studium.

Shepard, R. N. (2001). Perceptual-cognitive universals as reflections on the world. *Brain and Behavioral Sciences*, 24, 581-601.

Sjöberg, L. (1969). Sensation scales in the size-weight illusion. *Scandinavian Journal of Psychology*, 10, 109-112.

Spielberger, C. D. (1962). The role of awareness in verbal conditioning. In: C. W. Eriksen (Ed.), *Behavior and awareness.* Durham, N. C.: Duke University Press.

Spielberger, C. D. & DeNike, L. D. (1966). Descriptive behaviorism versus cognitive theory in verbal operant conditioning. *Psychological Review*, 73, 306-326.

Spielberger, C. D. (1966). Theory and research on anxiety. In: C. D. Spielberger (Ed.), *Anxiety and behavior.* New York: Academic Press.

Spillmann, L. (Ed.)(2012). *On seen motion and perceptual organization by Max Wertheimer.* Boston: MIT Press.

Stahl, C. (2006). Software for generating psychological experiments. *Experimental Psychology*, 53, 218-232.

Stanley, T. D., Jarrell, S. B. & Doucouliagos, H. (2010). Could it be better to discard 90% of the data? A statistical paradox. *The American Statistician*, 64, 70-77.

Stern, W. (1921). *Die differentielle Psychologie in ihren methodischen Grundlagen.* Leipzig: Barth.

Sternberg, R. J. & Tulving, E. (1977). The measurement of subjective organization in free recall. *Psychological Bulletin*, 84, 539-556.

Stevens, S. S. (1946). On the theory of scales of measurement. *Science,* 103, 677-680.

Tabachnick, B. G. & Fidell, L. S. (2007). *Using multivariate statistics (5. Ed.).* Boston: Allyn and Bacon.

Taylor, J. A. (1951). The relationship of anxiety to the conditiond eyelid-response. *Journal of Experimental Psychology*, 41, 81-92.

Tukey, J. W. (1977). *Exploratory data analysis.* Reading: Addison-Wesley

Tulving, E. (1962). Subjective organization in free recall of „unrelated" words. *Psychological Review*, 69, 344-354.

Voss, U. (2001). *Überwachen und Schlafen.* Frankfurt: Lang.

Wertheimer, M. (1912). Experimentelle Studien über das Sehen von Bewegung. *Zeitschrift für Psychologie*, 61, 161-265.

Westermann R, (2000). *Wissenschaftstheorie und Experimentalmethodik.* Göttingen: Hogrefe.

Wilkening, F. (1976). *Entwicklungspsychologische Experimente zur Wahnehmungs- und Urteilsrelativität.* (Psychologia Universalis, Bd. 23) Meisenheim: Hain.

Windmann, S. & Durstewitz, D. (2000). Phänomenales Erleben: Ein fundamentales Problem für die Psychologie und die Neurowissenschaften. *Psychologische Rundschau*, 51, 75-82.

Wood, G. (1974). *Fundamentals of psychological research.* Boston: Little & Brown.

Zimbardo, P. G. (1975). On transforming experimental research into advocacy for social change. In: M. Deutsch & H. Hornstein (Eds.), *Applying social psychology: Implications for research, practice, and training (pp. 33-66).* Hillsdale, NJ: Erlbaum.

Zimbardo, P. (2008) *Der Luzifer-Effekt: Die Macht der Umstände und die Psychologie des Bösen.* Heidelberg: Spektrum Akademischer Verlag.

Zimbardo, P. G. & Schmeck, R. R. (1971). *Working with psychology: A student's resource book to accompany "Psychology and Life" (8th ed.).* Glenview, Ill.: Scott & Foresman.

# Autorenverzeichnis

# Register

## ps
### psychologie

# PSYCHOLOGIE

Markus Bühner

**Einführung in die Test- und
Fragebogenkonstruktion**
ISBN 978-3-8689-4033-6
34.95 EUR [D], 36.00 EUR [A], 54.90 sFr*
640 Seiten

# Einführung in die Test- und Fragebogenkonstruktion

### BESONDERHEITEN

Dieses Buch vermittelt die theoretischen und praktischen Grundlagen, um Tests oder Fragebögen fundiert entwickeln zu können. Die theoretischen Inhalte sowie die zum Verständnis wichtigen Formeln werden einfach und verständlich erklärt. Die Umsetzung der einzelnen Konstruktionsschritte wird mithilfe von Statistiksoftware wie SPSS, AMOS und Winmira ausführlich dargestellt. Anhand detaillierter Erläuterungen zu den Ergebnisausgaben sowie SPSS-Datendateien wird das Wissen so vertieft, dass eine direkte Umsetzung des Gelernten bei praktischen Anwendungen problemlos möglich ist.

### KOSTENLOSE ZUSATZMATERIALIEN

Für Dozenten:
- Alle Abbildungen elektronisch zum Download

Für Studenten:
- Multiple-Choice-Aufgaben mit Lösungshinweisen
- SPSS-Datendateien
- Weiterführende Links

**ps**
psychologie

**PSYCHOLOGIE**

**Peter Sedlmeier**
**Frank Renkewitz**

**Forschungsmethoden und**
**Statistik in der Psychologie**
ISBN 978-3-8273-7197-3
49.95 EUR [D], 51.40 EUR [A], 77.90 sFr*
864 Seiten

# Forschungsmethoden und Statistik in der Psychologie

## BESONDERHEITEN

Dieses Lehrbuch vermittelt alle wichtigen Grundlagen der psychologischen Forschungs-
methodik. Im Aufbau folgen die Autoren dabei dem Ablauf empirischer Untersuchungen. Zahlreiche Beispiele aus dem Forschungsalltag machen die dargestellten
Methoden anschaulich. Das Buch behandelt neuere Entwicklungen wie explorative
Datenanalyse, Effektgrößen und Metaanalyse; neueste Forschungserkenntnisse über
die Interpretation statistischer Wahrscheinlichkeiten werden ebenfalls berücksichtigt.

## KOSTENLOSE ZUSATZMATERIALIEN

Für Dozenten:
- Alle Abbildungen des Buchs zum Download
- Alle Übungsaufgaben mit Lösungen

Für Studenten:
- Alle Übungsaufgaben mit Lösungen

# PSYCHOLOGIE

**Markus Bühner**
**Matthias Ziegler**

**Statistik für Psychologen
und Sozialwissenschaftler**
ISBN 978-3-8273-7274-1
39.95 EUR [D], 41.10 EUR [A], 62.90 sFr*
828 Seiten

# Statistik für Psychologen und Sozialwissenschaftler

························································································

## BESONDERHEITEN

Diese Einführung in die Statistik befasst sich mit den Grundlagen häufig angewandter statistischer Methoden in den Sozialwissenschaften. Dabei liegt der Schwerpunkt auf den Themen, die in den Bachelorstudiengängen relevant sind. Ziel ist es, die statistischen Verfahren ebenso wie die zum Verständnis notwendigen Formeln anschaulich zu erklären. Dazu werden zahlreiche Beispiele aus verschiedenen Bereichen der Sozialwissenschaften verwendet. Übungsaufgaben zur Verständniskontrolle, zum Rechnen und zur Durchführung der Berechnung mit Statistiksoftware runden das Buchkonzept ab.

## KOSTENLOSE ZUSATZMATERIALIEN

Für Dozenten:
- Alle Abbildungen des Buchs zum Download

Für Studenten:
- SPSS-Datensätze zum Nachvollziehen der Beispiele im Buch
- Weiterführende Links

* unverbindliche Preisempfehlung